Die anwaltliche Kapitalgesellschaft – insbesondere die Anwalts-AG

Europäische Hochschulschriften
Publications Universitaires Européennes
European University Studies

Reihe II
Rechtswissenschaft

Série II Series II
Droit
Law

Bd./Vol. 3816

PETER LANG
Frankfurt am Main · Berlin · Bern · Bruxelles · New York · Oxford · Wien

Alexander Hoffmann

Die anwaltliche Kapitalgesellschaft –

insbesondere die Anwalts-AG

PETER LANG
Europäischer Verlag der Wissenschaften

Bibliografische Information Der Deutschen Bibliothek
Die Deutsche Bibliothek verzeichnet diese Publikation in der Deutschen Nationalbibliografie; detaillierte bibliografische Daten sind im Internet über <http://dnb.ddb.de> abrufbar.

Zugl.: Köln, Univ., Diss., 2003

D 38
ISSN 0531-7312
ISBN 3-631-51709-2

www.peterlang.de

Vorwort

Diese Arbeit hat der Rechtswissenschaftlichen Fakultät der Universität zu Köln im Sommersemester 2003 zur Annahme als Dissertation vorgelegen. Gesetzgebung, Rechtsprechung und Literatur konnten bis einschließlich August 2003 berücksichtigt werden.

Mein ganz besonderer Dank gilt an dieser Stelle meiner Doktormutter, Frau Prof. Dr. Barbara Dauner-Lieb, die diese Arbeit trotz teilweise extrem hoher Arbeitsbelastung, etwa in Zeiten der Schuldrechtsreform, stets mit großem Engagement vertrauensvoll begleitet hat. Danken möchte ich ferner Frau Prof. Dr. Barbara Grunewald, die durch das zügige Erstellen des Zweitgutachtens einen schnellen Abschluss des Promotionsverfahrens ermöglicht hat und in deren Institut für Anwaltsrecht ich einen Großteil dieser Arbeit verfassen durfte.

Mein herzlichster Dank gilt auch allen denjenigen, die außerdem zur Verwirklichung dieser Arbeit beigetragen haben, sei es in angeregter Diskussion, durch schlichten Zuspruch oder auf sonstige Weise. Hervorheben möchte ich hier Doris Kürschner und Dieter Hanz, denen ich insbesondere jeweils für die Lektüre und Korrektur der Rohfassung dieser Arbeit zu Dank verpflichtet bin.

Vor allem danke ich meinen Eltern für Ihre liebevolle Unterstützung, ohne die diese Arbeit nicht zustande gekommen wäre.

Düsseldorf, im August 2003 Dr. Alexander Hoffmann

Gliederung

Literaturnachweis

Ahlers, Dieter, „Die Anwalts-GmbH nach geltendem Recht", AnwBl 1991, 226.

Ders., „Die GmbH als Zusammenschluss Angehöriger freier Berufe zur gemeinsamen Berufsausübung", in: FS für Heinz Rowedder zum 75. Geburtstag 1994, S. 1.

Ders., „Die Zulässigkeit der Anwalts-GmbH", AnwBl 1995, 3.

Ders., „Rechtsanwalts-GmbH zugelassen - Ein Intermezzo?", AnwBl 1995, 121.

Ahrens, Hans-Jürgen, „Deregulierung für rechtsberatende Berufe? - Zur Sonderstellung des Freiberuflers gegenüber den Gewerbetreibenden -", AnwBl 1992, 247.

Ammon, Ludwig, „Münchener Impulse – Ordentliche Gerichte als Weichensteller", Anwalt 2002, 28.

Bachmann, Gregor, „Juristische Person und freier Beruf", NJW 2001, 3385.

Bakker, Rainer, „Rechtsanwaltsgesellschaften in England - Ein rechtsvergleichender Beitrag zur Reformdiskussion des anwaltlichen Berufs- und Organisationsrechts -", AnwBl 1993, 245.

Baumbach, Adolf/Hueck, Alfred, „GmbH-Gesetz", 16. Aufl., München 1999.

Bayer, Hermann-Wilfried/Irmberger, Frank, „Die Rechtsformen freiberuflicher Tätigkeit", DZWir 1993, 309

Dies., „Nochmals: Die Rechtsformen freiberuflicher Tätigkeit", DZWir 1995, 181.

Becker-Eberhard, Ekkehard, „Anmerkung zum Beschluss des BGH vom 21.6.1999 - AnwZ (B) 89/98 -", JZ 2000, 418.

Bellstedt, Christoph, „Die Rechtsanwalts-GmbH", AnwBl 1995, 573.

Berghahn, Donata, „Der Rechtsanwalt als freier Mitarbeiter", Diss., Frankfurt a. M. 1988.

Besser, Alexander, "Das Reich der tausend "Aber"", AnwBl 1931, 196.

Bettermann, Karl August/Nipperdey, Hans Carl/Scheuner, Ulrich, „Grundrechte", Bd. III/2, Berlin 1959.

Biermann, Jürgen, „Der Syndikusanwalt im neuen Berufsrecht", AnwBl 1990, 420.

Bissel, Carsten, „Die Rechtsstellung des Syndikusanwalts und die anwaltliche Unabhängigkeit", Diss., Bonn 1995.

Boin, Kai T., "Weg frei für die Anwalts-GmbH?", NJW 1995, 371.

Ders., „Die Partnerschaftsgesellschaft für Rechtsanwälte: Am Beispiel des deutschen, englischen und europäischen Rechts", Diss., Münster 1996.

Borgmann, Brigitte/Haug, Karl H., „Anwaltshaftung", München 1995.

Brand, Peter-Andreas, „Der Rechtsanwalt und der Anwaltsnotar in der DDR", Köln 1985.

Braun, Anton, „Contra Anwalts-GmbH", MDR 1995, 447.

Bruhn, Hans-Henning, „Stellung und Aufgaben der Rechtsanwaltschaft in der DDR", Diss., Köln 1971.

Bruns, Jan, „Die Haftung der neuen Sozien für alte Schulden", ZIP 2002, 1602.

Busse, Felix, „Anwalt 2000 - Gedanken zu einem Beruf im Wandel", AnwBl 1994, 482.

Ders., „Die Anwaltsethik unter Geltung des neuen Berufsrechts", AnwBl 1998, 231.

Ders., „Gedanken zur anwaltlichen Berufsordnung", NJW 1999, 3017.

Ders., „Freie Advokatur", AnwBl 2001, 130.

Commichau, Gerhard, „Zur Entstehung der freien Advokatur in der DDR", in: FS für Karlheinz Quack zum 65. Geburtstag 1991, S. 697.

Damm, Reinhard, „Gesellschaftsrecht der freien Berufe im Wandel", in: FS für Hans Erich Brandner zum 70. Geburtstag 1995, S. 31.

Dauner-Lieb, Barbara, „Durchbruch für die Anwalts-GmbH? Anm. zum Beschluss des BayObLG vom 24.11.1994 - 3Z BR 115/94 -", GmbHR 1995, 259.

Dies., „Das Ende der BGB-Gesellschaft mit beschränkter Haftung - was nun?", DStR 1999, 1992.

Dies., „Ein neues Fundament für die BGB-Gesellschaft", DStR 2001, 356.

Deichfuß, Herrmann, „Das Verbot der Beteiligung eines Rechtsanwalts an mehreren Sozietäten - verfassungsgemäß?", AnwBl 2001, 645.

Dittmann, Thomas, „Überlegungen zur Rechtsanwalts-GmbH", ZHR 161 (1997), 332.

Donath, Roland, „Rechtsberatungsgesellschaften", ZHR, 156 (1992), 134.

Droste, Josef, „Gemeinschaftliche Berufsausübung von Rechtsanwälten mit Angehörigen anderer steuer- und wirtschaftsberatender Berufe", Diss., Köln 1998.

Düwell, Franz Josef, „Zur Zulässigkeit der Berufsausübung in einer Kapitalgesellschaft (sogenannte Anwalts-GmbH)", AnwBl 1990, 388.

Edelmann, Hervé, „Anmerkung zum Beschluss des BGH vom 21.6.1999 - AnwZ (B) 89/98 -", DStRE 1999, 776.

Eichler, F. Helmut/Peukert, Wolfgang, „Vertraulichkeit der Rechtsberatung durch Syndikusanwälte und EMKR", AnwBl 2002, 189.

Everling, Ulrich, „Welche gesetzlichen Regelungen empfehlen sich für das Recht der rechtsberatenden Berufe, insbesondere im Hinblick auf die Entwicklung in der Europäischen Gemeinschaft?", in: Verhandlungen des achtundfünfzigsten Deutschen Juristentages, Band I, Gutachten C, München 1990.

Eversloh, Udo, „Siebtes Steuerberatungsänderungsgesetz", StB 2001, 23.

Ewig, Eugen, „Verwirklichung der Niederlassungsfreiheit für Rechtsanwälte in der EU und im EWR", NJW 1999, 248.

Falkenhausen, Joachim v., „Brauchen die Rechtsanwälte ein Partnerschaftsgesetz?", AnwBl 1993, 479.

Ders., „Bei aller Vielfalt - der gemeinsame Kern anwaltlicher Tätigkeit", AnwBl Sonderheft 2/2000, 26.

Feuchtwanger, Sigbert, „Die freien Berufe - Im besonderen: die Anwaltschaft - Versuch einer allgemeinen Kulturwirtschaftslehre", München/Leipzig 1922.

Feurich, Wilhelm E./Braun, Anton, „Bundesrechtsanwaltsordnung", 5. Aufl., München 2000.

Finger, Richard, „Die Kunst des Rechtsanwalts", Berlin 1926.

Fitting, Karl/Kaiser, Heinrich/Heither, Friedrich/Engels, Gerd, „Betriebsverfassungsgesetz", 20. Aufl., München 2000.

Friedlaender, Adolf u. Max, „Kommentar zur Rechtsanwaltsordnung vom 1. Juli 1878", München 1930.

Friese, Franz-Josef, „Die freie Advokatur als notwendiger Bestandteil der Rechtspflege im demokratischen Rechtsstaat", AnwBl 1985, 601.

Fröhler, Ludwig/Mörtel, Georg, „Die "Berufsbildlehre" des Bundesverfassungsgerichts", GewArch 1978, 249.

Fuhrmann, Markus, „Rechtsstellung des angestellten Rechtsanwalts", Diss., Baden-Baden 1989.

Funke, Rainer, „Der Regierungsentwurf zur Rechtsanwalts-GmbH", AnwBl 1998, 6.

Gail, Winfried/Overlack, Arndt, „Anwalts-GmbH oder Partnerschaftsgesellschaft?, Gesellschaftsrechtliche und steuerrechtliche Aspekte" (ab 2. Aufl. „Anwaltsgesellschaften"), 1. und 2. Aufl., Köln 1995 und 1996.

Ganster, Günther, „Freier Beruf und Kapitalgesellschaft - das Ende der Freien Professionen - Eine umfassende juristische Analyse zum scheinbar unaufhaltsamen Siegeszug der Kapitalgesellschaften in den Freien Berufen", Diss., Berlin 2000.

Ganter, Hans Gerhard, „Der Anwalt und sein Zweitberuf - Anwalt als Zweitberuf", in: FS für Karlmann Geiß 2000, S. 257.

Gehre, Horst, „Steuerberatungsgesetz mit Durchführungsverordnungen", 4. Aufl., München 1999.

Geiger, Rudolf, „Vertrag über die Europäische Union und Vertrag zur Gründung der Europäischen Gemeinschaft", 3. Aufl., München 2000.

Gerhard, Karl-Heinz, „Wirtschaftsprüferordnung", Köln 1961.

Gerlt, Uwe Carsten, „Der Gesetzesentwurf zur Anwalts-GmbH: Ein Abschreckungsversuch?", MDR 1998, 259.

Gneist, Rudolf v., „Freie Advokatur. Die erste Forderung aller Justizreformen in Preußen", Berlin 1867.

Goette, Wulf, „Anmerkung zum Urteil des BGH v. 25.11.1993 - I ZR 281/91 -", DStR 1994, 470.

Ders., „Anmerkung zum Urteil des BGH vom 29.1.2001 - II ZR 331/00 -“, DStR 2001, 315.

Götz, Heinrich, „Zustimmungsvorbehalte des Aufsichtsrats der Aktiengesellschaft“, ZGR 1990, 633.

Gotzens, Markus, „Die interprofessionelle Zusammenarbeit von Rechtsanwälten mit Angehörigen anderer freier Berufe“, Diss., Köln 1998.

Grams, Holger, „Haftungsverfassung von Anwaltssozietäten – Haftung neu eintretender Sozien für Altverbindlichkeiten“, BRAK-Mitt. 2002, 60.

Groepper, Michael, „Berufsfreiheit und freie Berufe“, GewArch, 2000, 366.

Großfeld, Bernhard/Brondics, Klaus, „Die Stellung des fakultativen Aufsichtsrates (Beirat) in der Gesellschaft mit beschränkter Haftung und in der GmbH & Co. KG“, AG 1987, 293.

Großfeld, Bernhard/Edelkötter, Frank, „Der Rechtsanwalt als "unabhängiges Organ der Rechtspflege", Entstehung und Bedeutung“, in: FS für Wolfram Henckel zum 70. Geburtstag 1995, S. 311.

Grunewald, Barbara, „Folgerungen aus der Aufgabe der "Doppelverpflichtungstheorie" für die Sozietäten der Freiberufler“, in: FS für Martin Peltzer zum 70. Geburtstag 2001, S. 129.

Dies., „Anwaltshaftung bei gemeinschaftlicher Berufsausübung“, ZAP Nr. 10 vom 22.5.2001, Fach 23, 551.

Dies., „Die Entwicklung des anwaltlichen Berufsrechts in den Jahren 1999 und 2000“, NJW 2002, 188.

Dies., „Gesellschaftsrecht“, 3. Aufl., Tübingen 1999.

Grunewald, Barbara/Müller, Hans-Friedrich, „Die Entwicklung des Gesellschaftsrechts in den Jahren 1999 und 2000“, JZ 2001, 1120.

Habscheid, Walther J., „Die Unabhängigkeit des Rechtsanwalts", NJW 1962, 1985.

Hachenburg, Max, „Gesetz betreffend die Gesellschaft mit beschränkter Haftung (GmbHG)", 2. Band, §§ 35-52, 8. Aufl., Köln 1997.

Haibt, Henryk, „Die Kapitalbeteiligung Berufsfremder an Wirtschaftsprüfungsgesellschaften", Köln 1998.

Hanau, Peter/Adomeit, Klaus, „Arbeitsrecht", Neuwied und Kriftel 2000.

Hartstang, Gerhard, „Der deutsche Rechtsanwalt - Rechtsstellung und Funktion in Vergangenheit und Gegenwart", 12. Aufl., Heidelberg 1986.

Ders., „Anwaltsrecht", Köln 1991.

Hartung, Wolfgang, „Kommentar zum Beschluss des BayObLG vom 27.3.2000, Az: 3 Z BR 331/99", BB 2000, 947.

Hartung, Wolfgang, „Aktuelle Entwicklungen des anwaltlichen Berufsrechts", MDR 2001, 735.

Hartung, Wolfgang/Holl, Thomas, „Anwaltliche Berufsordnung, Kommentar und Berufsrechts-ABC", München, 1. und 2. Aufl., 1999 und 2001.

Hartung, Wolfgang/Römermann, Volker, „Marketing- und Managementhandbuch für Rechtsanwälte", München 1999.

Heil, Hans-Jürgen/Menninger, Lars , „Anmerkung zum Urteil des OLG Düsseldorf vom 20.12.2001 – 23 U 49/01-", RNotZ 2002, 187.

Heinemann, Peter, „Rechtsformwahl und Anwalts-GmbH", AnwBl 1991, 233.

Hellwig, Hans-Jürgen, „Die Rechtsanwalts-GmbH", ZHR, 161 (1997), 337.

Henssler, Martin, „Die Rechtsanwalts-GmbH", JZ 1992, 697.

Ders., „Anmerkung zum Urteil des BGH vom 25. 6. 1992 - I ZR 120/90 -", JZ 1993, 155.

Ders., „Anwaltschaft im Wettbewerb", AnwBl 1993, 541.

Ders., „Anwaltsgesellschaften", NJW 1993, 2137.

Ders., „Anmerkung zum Beschluss des BayObLG vom 24.11.1994 - 3Z BR 115/94 -", ZIP 1994, 1868.

Ders., „Die Freiberufler-GmbH", ZIP 1994, 844.

Ders., „Haftungsrisiken anwaltlicher Tätigkeit", JZ 1994, 178.

Ders., „Neue Formen anwaltlicher Zusammenarbeit - Anwalts-GmbH und Partnerschaft im Wettbewerb der Gesellschaftsformen -", DB 1995, 1549.

Ders., „Anmerkung zum Urteil des BGH vom 4.3.1996 - StbSt (R) 4/95 -", JZ 1996, 1186.

Ders., „Organisationsfreiheit für die Anwaltschaft", Max Hachenburg, 2. Gedächtnisvorlesung 1996, 13.

Ders., „Zur Drittwerbung zugunsten von Freiberuflern, Eine Besprechung des Urteils des OVG Koblenz vom 5. Dezember 1995 - "EDEKA"„, ZIP 1996, 485.

Ders., „Der Gesetzesentwurf zur Regelung der Rechtsanwalts-GmbH", ZIP 1997, 1481.

Ders., „Die Rechtsanwalts-GmbH - Zulässigkeit und Satzungserfordernisse", ZHR 161 (1997), 305.

Ders., „Rechtsanwalts-GmbH oder Partnerschaft? - Vorteilhafte Kooperationsmodelle für Rechtsanwälte -", ZAP Nr. 17 vom 10.9.1997, Fach 23, 285.

Ders., „Gewerbe, Kaufmann und Unternehmen", ZHR 161 (1997), 13.

Ders., „Anmerkung zum Beschluss des BVerfG v. 8.4.1998 - 1 BvR 1773/96 -", JZ 1998, 1065.

Ders., „Das Verbot der Sternsozietät gemäß § 31 Berufsordnung der Rechtsanwälte - eine reformbedürftige Norm", ZIP 1998, 2121.

Ders., „Interprofessionelle Kooperation - Zukunft der Beratungsberufe", BB 1998, Heft 27, 1.

Ders., „Anmerkung zum Beschluss des BGH vom 21.6.1999 - AnwZ (B) 89/98 -", NZG 1999, 1095.

Ders., „Arbeitsrecht und Anwaltsrecht", RdA 1999, 38.

Ders., „Der lange Weg zur EU-Niederlassungsrichtlinie für die EU-Anwaltschaft", ZEuP 1999, 689.

Ders., „Die gesetzliche Regelung der Rechtsanwalts-GmbH", NJW 1999, 241.

Ders., „Der Freie Mitarbeiter im Spiegel des anwaltlichen Berufsrechts", AnwBl 2000, 213.

Ders., „Die interprofessionelle Zusammenarbeit in der Sozietät", AnwBl Sonderheft 2/2000, 77.

Ders., „Gemeinsame Berufsausübung in der Anwalts-AG, Kommentar zum Beschluss des BayObLG vom 27.3.2000, Az: 3 Z BR 331/99", NZG 2000, 875.

Ders., „Anwaltszulassung in der Rechtsmittelinstanz", JZ 2001, 337.

Ders., „Das Verbot der Vertretung widerstreitender Interessen", NJW 2001, 1521.

Ders., „Gesellschafts- und Berufsrecht der US-"Law Firms" und Anwaltskooperationen", RIW, 2001, 572.

Ders., „Gebot der Stunde - Interprofessionell zusammenarbeiten", Anwalt 8-9/2001, 14.

Ders., „Die Vergütung angestellter Junganwälte – Kinderarbeit im Haifischbecken?"", MDR 2002, 315.

Ders., „Partnerschaftsgesellschaftsgesetz", München 1997.

Henssler, Martin/Prütting, Hanns, „Bundesrechtsanwaltsordnung", München 1997.

Henssler, Martin/Streck, Michael, „Handbuch des Sozietätsrechts", Köln 2001.

Hergeth, Armin, „Anmerkung zum Beschluss des BayObLG vom 27.3.2000 - 3 Z BR 331/99 -", DStR 2000, 1153.

Hettler, Stephan/Götz, Hellmut, „"Nicht-Steuerberater" als Geschäftsführer einer Steuerberatungsgesellschaft", INF 1996, 150.

Heublein, Joachim, „Die Rechtsanwalts-Aktiengesellschaft vor der Eintragung ins Handelsregister", AnwBl 1999, 304.

Heuss, Theodor, „Organisationsprobleme der freien Berufe" in: FS für Lujo Brentano zum siebzigsten Geburtstag, S. 237.

Hönsch, Henning, „Rechtsanwälte und Kooperation", Diss., Konstanz, 1997.

Hoffmann, Alexander, „Kurzkommentar zu OLG Nürnberg, Urteil vom 10.6.2003, Az: 3 U 588/03", EWiR § 9 BORA 1/2003, 813.

Hoffmann, Dietrich/Liebs, Rüdiger, „Der GmbH-Geschäftsführer", München 2000.

Hoffmann-Becking, Michael, „Münchener Handbuch des Gesellschaftsrechts", Bd. IV, Aktiengesellschaft, 2. Aufl., München 1999.

Hommelhoff, Peter/Schwab, Martin, „Anmerkung zum Beschluss des BayObLG vom 24.11.1994 - 3 Z BR 115/94 -", WiB 1995, 115.

Hommerich, Christoph/Prütting, Hanns, „Das Berufsbild des Syndikusanwalts", Bonn 1998.

Hommerich, Christoph, „Die strategische Ausrichtung der Anwaltskanzlei", AnwBl Sonderheft Februar, 2001, 17.

Hüffer, Uwe, „Aktiengesetz", 4. Aufl., München 1999.

Huff, Martin, „Kurzkommentar zu OLG Nürnberg, Urteil vom 4.5.1999, Az: 3 U 4374/98", EWiR § 9 BORA 1/1999, 695.

Ders., „Der Anwalt von heute - Auslaufmodell morgen?", BRAK-Mitt. 1997, 139.

Ders., „Marktentwicklung der deutschen Anwaltschaft 1991 bis 2001", BRAK-Mitt. 2002, 3.

Huffmann, Helga, „Geschichte der rheinischen Rechtsanwaltschaft", Diss., Köln 1969.

Jaeger, Renate, „Verfassungsrechtliche Anstöße für die Weiterentwicklung des Rechts der Freien Berufe", StBg 1997, 211.

Dies., „Die freien Berufe und die verfassungsrechtliche Berufsfreiheit", AnwBl 2000, 475.

Jawansky, Martin, „Aktuelle Entwicklungen im Berufs- und Gesellschaftsrecht der Anwaltschaft - Abschied vom Verbot der Sternsozietät, hin zur AG und zum Konzern - ", DB 2002, 2699.

Jessnitzer, Kurt/Blumberg, Hanno, „Bundesrechtsanwaltsordnung", Köln 2000.

Josef, Eugen, „Die Verbindung von Rechtsanwälten zur Ausübung des Berufs unter der Geltung des Bürgerlichen Gesetzbuches"; Bd. 44, Gruchot 1900.

Jungk, Antje, „Die Rechtsanwaltssozietät als Haftungsgemeinschaft", AnwBl 1996, 297.

Kaiser, Hans/Bellstedt, Christoph, „Die Anwaltssozietät", Herne/Berlin 1995.

Kallmeyer, Harald, „Rechte und Pflichten des Aufsichtsrats der Kommanditgesellschaft auf Aktien", ZGR 1983, 57.

Kalsbach, Werner, „Bundesrechtsanwaltsordnung und Richtlinien für die Ausübung des Rechtsanwaltsberufes", Köln 1960.

Kamps, Heinz-Willi, „Der Rechtsanwalt in der Steuerberatungsgesellschaft", Diss., Bonn 1997.

Kazele, Norbert, „Die Rechts- und Parteifähigkeit der Gesellschaft bürgerlichen Rechts", INF 2001, 335.

Kempter, Fritz-Eckehard, „Die Rechtsanwalts-GmbH und das Bayerische Oberste Landesgericht - was nun?", BRAK-Mitt. 1995, 4.

Kempter, Fritz-Eckehard/Kopp, Stephan, „Hinweise zur Gestaltung einer Rechtsanwalts-GmbH", BRAK-Mitt. 1998, 254.

Dies., „Die Rechtsanwalts-AG - eine Anwaltsgesellschaft sui generis außerhalb des anwaltlichen Berufsrechts?", NJW 2000, 3449.

Dies., „Hinweise zur Gestaltung der Satzung einer Rechtsanwalts-AG", NJW 2001, 777.

Kilger, Hartmut, „Der Provinzanwalt im Jahr 2000 - ein Appell", AnwBl 1996, 11.

Ders., „"Berufsspezifische Tätigkeit" von Rechtsanwälten", AnwBl 1999, 571.

Kilian, Matthias, „Zulässigkeit der sog. Sternsozietät", WuB VIII B. § 59a BRAO, 1425.

Ders., „Die GmbH als Kooperationsform für die österreichische Anwaltschaft", AnwBl 2000, 21.

Ders., „Freizügigkeit der Anwälte in der EU", JA 2000, 429.

Ders., „Anmerkung zum Beschluss des BGH vom 9.7.2001 - PatAnwZ 1/00 -", NZG 2001, 986.

Ders., „Das Verbot der Sternsozietät - Verstoß gegen Gemeinschaftsrecht?“, NJW 2001, 326.

Ders., „Kapitalgesellschaften als Organisationsform anwaltlicher Berufsausübung - Rechtsberatung in Aktiengesellschaft, holding- und konzernähnlichen Strukturen“, NZG 2001, 150.

Kleine-Cosack, Michael, „Neuordnung des anwaltlichen Berufsrechts“, NJW 1994, 2249.

Ders., „Kurzkommentar zum Beschluss des BayObLG v. 24.11.1994“, EWiR Art. 12 GG, 2/1995, 151.

Ders., „Vom Rechtsberatungsmonopol zum freien Wettbewerb - Die Erosion des Rechtsberatungsgesetzes“, NJW 2000, 1593.

Ders., „Grundrechtliche Levitenlese“, AnwBl 2001, 204.

Ders., „Bundesrechtsanwaltsordnung“, München 1997.

Klima, Peter, „Der Rechtsanwalt im werdenden Europa - Organ der Rechtspflege oder Gewerbetreibender?“, in: FS für Karlheinz Quack zum 65. Geburtstag 1991, S. 261.

Knapp, Wolfgang, „Der Verteidiger - ein Organ der Rechtspflege?“, Diss., Köln 1974.

Koch, Harald, „Nationale und transnationale Organisations- und Kooperationsformen anwaltlicher Tätigkeit in der Bundesrepublik Deutschland“, in: Gilles, Anwaltsberuf und Richterberuf in der heutigen Gesellschaft, Baden-Baden 1991.

Koch, Ludwig, „Zur Zulässigkeit der Rechtsanwalts-GmbH nach geltendem Recht“, AnwBl 1993, 157.

Ders., „Pro Anwalts-GmbH“, MDR 1995, 446.

Ders., „Zur anwaltlichen Unabhängigkeit“, in: liber amicorum für Hans-Jürgen Rabe, Bonn 1995, S. 77.

König, Michael, „Standesrechtliche Wettbewerbsbeschränkungen im gemeinsamen Markt“, Diss., Baden-Baden 1997.

Kötz, Hein/Paul, Wolf/Pédamon, Michel/Zander, Michael, „Anwaltsberuf im Wandel - Rechtspflegeorgan oder Dienstleistungsgewerbe“, Frankfurt a. M. 1982.

Konzen, Horst, „Geschäftsführung, Weisungsrecht und Verantwortlichkeit in der GmbH und GmbH & Co KG“, NJW 1989, 2977.

Krach, Tillmann, „Anwaltseinkommen und Advokaturfreiheit“, AnwBl 1991, 73.

Kraft, Alfons/Kreutz, Peter, „Gesellschaftsrecht“, 11. Aufl., Neuwied 2000.

Kraus, Stefan/Senft, Klaus, „Sozietätsrecht - Handbuch für rechts-, steuer- und wirtschaftsberatende Gesellschaften“, München 2000.

Kremer, Arnold, „Freie Berufe in der Rechtsform der GmbH“, GmbHR 1983, 259.

Kuhlmann, Jens/Ahnis, Erik, „Konzernrecht“, München 2001.

Kuhls, Clemens/Meurers, Theo/Maxl, Peter/Schäfer, Herbert/Goez, Christoph, „Steuerberatungsgesetz“, Herne/Berlin 1997.

Lach, Barbara, „Die Möglichkeiten der Niederlassung europäischer Rechtsanwälte in Deutschland“, NJW 2000, 1609.

Landry, Klaus, „Die Anwalts-Kapitalgesellschaft - eine Replik auf MDR 1995, 447 -“, MDR 1995, 558.

Ders., „Berufsrecht kontra Standesrecht“, BRAK-Mitt. 2000, 120.

Larenz, Karl/Canaris, Claus-Wilhelm, „Methodenlehre der Rechtswissenschaft, Studienausgabe“, 3. Aufl., Berlin 1995.

Laufs, Adolf, „Die Ärzte-GmbH und das Berufsrecht“, MedR, 1995, 11.

Lenz, Tobias/Imping, Andreas/Schlößer, Ralf W., „Kooperationsformen Freie Berufe: Steuerrecht, Gesellschaftsrecht, Berufsrecht", Bonn 1999.

Leutheusser-Schnarrenberger, Sabine, „Ein wichtiger Tag für die Freien Berufe", AnwBl 1994, 334.

Lieb, Manfred, „Arbeitsrecht", 7. Aufl., Heidelberg 2000.

Lindenberg, Heinrich, "Wirtschaftsprüfungsgesellschaften und Wirtschaftsprüferordnung", BB 1961, 1284.

Lingenberg, Joachim/Hummel, Fritz, „Kommentar zu den Grundsätzen des anwaltlichen Standesrechts", Köln 1981.

Lörcher, Heike, Anwaltliches Berufsrecht und europäisches Wettbewerbsrecht, NJW 2002, 1092.

Lutter, Marcus/Hommelhoff, Peter, „GmbH-Gesetz", 15. Aufl., Köln 2000.

Mansel, Heinz-Peter, „Neues Verjährungsrecht und Anwaltsvertrag - Vorteile für den Rechtsanwalt", NJW 2002, 418.

Markus, Hugh Brian, „Der Wirtschaftsprüfer", München 1996.

Maunz, Theodor/Dürig, Günter, „Grundgesetz", Band V (Art. 92 - 146) München 1999.

Mayen, Thomas, „Die verfassungsrechtliche Stellung des Rechtsanwalts - Ausprägungen und Auswirkungen auf das anwaltliche Berufsrecht", NJW 1995, 2317.

Michalski, Lutz, „Das Gesellschafts- und Kartellrecht der berufsrechtlich gebundenen freien Berufe", Habil., Köln 1989.

Ders., „Der Begriff des freien Berufs im Standes- und Steuerrecht", Habil., Köln 1989.

Ders., „Die freiberufliche Zusammenarbeit im Spannungsfeld von Gesellschafts- und Berufsrecht", AnwBl 1989, 65.

Ders., „Anmerkung zum Beschluss des BayObLG vom 24.11.1994, - Z BR 115/94 -", DZWiR 1995, 114.

Michalski, Lutz/Römermann, Volker, "Interprofessionelle Zusammenarbeit von Rechtsanwälten", NJW 1996, 3233.

Dies., „Partnerschaftsgesellschaftsgesetz", Köln 1999.

Mittelsteiner, Karl-Heinz, „Kapitalbindung bei Steuerberatungsgesellschaften", DStR 1993, 890.

Ders., "Das Berufsrecht der Steuerberater", DStR 1994, Beihefter zu Heft 37, S. 1.

Müller, Welf/Hense, Burkhard, „Beck´sches Handbuch der GmbH, Gesellschaftsrecht – Steuerrecht", München 1999.

Münchener Kommentar zum Aktiengesetz, „Band 1, §§ 1-53", München 2000; „Band 8, §§ 278 – 328", München 2000.

Münchener Kommentar zum Bürgerlichen Gesetzbuch, „Band 4, §§ 607-704", 3. Aufl., München 1997.

Muthers, Christof, „Gemeinsame anwaltliche Berufsausübung in der Kapitalgesellschaft - Die Anwalts-AG und die Anwalts-KGaA", NZG 2001, 930.

Narr, Helmut, „Ärztliches Berufsrecht - Ausbildung, Weiterbildung, Berufsausübung", Loseblatt, Bd. II, Köln, Stand Jan. 2000.

Nerlich, Jörg, „Anwaltssozietäten in Europa", AnwBl 1994, 529.

Ders., „Erleichterte Niederlassungsbedingungen für europäische Rechtsanwälte in Sicht", MDR 1996, 874.

Ders., „Internationale Kooperationsmöglichkeiten für europäische Rechtsanwälte", Diss., Köln 1996.

Neumann, Jens, „Hausanwalt oder Rechtsabteilung?“, AnwBl 1987, 404.

Noack, Erwin, „Kommentar zur Reichsrechtsanwaltsordnung“, Leipzig 1937.

Odersky, Walter, „Die überörtliche Anwaltssozietät“, in: FS für Franz Merz zum 65. Geburtstag am 3. Februar 1992, S. 438.

Olbing, Klaus/Binnewies, Burkhard, „Vor - und Nachteile der "kleinen" AG - Alternative für die mittelständische GmbH und GmbH & Co. KG?“, GmbH-StB 2001, 59.

Oppenhoff, Walter, „Anwaltsgemeinschaften, ihr Sinn und Zweck“, AnwBl 1967, 267.

Ostler, Fritz, „Die deutschen Rechtsanwälte 1871 - 1971“, Essen 1971.

Palandt, Otto, „Bürgerliches Gesetzbuch“, 61. Aufl., München 2002.

Pfeiffer, Gerd, „Der Syndikusanwalt in der Rechtsprechung der Ehrengerichtshöfe und des Senats für Anwaltssachen bei dem Bundesgerichtshof“, in: FS für Walter Oppenhoff zum 80. Geburtstag 1985, S. 249.

Pfeiffer, Gerd, „Der Rechtsanwalt in unserer Rechtsordnung“, BRAK-Mitt. 1987, 102.

Pieroth, Bodo/Schlink, Bernhard, „Grundrechte, Staatsrecht II“, 11. Aufl., Heidelberg 1995.

Piper, Henning, „Die GmbH als Rechtsform anwaltlicher Berufsausübung“, FS für Walter Odersky zum 65. Geburtstag 1996, S. 1063.

Prohaska, Astrid, "Die Handelndenhaftung in der Anwalts-GmbH“, MDR 1997, 701.

Dies., „Berufspflichten und persönliche Haftung des Anwalts als Geschäftsführer der Anwalts-GmbH“, Diss., Frankfurt a. M. 1997.

Prütting, Hanns, „Ethos anwaltlicher Berufsausübung", AnwBl 1994, 315.

Ders., „Das Anstellungsverhältnis des Syndikusanwalts", AnwBl 2001, 313.

Quack, Karlheinz, „Sinn und Grenzen anwaltlicher Unabhängigkeit heute", NJW 1975, 1337.

Quast, Ingo, „Die Rechtsstellung des Unternehmensjuristen in der Europäischen Union", Diss., Köln 2000.

Rabe, Hans-Jürgen, „Anwalt und Wirtschaft", in: FS für Walter Oppenhoff zum 80. Geburtstag 1985, S. 299.

Radbruch, Gustav, „Einführung in die Rechtswissenschaft", Stuttgart 1980.

Raeke, Walter, „Anwalt des Rechts - nicht Anwalt der Partei", JW 1935, 241.

Ders., „Dienst am Recht", JW 1936, 1.

Raisch, Peter, „Freie Berufe und Handelsrecht", in: Beiträge zum Handels- und Wirtschaftsrecht", FS für Fritz Rittner zum 70. Geburtstag 1991, S. 471.

Raupach, Anton, „Die Anwaltschaft auf dem Weg vom "Organ der Rechtspflege" zum "Anwalt 2000"?", in: Steuerrecht und Gesellschaftsrecht als Gestaltungsaufgabe, Freundesgabe für Franz Josef Haas zur Vollendung des 70. Lebensjahres 1996, S. 252.

Redeker, Konrad, „Bürger und Anwalt im Spannungsfeld von Sozialstaat und Rechtsstaat", NJW 1973, 1153.

Ders., „Freiheit der Advokatur - heute", NJW 1987, 2610.

Ders., „Anwaltschaft zwischen Bindung und Freiheit", AnwBl 1988, 14.

Ders., „Rechtsanwaltschaft zwischen 1945 und 1995 - Ein Berufsstand im Wandel“, NJW 1995, 1241.

Reiff, Peter, „Wider die unternehmenstragende Gesellschaft bürgerlichen Rechts ohne Gesellschafterhaftung“, ZIP 1999, 517.

Rennen, Günter/Caliebe, Gabriele, „Rechtsberatungsgesetz“, München 2001.

Rick, Markus B., „Die verfassungsrechtliche Stellung des Rechtsanwalts“, Diss., Köln 1998.

Rieger, Hans-Jürgen, „Die Heilkunde-GmbH in der Rechtsprechung unter besonderer Berücksichtigung des Verfassungsrechts“, MedR, 1995, 87.

Ring, Gerhard, „Werberecht für Ärzte“, Baden-Baden 2000.

Ring, Gerhard, „Kurzkommentar zum Beschluss des LG München I v. 10.3.1994“, EWiR § 43 BRAO, 3/1994, 773.

Rinsche, Franz-Josef, „Die Haftung des Rechtsanwalts und des Notars“, Köln 1998.

Rissel, Friedhelm, „Die verfassungsrechtliche Stellung des Rechtsanwalts, insbes. in seiner Funktion als Verteidiger im Strafverfahren“, Diss., Marburg 1980.

Röhricht, Volker/Westphalen, Friedrich Graf v., "Handelsgesetzbuch“, 2. Aufl., Köln 2001.

Römermann, Volker, „Anwalts-GmbH als theoretische Variante zur Partnerschaft?“, GmbHR 1997, 530.

Ders., „Anmerkung zum Beschluss des OLG Köln vom 12.5.1997 - 2 Wx 57/96 -“, NZG 1998, 231.

Ders., „Anwalts-GmbH im Wettbewerb“, GmbHR 1998, 966.

Ders., „Der neue Regierungsentwurf zum AnwaltsGmbH-Gesetz", NZG 1998, 81.

Ders., „Verfassungswidrigkeit des Sozietätsverbots zwischen Anwaltsnotaren und Wirtschaftsprüfern, Zum Beschluss des BVerfG vom 8.4.1998 - 1 BvR 1773/96", MDR 1998, 821.

Ders., „Anmerkung zum Beschluss des BGH vom 21.6.1999 - AnwZ (B) 89/98 -", AnwBl 1999, 554.

Ders., „Erste Praxisprobleme mit der Neuregelung der Anwalts-GmbH", GmbHR 1999, 526.

Ders., „Anmerkung zum Beschluss des BayObLG vom 27.3.2000 - 3 Z BR 331/99 -", MDR 2000, 734.

Ders., „Die Anwalts-AG", ZAP Nr. 6 vom 22.3.2000, Fach 23, 461.

Ders., „Vorreiter: Pro-Videntia, Deutschlands erste Anwalts-AG", Anwalt 1/2000, 6.

Ders., „Zukunftsmusik? Zehn Thesen zur Anwalts-AG", Anwalt 1/2000, 10.

Ders., „Anmerkung zum Beschluss des BGH vom 18.6.2001 - AnwZ(B) 41/00 -", MDR 2001, 1196.

Ders., „Anmerkung zum Urteil des BGH vom 29.1.2001 - II ZR 331/00 -", DB, 2001, 428.

Ders., „Die Firma der Steuerberater-, Wirtschaftsprüfer- und Anwaltssozietät", INF 2001, 181.

Ders., „Entwicklungen und Tendenzen bei Anwaltsgesellschaften, Eine vergleichende Studie zu EWiV, Sozietät, und Kapitalgesellschaft", Diss., Hildesheim 1995.

Römermann, Volker/Spönemann, Frank, „Gesellschaftsformen für Rechtsanwälte – Berufsrecht, Gesellschaftsrecht, Steuerrecht", NZG 1998, 15.

Roxin, Claus, „Das Zeugnisverweigerungsrecht des Syndikusanwalts", NJW 1992, 1129.

Sachs, Michael, „Sozietät zwischen Anwaltsnotaren und Wirtschaftsprüfern - Die Verfassungswidrigkeit eines Verbots -", MDR 1996, 1197.

Sachs, Michael, „Grundgesetz", München 1999.

Schaub, Alexander, Wettbewerbsrecht und anwaltliches Berufsrecht, AnwBl 2002, 18.

Schiefer, Wolfgang, „Anwalt im Zeitalter der Dienstleistung - Herausforderung zum Wandel", NJW 1987, 1969.

Schlosser, Peter, „Anwaltliches Verbot der Vertretung widerstreitender Interessen", NJW 2002, 1376.

Ders.„Grünes Licht für die Rechtsanwalts-GmbH?", JZ 1995, 345.

Schmid, Edeltraud-Maria, „Die neue Rechtsanwalts-GmbH in der Besteuerung", DB 1999, 1576.

Schmidt, Karsten, „Partnerschaftsgesetzgebung zwischen Berufsrecht, Schuldrecht und Gesellschaftsrecht", ZIP 1993, 633.

Ders., „Die Freiberufliche Partnerschaft", NJW 1995, 1.

Ders., „HGB-Reform im Regierungsentwurf", ZIP 1997, 909.

Ders., „Die BGB-Außengesellschaft: rechts- und parteifähig", NJW 2001, 993.

Ders., „Gesellschaftsrecht", 3. Aufl., Köln 1997.

Ders., „Handelsrecht", 5. Aufl., Köln 1999.

Schmidt, Alexander, „Sozienhaftung bei einer aus Rechtsanwälten, Steuerberatern und Wirtschaftsprüfern bestehenden Kanzlei", NJW 2001, 1911.

Schmuck, Thomas, „Die Anwalts-AG nach französischem Recht", RIW 1993, 983.

Schmucker, Alexandra, „STAR: Die Berufssituation von angestellten und frei mitarbeitenden Rechtsanwältinnen und Rechtsanwälten 1994 und 1998 im Vergleich", BRAK-Mitt. 2001, 208.

Dies., „STAR: Umsatz- und Einkommensentwicklung der Rechtsanwälte 1993 bis 1999", BRAK-Mitt. 2002, 18.

Schneider, Rolf, „Der Rechtsanwalt, ein unabhängiges Organ der Rechtspflege", Berlin 1977.

Scholz, Franz, „GmbH-Gesetz", II. Band, §§ 45-85, 8. Aufl., Köln 1995.

Schubert, Werner, „Entstehung und Quellen der Rechtsanwaltsordnung von 1878", Frankfurt a. M. 1985.

Schüppen, Matthias, „Anmerkung zum Beschluss des BayObLG vom 28.8.1996 - Z BR 75/96 -", WiB 1996, 1164.

Schumacher, Jörg G., „Rechtsanwaltsaktiengesellschaft - Neue Berufsausübungsform für die Anwaltschaft", AnwBl 1998, 364.

Ders., „Rechtsanwaltsaktiengesellschaft - nach deren Anerkennung durch das BayObLG", AnwBl 2000, 409.

Schumann, Ekkehard, „Die überörtliche Anwaltssozietät", München 1990.

Schurr, Renate, „Anwaltsgesellschaften in Deutschland und den Vereinigten Staaten von Amerika", Diss., Bonn 1998.

Seibert, Ulrich, „Zum Entwurf eines neuen Partnerschaftsgesellschaftsgesetzes", AnwBl 1993, 155.

Seibert, Ulrich/Kiem, Roger, „Handbuch der kleinen AG", 4. Aufl., Köln 2000.

Seybold, Karl/Schippel, Helmut, „Bundesnotarordnung“, 6. Aufl., München 1995.

Soergel, Hs. Th., “Bürgerliches Gesetzbuch, Band 4/2, §§ 651a-704“, 12. Aufl., Stuttgart 1999.

Sommer, Michael, „Anwalts-GmbH oder Partnerschaft? - Zivil- und steuerrechtliche Vor- und Nachteile“, GmbHR 1995, 249.

Sproß, Joachim, „Die Rechtsanwalts-Gesellschaft in der Form der GmbH & Co KG“, AnwBl 1996, 201.

Stabreit, Monika, „Die Rechtsanwalts-Aktiengesellschaft“, NZG 1998, 452.

Staudinger, J. von, „Kommentar zum Bürgerlichen Gesetzbuch, Zweites Buch, §§ 652-704“, 13. Aufl., Berlin 1995.

Stehle, Heinz, „Die "Freiberufler-GmbH" - ihre Vor- und ihre Nachteile“, DStR 1983, 100.

Stehle, Heinz/Longin, Franz, „Rechtsformen für die Freien Berufe“, Stuttgart 1995.

Stern, Klaus, „Anwaltschaft und Verfassungsstaat“, Festrede bei der Feier "100 Jahre Freie Advokatur" in der Frankfurter Paulskirche, München 1980.

Stober, Rolf, „Die Berufsfreiheit der freien Berufe“, NJW 1981, 1529.

Streck, Michael, „Über die Entwertung der anwaltlichen Vertraulichkeit durch die Anwälte selbst“, NJW 2001, 3605.

Strotmann, Sabine, „Der Zusammenschluss von Rechtsanwälten, Rechtsformwahl und Haftung“, Diss., Münster 1998.

Taupitz, Jochen, „Kurzkommentar zu BVerfG, Beschluss vom 4.11.1992, Az: 1 BvR 79/85 u.a.“, EWiR Art. 12 GG, 1/1993, 261.

Ders., „Zur Zulässigkeit von Freiberufler-GmbHs. Heilkunde-GmbH: ja, Rechtsberatungs-GmbH: nein?", JZ 1994, 1100.

Ders., „Rechtsanwalts-GmbH zugelassen: Durchbruch oder Intermezzo?", NJW 1995, 369.

Ders., „Zur Verfassungswidrigkeit des Verbots, ärztliche Praxen in der Rechtsform einer juristischen Person zu führen", NJW 1996, 3033.

Ders., „Die Standesordnungen der freien Berufe", Habil., Göttingen 1990.

Taupitz, Jochen/Schelling, Holger, „Das apothekenrechtliche Verbot des "Mehrbesitzes" - auf ewig verfassungsfest?", NJW 1999, 1751.

Tettinger, Peter J., „Berufsgrundrechtliche Aspekte des Wettbewerbs in den Freien Berufen", NJW 1987, 294 = BRAK-Mitt. 1986, 54.

Ders., „Abschied vom Werbeverbot? - Gedanken zum freiberuflichen Standesrecht", JZ 1988, 228.

Ders., „Grundfragen zahnärztlicher Freiberuflichkeit", MedR, 2001, 287.

Thümmel, Roderich C., „Möglichkeiten und Grenzen der Kompetenzverlagerung auf Beiräte in der Personengesellschaft und in der GmbH", DB 1995, 2461.

Tietz, Bruno, „Handwörterbuch des Marketing", Stuttgart: 1995.

Uber, Giesbert, „Freiheit des Berufs", Diss., Hamburg 1952.

Ulmer, Peter, „Wege zum Ausschluss der persönlichen Gesellschafterhaftung in der Gesellschaft bürgerlichen Rechts", ZIP 1999, 509.

Ulmer, Peter, „Unbeschränkte Gesellschafterhaftung in der Gesellschaft bürgerlichen Rechts", ZGR 2000, 339.

Ders., „Die höchstrichterlich "enträtselte" Gesellschaft bürgerlichen Rechts", ZIP 2001, 585.

Ulmer, Peter/Steffek, Felix, „Grundbuchfähigkeit einer rechts- und parteifähigen GbR", NJW 2002, 330.

Vollkommer, Max, „Anwaltshaftungsrecht", München 1989.

Weber, Karl, „Zum Inkrafttreten der Bundesrechtsanwaltsordnung", AnwBl 1959, 233.

Weil, Heinz, „Der Rechtsanwalt – ein Unternehmer besonderer Art", BRAK-Mitt. 2002, 50.

Wessing, Jürgen, „Strafbarkeitsgefährdungen für Berater", NJW 2003, 2265.

Winters, Karl-Peter, „Der Rechtsanwaltsmarkt - Chancen, Risiken und zukünftige Entwicklung", Köln 1989.

Wirtschaftsprüfer, Institut der, „Wirtschaftsprüfer-Handbuch 1996, Band I", Düsseldorf 1996,

Wolff, Friedrich, „Aufgaben und Stellung des Rechtsanwalts im entwickelten gesellschaftlichen System des Sozialismus", NJ, 1969, 615.

Wünsche, Kurt, „15 Jahre Kollegien der Rechtsanwälte", NJ, 1968, 360.

Zöllner, Wolfgang, „Kölner Kommentar zum Aktiengesetz", Einleitungsband, 2. Aufl., Köln 1984; §§ 1-53, 2. Aufl., Köln 1986.

Zuck, Rüdiger, „Formen anwaltlicher Zusammenarbeit", AnwBl 1988, 19.

Ders., „Rechtsanwaltsgesellschaft", MDR 1990, 891.

Ders., „ZRP-Gespräch: Gehört die Zukunft der Anwalts-GmbH?", ZRP 1995, 68.

Ders., „Die berufsrechtlichen Pflichten des Rechtsanwalts", MDR 1996, 1204.

Ders., „Die Anwalts-GmbH nach §§ 59c ff. BRAO", MDR 1998, 1371.

Ders., „Die Zukunft der freien Berufe und staatlich gebundenen Freiberufe", in: Herrmann, Harald/Backhaus, Jürgen, Staatlich gebundene Freiberufe im Wandel, 1998, S. 1.

Ders., „Anwalts-ABC Berufsrecht", Köln 1999.

Ders., „Die berufsrechtliche Zulassung der Anwalts-GmbH", AnwBl 1999, 297.

Ders., „Ungelöste Probleme der anwaltlichen Berufsordnung", NJW 1999, 263.

Ders., „Das innere Berufsbild: Hürde oder Hilfe für das anwaltliche Selbstverständnis", AnwBl 2000, 3.

Ders., „Die Bedeutung des Berufsbilds bei der Beurteilung der anwaltlichen Berufsausübung", in: FS für Karlmann Geiß zum 65. Geburtstag 2000, S. 323.

Ders., „Die Berufsfreiheit der freien Berufe", NJW 2001, 2055.

Ders., „Anwaltliche Berufsausübung, Berufsrecht und Berufsmoral", AnwBl 2002, 3.

Ders., „Anwalts-GmbH, Kommentar zu den §§ 59c- 59m BRAO", Köln, 1999.

Zuck, Rüdiger/Lenz, Christofer, „Der Apotheker in seiner Apotheke - Zur verfassungsrechtlichen und europarechtlichen Zulässigkeit des Fremd- und Mehrbesitzverbotes bei Apotheken", Stuttgart 1999.

Zugehör, Horst, „Handbuch der Anwaltshaftung", Herne/Berlin 1999.

1. Kapitel: Einleitung

§ 1 Problemstellung

„Anwaltliche Kapitalgesellschaft" – bis vor wenigen Jahren wäre allein dieser Begriff noch überwiegend als Widerspruch in sich empfunden worden. Es bestand lange Zeit gewissermaßen ein stillschweigender Konsens darüber, dass kapitalgesellschaftliche Rechtsformen allein Gewerbetreibenden vorbehalten sind, mit der Folge, dass Freiberufler weitgehend auf personengesellschaftliche Kooperationsformen verwiesen wurden. Bis zur Einführung der Partnerschaftsgesellschaft im Jahre 1994 kam für Rechtsanwälte damit allein die Gesellschaft bürgerlichen Rechts (GbR) mit ihrer rudimentären Regelung in den §§ 705 ff. BGB als Kooperationsform in Frage,[1] ausgestaltet als „klassische" Sozietät oder als Bürogemeinschaft.

Andere Freiberufler, namentlich Steuerberater und Wirtschaftsprüfer, haben sich indes bereits früh um die gesetzliche Zulassung auch anderer Gesellschaftsformen, insbesondere der organisations- und haftungsrechtlich attraktiven Kapitalgesellschaften, bemüht.[2] Das Bundesverfassungsgericht hat in diesem Zusammenhang zwar einmal betont, dass die Zulassung einer Steuerberater-Kapitalgesellschaft wegen des höchstpersönlichen Charakters des Steuerberaterberufs nur als "begründete Ausnahme" in Betracht komme.[3] Freilich ist aber aus dieser Ausnahme im Verhältnis zur Anzahl der Sozietäten wohl mittlerweile der Regelfall, zumindest aber eine Selbstverständlichkeit geworden.[4]
Ende der 80er, Anfang der 90er Jahre des 20. Jahrhunderts hat auch auf Seiten der Anwaltschaft diesbezüglich ein Umdenken eingesetzt. Eine Initialzündung bildeten hier sicherlich die sogenannten „Bastille-Entscheidungen" des Bundesverfassungsgerichts vom 14.07.1987 zur Verfassungswidrigkeit der anwaltlichen Standesrichtlinien.[5] Das Bundesverfassungsgericht hatte in diesen beiden aufsehenerregenden Urteilen entschieden, dass die Richtlinien des anwaltlichen Standesrechts

---

[1] Henssler, ZIP 1994, 844.
[2] Für Steuerberater: §§ 16 ff StBerG vom 16.8.1961, BGBl. I, S. 1301; für Wirtschaftsprüfer §§ 27 ff. WPO vom 24.7.1961, BGBl. I, S. 1049.
[3] BVerfGE 21, 227/323.
[4] 6.257 Steuerberatungsgesellschaften (GmbH/AG/KGaA/OHG/KG/Partnerschaft) bei 4.172 Sozietäten (GbR), Statistik der Bundesteuerberaterkammer 2001.
[5] BVerfGE 76, 171 und 196.

mangels ausreichender gesetzlicher Grundlage als Hilfsmittel zur Auslegung und Konkretisierung der Generalklausel über die anwaltlichen Berufspflichten (§ 43 BRAO) nicht mehr herangezogen werden dürften und damit das anwaltliche Standesrecht insgesamt als verfassungswidrig verworfen. Das hierdurch entstandene Regelungsvakuum schuf nun Raum für eine grundlegende Änderung des anwaltlichen Berufsbildes und eine liberale Entwicklung u.a. des anwaltlichen Gesellschaftsrechts.[6]

Zu gleicher Zeit sah sich die Anwaltschaft zunehmenden Umwälzungen in Form eines schärferen nationalen und internationalen Wettbewerbs untereinander und mit anderen Dienstleistern wie Steuerberatern und Wirtschaftsprüfern, aber auch Banken, Versicherungen, Vereinen und Verbänden ausgesetzt.[7] Der „Schutzzaun" des Rechtsberatungsgesetzes (RBerG) hatte sich hiergegen nicht nur als nur unzureichende Hürde bewiesen,[8] sondern sieht auch darüber hinaus weiteren „Erosionen" ausgesetzt.[9] Während dessen attestierte eine Prognos/Infratest Studie zur „Inanspruchnahme anwaltlicher Dienstleistungen" aus dem Jahr 1986 der deutschen Anwaltschaft eine mangelnde Bereitschaft auf die neuen Herausforderungen zu reagieren: „Unter allen potentiellen Beratungsberufen erscheint der Anwalt als der einzige, der sich den Bedingungen der modernen Dienstleistungsgesellschaft nicht angepasst hat."[10]

Vor diesem Hintergrund setzte sich schließlich auch in der Anwaltschaft zunehmend die Erkenntnis durch, dass es - als ein Mosaikstein von vielen - auch gesellschaftlicher Kooperationsformen bedurfte, die organisations-, haftungs- und steuerrechtlich denen der Konkurrenz nicht unterlegen sind.[11] Denn gerade für Großkanzleien, aber auch für weniger große Kanzleien ist die GbR möglicherweise nicht die allein sachgerech-

[6] Vgl. Hartung/Holl-Römermann, BORA; vor §§ 30, Rn. 1 f.; näher Hönsch, Rechtsanwälte und Kooperation, S. 94 ff.

[7] Vgl. Winters, Rechtsanwaltsmarkt, S. 57 ff.

[8] Winters, Rechtsanwaltsmarkt, S. 46; Zum Schutzzweck des RBerG vgl. Henssler, DB 1995, 1549; der., JZ 1992, 697/702 m. w. N.; ausführlich Rick, Die verfassungsrechtliche Stellung des Rechtsanwalts, S. 219 ff.; Hermann, S. 35 ff.

[9] Kleine-Cosack, NJW 2000, 1593 ff.

[10] Prognos/Infratest-Studie zur „Inanspruchnahme anwaltlicher Dienstleistungen", AnwBl, Sonderheft März 1987, 20.

[11] Henssler in: Max Hachenburg, 2. Gedächtnisvorlesung, S. 13; ausführliche Nachweise bei Zuck, Anwalts-GmbH, Einl., Rn. 4 (Fn. 2).

te Kooperationsform, mit der sich alle unterschiedlichen Gesellschafts- und Gesellschafterinteressen eines beruflichen Zusammenschlusses von Rechtsanwälten und Angehörigen anderer sozietätsfähiger Berufe im Rahmen ihrer Befugnisse befriedigend lösen lassen.[12] Insbesondere für Rechtsanwälte, die national und international tätige Wirtschaftsunternehmen beraten, kann eine kapitalgesellschaftliche Organisationsform unter gewissen Umständen als passender und praktikabler angesehen werden. Gerade sie konkurrieren mit Wirtschaftsprüfungs- und Steuerberatungsgesellschaften sowie mit ausländischen Kanzleien, denen die Vorteile einer kapitalgesellschaftlichen Organisationsform teilweise schon seit Jahrzehnten eröffnet sind.[13]

Nachdem eine Diskussion auf rechtspolitischer Ebene zunächst jedoch ergebnislos blieb, kamen schließlich von *Ahlers*[14] und *Heinemann*[15] für die Anwaltschaft und von *Henssler*[16] für die Rechtswissenschaft erstmals - zunächst sehr skeptisch[17] aufgenommene – Plädoyers, die sich für die Zulässigkeit der Anwalts-GmbH bereits *de lege lata* ausgesprochen haben.

Ungerührt von der nunmehr auf zwei Ebenen geführten Diskussion enthielt sich jedoch der Gesetzgeber auch in den folgenden Gesetzgebungsverfahren zur Novellierung der BRAO wie auch zur Einführung des Partnerschaftsgesellschaftsgesetzes (PartGG) weiterhin einer Entscheidung über die Anwalts-GmbH. Statt dessen wurden in den jeweiligen Gesetzgebungsmaterialien lediglich „Zweifel" bekundet, ob die Form der Kapitalgesellschaft mit der anwaltlichen Tätigkeit[18] bzw. der freiberuflichen Tätigkeit[19] in Einklang zu bringen sei.

---

[12] Ahlers in: FS für Rowedder, S. 11; Schlosser, JZ 1995, 345/346.
[13] Vgl. Kraus/Senft, Sozietätsrecht, § 15 I, Rn. 1.
[14] Ahlers, AnwBl 1991, 226; später auch ders. in: FS Rowedder, S. 1.; ders., AnwBl 1995, 3; ders., AnwBl 1995, 121.
[15] Heinemann, AnwBl 1991, 233.
[16] Henssler, JZ 1992, 697.
[17] Zustimmend zunächst nur Koch, AnwBl 1993, 157.
[18] BT-Drucks. 12/4993, S. 23.
[19] BT-Drucks. 12/6152, S. 1.

1. Die Entscheidung des BayObLG zur Anwalts-GmbH

Die Öffnung „neuer" Rechtsform für die Anwaltschaft wurde schließlich nicht durch gesetzgeberischen Akt, sondern auf dem Rechtsweg, herbeigeführt.

Gegenstand des Rechtsstreits war die Eintragung einer Satzungsänderung im Handelsregister. Die Änderung bezog sich insbesondere auf den Unternehmensgegenstand, der die Besorgung fremder Rechtsangelegenheiten einschließlich der Rechtsberatung durch Übernahme von Anwaltsaufträgen zum Inhalt haben sollte. Nachdem diese Anmeldung durch die Registerrichterin zurückgewiesen wurde, legte die Gesellschaft Beschwerde gegen diese Entscheidung ein, der die Registerrichterin nicht abhalf und auch durch das zuständige Landgericht München I verworfen wurde.[20] Erst das BayObLG gab im Wege der weiteren Beschwerde mit Beschluss vom 24.11.1994[21] dem Antrag statt.

Das Gericht sah in dieser Entscheidung keine Hindernisse, die einer Zulässigkeit und damit der Eintragung einer Anwalts-GmbH ins Handelsregister entgegenstünden. Die lange Zeit weitgehend einheitliche Auffassung, dass die Anwalts-GmbH wegen standesrechtlicher Bedenken und wegen der unvereinbaren Gegensätze zwischen berufsständischen Grundsätzen und der Struktur einer GmbH nicht zulässig sei, müsse anhand der neuen Gesetzeslage und der Entscheidung des BGH zur Zahnbehandlungs-GmbH[22] überprüft werden.

Das BayObLG verwies in seiner Entscheidung dabei insbesondere darauf hin, dass die tatsächlichen und rechtlichen Rahmenbedingungen des Rechtsanwaltsberufes sich mittlerweile derart geändert hätten, dass von einem einheitlichen Berufsbild des Rechtsanwalts nicht gesprochen werden könne. Auch zeige das Beispiel der Wirtschaftsprüfungs- und Steuerberatungsgesellschaften, dass die GmbH auch für die freien Berufe nicht gänzlich ausgeschlossen sei. Mit der Einführung des Partnerschaftsgesellschaftsgesetzes sei Rechtsanwälten zudem einerseits ein rechtlich verselbstständigtes Sondervermögen als Organisationsform zur Verfügung gestellt, so dass der Einwand gegen die Anwalts-GmbH, Partner eines Anwaltsvertrages müsse stets eine natürliche Person sein, nicht mehr durchgreife. Andererseits verdeutliche die dort geschaffene Möglichkeit der vertraglichen Haftungsbegrenzung auf den Handelnden

[20] LG München I, NJW 1994, 1882.
[21] BayObLG, NJW 1995, 199.
[22] BGHZ 124, 244.

ebenso wie die gem. § 51a BRAO neu geschaffene Möglichkeit der summenmäßigen Begrenzung der Haftung, dass die unbeschränkte und persönliche Haftung des Rechtsanwalts für das Berufsbild nicht mehr maßgebend sei.

Das Gericht machte jedoch gleichzeitig die Zulässigkeit der Anwalts-GmbH von Vorgaben für die satzungsmäßige Ausgestaltung abhängig. So war der erkennende Senat der Ansicht, obgleich er zuvor ein einheitliches Berufsbild des Rechtsanwalts gerade nicht gegeben sah, dass es „die Stellung des Rechtsanwalts als unabhängiges Organ der Rechtspflege" erfordere, eine Anwalts-GmbH nur zuzulassen, wenn „bestimmte unerlässliche Mindestnormen"[23] eingehalten seien. Dies sei grundsätzlich Aufgabe des Gesetzgebers. In Anlehnung an die Regelungen in den §§ 27 ff. WPO und §§ 49 ff. StBerG zähle zu den zwingend notwendigen Bestandteilen einer gesetzlichen Normierung:

- Die Beschränkung der Geschäftsführerposition auf Rechtsanwälte (bzw. sozietätsfähige Personen).
- Die Beschränkung des Gesellschafterkreises auf Angehörige der gem. § 59a BRAO sozietätsfähigen Berufe,[24] wobei die Mehrheit der Geschäftsanteile und Stimmrechte sich in der Hand von Rechtsanwälten befinden muss, die ihren Beruf aktiv in der Gesellschaft ausüben (Verbot auswärtiger Kapitalbeteiligung).
- Keine Weisungsbefugnis der Gesellschafterversammlung gegenüber den Geschäftsführern hinsichtlich der anwaltlichen Tätigkeit im Einzelfall.
- Der Abschluss einer Haftpflichtversicherung, deren Mindestbetrag deutlich höher als die Mindestversicherungssumme eines Einzelanwalts liegen müsse.

Das BayObLG griff damit die – eigentlich als rechtspolitische Vorgaben gemeinten[25] - Mindestforderungen von *Henssler* auf[26] und hat damit

[23] BayObLG, NJW 1995, 199/201

[24] So auch OLG Köln, NZG 1998, 230/231.

[25] Klarstellung bei Henssler, DB 1995, 1549/1550 sowie ders. in: Max Hachenburg, 2. Gedächtnisvorlesung, S. 27.

[26] Henssler, ZIP 1994, 844/849; vgl. auch schon ders., JZ 1992, 697 ff; ders., NJW 1993, 2137/2141; für die Anwalts-AG aufrechterhalten, s. Henssler in: Henssler/Streck, Sozietätsrecht, Kap. F, Rn. 7.

übergangsweise die Rolle des „Ersatzgesetzgebers" [27] übernommen, was nicht überall positiv aufgenommen wurde.[28]
Auch insgesamt war die Resonanz auf die Entscheidung geteilt; mehrheitlich wurde sie aber wohl begrüßt.[29] Vor allem erhoben sich Stimmen, die im Hinblick auf eine zukünftige gesetzliche Regelung „aufgrund des persönlichen Vertrauensverhältnisses zwischen Anwalt und Mandanten" zumindest die Einführung einer Handelndenhaftung für die Anwalts-GmbH forderten.[30]

Trotz der Vorgaben des BayObLG zur Ausgestaltung war eine baldige gesetzliche Regelung der Anwalts-GmbH im Sinne der Rechtssicherheit also nach wie vor unumgänglich.[31] Schließlich wurde im März 1997 erstmals ein Referentenentwurf des Bundesjustizministeriums[32] zur Diskussion gestellt. Der umfangreiche Regelungskatalog sah dabei – der Forderung aus Teilen der Literatur entsprechend - u.a. eine gesetzliche Handelndenhaftung vor.[33] Diese auch in Kreisen der Rechtspolitiker der damaligen Koalitionsparteien favorisierte Regelung sollte bald allerdings nicht nur bei den Berufsverbänden[34] und den berufsrechtlich orientierten Juristen[35], sondern auch bei Gesellschaftsrechtsdogmatikern auf vehementen Widerstand stoßen.[36] Auch andere Punkte wie etwa die Frage der Postulationsfähigkeit der Anwalts-GmbH blieben strittig.[37]

---

27 Hommelhoff/M. Schwab, WiB 1995, 115/116.
28 Schüppen, WiB 1996, 1164; vgl. indes Schlosser, JZ 1995, 345/346, der vor allem das Zaudern des Gesetzgebers beklagt.
29 Vgl. nur Ahlers, AnwBl 1995, 121; Dauner-Lieb, GmbHR 1995, 259; Henssler, DB 1995, 1549; Landry, MDR 1995, 558; a. A. Braun, MDR 1995, 447.
30 S. nur Braun, MDR 1995, 447; Kempter, BRAK-Mitt. 1995, 4/5; zuvor auch Kremer, GmbHR 1983, 259/264.
31 Henssler, DB 1995, 1549/1550; ders. in: Max Hachenburg, 2. Gedächtnisvorlesung, S. 42; Kleine-Cosack, EWIR Art. 12 GG 2/1995, S. 151/152.
32 Teilweise abgedruckt in ZIP 1997, 1518.
33 § 59p S. 1 des Entwurfes lautete „Für berufliche Fehler haften die mit der Bearbeitung des Auftrags befassten Geschäftsführer neben der Rechtsanwaltsgesellschaft persönlich als Gesamtschuldner."
34 Unveröffentlichte Stellungnahmen des DAV von Juni 1997, Nr. 20/1997 und der BRAK von Juli 1997; teilweise wiedergegeben bei Zuck, Anwalts-GmbH, Einl., Rn. 11 ff.
35 Henssler, ZIP 1997, 1481; Prohaska, MDR 1997, 71; Römermann, GmbHR 1997, 530; zur Verteidigung Dittmann, ZHR 161 (1997), 332.
36 S. Henssler, ZHR 161 (1997), 303/324.
37 Vgl. Henssler, ZHR 161 (1997), 303/329 f.; Zuck, Anwalts-GmbH, Einl. Rn. 10.

Unter dem Eindruck der Kritik verzichtete der schließlich im Februar 1998 vorgestellte Regierungsentwurf[38] auf eine Handelndenhaftung, führte die Postulationsfähigkeit der Anwalts-GmbH ein und lehnte sich stärker an die Vorbilder der WPO und des StBerG an.[39] Auf Basis des Regierungsentwurfes hat die Regelung der Anwalts-GmbH mit Gesetz vom 31.8.1998 schließlich Eingang in die BRAO gefunden (§§ 59c ff.).[40] Die teilweise in der Anwaltschaft und der Rechtswissenschaft erhobene Forderung, zugleich auch die Anwalts-AG zu regeln, wies der Gesetzgeber jedoch von sich. Vielmehr wurde im Regierungsentwurf noch betont, dass „zur Frage der Zulassung auch anderer Gesellschaftsformen – insbesondere von Aktiengesellschaften – keine Aussage" getroffen werde.[41]
Es konnte insofern nicht verwundern, dass eine Entscheidung hierüber wiederum auf dem Rechtsweg herbeigeführt wurde.

2. Die Entscheidung des BayObLG zur Anwalts-AG

Auch in diesem Fall oblag es abermals dem BayObLG, über diese Frage zu entscheiden.
In dem konkreten Rechtsstreit ging es um die Eintragung einer „ProVidentia Rechtsanwalts AG" ins Handelsregister. Auch hier wurde die Eintragung zunächst vom zuständigen AG abgelehnt und die Beschwerde vor dem LG[42] zurückgewiesen.

Mit Beschluss vom 27.03.2000[43] schrieb das BayObLG nun abermals Berufsrechtsgeschichte,[44] indem es nunmehr auch den Zusammenschluss von Rechtsanwälten zur gemeinsamen Berufsausübung in einer Aktiengesellschaft für zulässig erklärte.

Im Unterschied zum vorangegangenen Verfahren um die Anwalts-GmbH befasste sich diesmal der erneut zuständige 3. Senat des BayObLG nicht mehr mit der Frage der Vereinbarkeit einer kapitalgesellschaftli-

[38] BT-Drucks. 13/9820/BR-Drucks. 1002/97.
[39] Zuck, Anwalts-GmbH, Einl., Rn. 13.
[40] BGBl. I, S. 2600.
[41] BT-Drucks. vom 9.2.1998, 13/9820, S.11.
[42] LG Nürnberg-Fürth, Az: 4 HKT 5782/99 (unveröffentlicht).
[43] BayObLGZ 2000, 83 = NJW 2000, 1647 = ZIP 2000, 835 = BB 2000, 946 = DB 2000, 1017 = MDR 2000, 733 = ZNotB 2000, 241.
[44] Henssler, NZG 2000, 875; s. dazu Ammon, Anwalt 2002, 28 ff.

chen Rechtsform mit dem anwaltlichen Berufsbild. Mit Verweis auf Art. 12 GG verwies der Senat nur kurz darauf, dass eine Rechtsanwalts-AG „nicht von vorne herein unzulässig sei". Ob an eine Rechtsanwalts-AG mit Blick auf das Berufsrecht, ähnlich wie bei der Rechtsanwalts-GmbH, besondere Anforderungen zu stellen seien, sei indes nicht zu prüfen. Hintergrund dieser Zurückhaltung mag zum Einen die genannte Kritik[45] im Zusammenhang mit der Entscheidung über die Anwalts-GmbH gewesen sein, das BayObLG schwinge sich zum „Ersatzgesetzgeber" auf. Auf der anderen Seite orientierte sich die Satzung der „Pro-Videntia" mit Ausnahme der Firmierung an den für die Anwalts-GmbH getroffenen Vorgaben,[46] so dass insofern wohl auch kein Anlass gegeben war, hierauf näher einzugehen.

Das BayObLG setzte sich jedenfalls im Übrigen ausschließlich mit der Frage der Zulässigkeit der Fantasiefirma für die Anwalts-AG auseinander und gelangte dabei zu dem Ergebnis, dass das für die Anwalts-GmbH bestehende Gebot der Personenfirma (§ 59k BRAO) auf die Anwalts-AG nicht entsprechend anwendbar sei.[47] Es komme weder eine direkte, noch eine analoge Anwendung in Betracht. Eine Analogie würde die Grenzen der richterlichen Rechtsfortbildung, die sich aus dem in Art. 20 III GG angeordneten Vorrang des Gesetzes ergebe, nicht beachten. Auch habe der Gesetzgeber diese Regelung bewusst auf die Anwalts-GmbH begrenzt. Zudem kenne auch die Rechtsordnung anderer freier Berufe wie Steuerberater und Wirtschaftsprüfer, mit denen Rechtsanwälte Gesellschaften bilden könnten, derartige Regelungen nicht.

Des weiteren verneinte das BayObLG auch eine konkrete Irreführung i. S. d. § 18 II S. 2 HGB durch die Bezeichnung „Pro-Videntia Rechtsanwalts AG". Der Firmenbestandteil „Rechtsanwalts" gebe die Tätigkeit der Gesellschaft zutreffend wieder. Der Individualisierungszusatz Pro-Videntia sei eine Fantasiebezeichnung, deren inhaltliche Aussagekraft mit der des Sachfirmenbestandteils nicht verglichen werden könne. Der eine verständige Würdigung vornehmende angesprochene Adressat werde auf Grund des Fantasiezusatzes, auch wenn er ihn übersetzen

---

[45] Schüppen, WiB 1996, 1164.
[46] Herrn RA Dr. Buchbinder und Herrn RA Nöcker an dieser Stelle herzlichen Dank für die ermöglichte Einsichtnahme in die Satzung.
[47] Insoweit auch OLG Nürnberg, NJW 2003, 2245/2246.

könne, kein abschließendes Urteil über die Qualität der Gesellschaft vornehmen.

In der weiteren Folge wurde die „Pro-Videntia Rechtsanwalts-AG", als erste Anwalts-Aktiengesellschaft am 18.04.2000 beim Handelsregister des Amtsgerichts Nürnberg unter der Registernummer HRB 17148 eingetragen.[48] Auch einige andere Rechtsanwälte folgten diesem Beispiel.[49]

Das Führen der Fantasiefirma „Pro-Videntia AG" ist – wie zuvor auch schon die Bezeichnung Pro-Videntia GbR[50] – indes erst jüngst durch das OLG Nürnberg wettbewerbsrechtlich untersagt worden.[51] Die Sache liegt nach letztem Stand dem BGH zur Entscheidung vor.[52]

3. Kernproblem und Meinungsstand

Die Zulässigkeit der anwaltlichen Kapitalgesellschaft wird spätestens seit der gesetzlichen Regelung der Anwalts-GmbH nicht mehr in Frage gestellt und ist auch seit der Entscheidung des BayObLG für die Anwalts-AG nicht mehr neu entbrannt.
Wiederholt spielt sich die Diskussion, die nun primär um die Anwalts-AG geführt wird, auf zwei Ebenen ab, und zwar *de lege lata* wie auch *de lege ferenda*. Nicht immer wird hierbei argumentativ zwischen diesen beiden Ebenen getrennt.[53]
Da die Diskussion *de lege lata* ohnehin nur bis zu einer gesetzlichen Regelung Gültigkeit behält, soll der diesbezügliche Meinungsstand nur kurz aufgezeichnet werden.

a.) Die Diskussion *de lege lata*

De lege lata gelten die Regelungen für die Anwalts-GmbH allenfalls im Wege einer analogen Anwendbarkeit für die Anwalts-AG.

---

[48] Römermann, Anwalt 1/2000, S. 6.
[49] S. etwa den Artikel im Handelsblatt vom 10.1.2001 über die Rechtsanwalts-AG in Frankfurt a. M.; vgl. auch schon Henssler, NJW 1999, 241/246, der von einer Umwandlung einer Rechtsanwalts-GmbH in eine –AG in Berlin berichtet.
[50] OLG Nürnberg, NJW-RR 2000, 440 ff; krit. Huff, EWiR § 9 BORA 1/1999, S. 695; zust. Ammon in: Röhricht/v. Westphalen, HGB, § 18, Rn. 31.
[51] OLG Nürnberg, NJW 2003, 2245; krit. A. Hoffmann, EWiR § 9 BORA 1/2003, S. 813.
[52] Az: I ZR 139/03.
[53] Dies verdeutlicht nicht zuletzt auch die Entscheidung des BayObLG zur Anwalts-GmbH, die - wie erwähnt - *de lege lata* die eigentlich rechtspolitisch gemeinten Vorgaben *Hensslers* übernahm.

Das BayObLG hatte die Analogiefähigkeit des § 59k BRAO verneint. Überträgt man diese Auffassung des BayObLG auch auf die anderen Vorschriften über die Rechtsanwalts-GmbH[54], so könnte man rückschließen, eine Analogie müsse auch im Übrigen ausscheiden.[55] Andererseits hat sich das BayObLG – wie erwähnt – gerade ausdrücklich nicht mit den anderen Normen der Anwalts-GmbH auseinandergesetzt, so dass insofern wohl eher davon auszugehen ist, dass sich das BayObLG insofern gerade einer Entscheidung enthalten wollte.

In der Literatur sind die Meinungen über eine analoge Anwendbarkeit gespalten.
Römermann und andere Autoren sehen die Voraussetzungen der Analogie bereits aufgrund der genannten Äußerungen im Regierungsentwurf nicht gegeben. Allein die Annahme, dass die eine oder andere Vorschrift aus den §§ 59c ff. BRAO inhaltlich entsprechend für die Anwalts-AG passen könnte, führe nicht zur Analogie. Andernfalls würde der Wille des Gesetzgebers missachtet, gerade keine Regelung vorzunehmen.[56] Die Anwalts-AG sei daher eintragungsfähig, ohne dass die entsprechenden Voraussetzungen gegeben sind.

Henssler hingegen ist der Auffassung, es könnten jene Vorschriften hinter denen erkennbar eine gesetzliche Wertung stehe, die für Kapitalgesellschaften Geltung beansprucht, im Wege der Analogie auf die Anwalts-AG erstreckt werden. Dabei sei allerdings zu berücksichtigen, dass Eingriffe in die Berufsausübungsfreiheit in besonderer Weise dem Bestimmtheitsgrundsatz unterliegen würden, so dass in nicht eindeutigen Zweifelsfällen eine Übertragbarkeit der Wertungen der §§ 59c ff. BRAO ausscheiden müsse.[57] Im Übrigen liege eine planwidrige Regelungslücke auch vor, wenn die Rechtsordnung eine Regelung – unter Berücksichtigung des Gleichheitssatzes - fordere. Der Normzweck der §§ 59c ff. BRAO greife bei der AG in gleicher Weise wie bei der GmbH. Die Zu-

[54] In der BRAO schlicht unter dem Abschnitt „Rechtsanwaltsgesellschaften“ eingefügt.
[55] Mit diesem Rückschluss auch schon vor dem Beschluss: Römermann, ZAP, Nr. 6 vom 22.3.2000, Fach 23, S. 471.
[56] Römermann, ZAP, Nr. 6 vom 22.3.2000, Fach 23, S. 464; vgl. auch ders., MDR 2000, 734/735; ferner Heublein, AnwBl 1999, 304/306; Kilian, NZG 2001, 150 f.; Schumacher, AnwBl 2000, 409; Stabreit, NZG 1998, 452.
[57] Henssler, NZG 2000, 875, ihm folgend auch Muthers, NZG 2001, 930/931.

rückhaltung des Gesetzgebers könne daher nur dahingehend verstanden werden, dass er auf eine bewusste Aussage zur Zulässigkeit verzichtet habe. Keinesfalls wolle er zum Ausdruck bringen, dass die AG im Vergleich zur GmbH generell unter erleichterten Bedingungen als Berufsausübungsgesellschaft zur Verfügung stehen sollte.[58]

Ähnlich argumentieren *Kempter* und *Kopp* aus anwaltlicher Sicht. Ihrer Ansicht nach verkennen die Auffassungen, die eine analoge Anwendbarkeit der BRAO und der BORA[59] ablehnten, dass diese gesetzlichen Regelungen zur Gestaltung der anwaltlichen Berufsausübung erlassen wurden und letztlich nur Grundsätze des Anwaltsberufs als Teil der Rechtspflege wiedergeben würden.[60] Es gebiete sich darüber hinaus eine Orientierung an der Rechtsprechung des BayObLG zur Rechtsanwalts-GmbH. Die Stellung des Rechtsanwalts als unabhängiges Organ der Rechtspflege sowie die Wesensmerkmale des Anwaltsberufs als eines Freien Berufs erforderten die satzungsmäßige Einhaltung unerlässlicher Mindestnormen.[61]

Gerade diese Herleitung ist *de lege lata* jedoch nicht unproblematisch. Das BayObLG hatte – anders als in seiner Entscheidung zur Anwalts-GmbH[62] – in der Entscheidung zur Anwalts-AG zurecht davon Abstand genommen, aus dem allgemeinen Berufsbild konkrete Mindestvoraussetzungen herzuleiten.[63] Dies ist alleine Aufgabe des Gesetzgebers, der hier allerdings ausdrücklich keine Regelung treffen wollte.[64] Dass der Gesetzgeber damit - wie *Henssler* anführt – nur keine Aussage zur Zulässigkeit treffen wollte, erscheint dabei sehr wahrscheinlich. Sollte dies jedoch so sein, so ist diese Gesetzeslücke, wenn auch rechtspolitisch verfehlt, gerade erklärtermaßen plangemäß, so dass von daher eine Analogie ausscheiden muss.

---

[58] Henssler in: Henssler/Streck, Sozietätsrecht, Kap. F, Rn. 6; s. auch Grunewald, NJW 2002, 100/180 im Hinblick auf die Firmierung.
[59] Berufsordnung für Rechtsanwälte.
[60] Kempter/Kopp, NJW 2001, 777 (Fn. 8); vgl. auch dies., NJW 2000, 3449/3450 ff.
[61] Kempter/Kopp, NJW 2001, 777; vgl. dies., NJW 2000, 3449 ff.
[62] BayObLG, NJW 1995, 199/201.
[63] BayObLG, NJW 2000, 1647.
[64] BT-Drucks. 13/9820, S. 11.

In der Praxis hält dies die Registergerichte jedoch wohl nicht davon ab, auf die Regelungen der Anwalts-GmbH analog zurückzugreifen. Und gerade die Kammern werden für die berufsrechtliche Zulassung wohl entsprechende Anforderungen an die Anwalts-AG stellen.
Ein ausreichendes Maß an Rechtssicherheit wird jedoch wohl erst erreicht werden, wenn der Gesetzgeber aktiv wird.[65] Es ergibt sich somit eine Parallelsituation zur damaligen Entwicklung um die Rechtsanwalts-GmbH vor deren Normierung.[66]

b.) Die Diskussion *de lege ferenda*

Auf der anderen Seite bietet die ausstehende Normierung der Rechtsanwalts-AG zugleich Gelegenheit, auch die für die Rechtsanwalts-GmbH geschaffenen Regelungen einer Überprüfung zu unterziehen.[67]
Der rechtspolitische Streit um die Anwalts-AG hat im Grunde den Streit um die Anwalts-GmbH, wenn auch auf kleinerer Flamme, neu entfacht. Man kann hier nach wie vor zwei grundsätzliche Strömungen ausmachen, die hier zunächst als „Liberalisierer" und „Traditionalisten" bezeichnet werden sollen.

Seitens der Liberalisierer dominieren dabei Argumente, die auf eine Angleichung mit dem Recht der Wirtschaftsprüfer und Steuerberater dringen und dabei neben dem rechtspolitischen Dafürhalten auf eine verfassungsrechtliche Notwendigkeit verweisen.

Seitens der Traditionalisten dominieren nach wie vor „Berufsbildargumente". Sie wollen die Ausgestaltung der anwaltlichen Kapitalgesellschaft von den Wesensmerkmalen des Anwaltsberufs herleiten.

So hat *Ganster* beispielsweise noch jüngst die Auffassung vertreten, dass die freiberufliche Berufsausübung aufgrund ihrer Wesensmerkmale und der damit verbundenen Gemeinwohlbelange nach wie vor „funda-

---

[65] Grunewald/H.-F. Müller, JZ 2001, 1120/1123; A. Hoffmann, EWiR § 9 BORA 1/2003, S. 813; Henssler, NZG 2000, 875; Hergeth, DStR 2000, 1153/1154; Muthers, NZG 2001, 930; Römermann, ZAP, Nr. 6 vom 22.3.2000, Fach 23, S. 461; a. A. Kempter/Kopp, NJW 2000, 3449/3450 f.; Kraus/Senft, Sozietätsrecht, § 15 III 13, Rn. 122, die von einer soliden Rechtslage aufgrund der Rechtsprechung im Vorfeld der Entstehung sowie der Schaffung des Gesetzes zur Rechtsanwalts-GmbH ausgehen.
[66] Vgl. Henssler, NJW 1999, 241/242; Muthers, NZG 2001, 930; zur damaligen Situation um die Anwalts-GmbH vgl. Römermann, GmbHR 1997, 530 f. m. w. N.
[67] Vgl. auch Grunewald/H.-F. Müller, JZ 2001, 1120/1123.

mental" unvereinbar sei mit der Zusammenarbeit in einer Kapitalgesellschaft. Er plädiert daher für ein nachträgliches Verbot der im Vordringen befindlichen Freiberufler-Kapitalgesellschaften. Dies sei auch verfassungsrechtlich haltbar.[68]

Demgegenüber hält *Römermann* auf Seiten der Liberalisierer beispielsweise im Wesentlichen nur die Verpflichtung der Rechtsberatungs-GmbH zum Abschluss einer Haftpflichtversicherung für erforderlich. Für weitergehende Restriktionen sei – auch bei der Anwalts-AG - kein Raum.[69]

Zwischen diesen beiden höchst gegenläufigen Positionen rankt sich der Streit um zahlreiche Einzelfragen der Ausgestaltung der Anwalts-AG und auch der Anwalts-GmbH.

Ebenfalls eher der Seite der Traditionalisten zuneigend, leiten etwa *Kempter* und *Kopp* aus den Wesensmerkmalen des Anwaltsberufes als eines Freien Berufes zahlreiche Restriktionen ab, die wie für die Anwalts-GmbH auch für die Anwalts-AG gelten sollten. So bedinge beispielsweise die persönlich-vertrauensvolle Beziehung zum Auftraggeber, dass das Beratungsverhältnis zwischen dem Mandanten und dem Rechtsanwalt im Vordergrund stehe. Diesem Bild widerspreche es, wenn eine Fantasiefirma, die keinen Namen enthalte, dem Rechtssuchenden gegenübertrete.[70] Darüber hinausgehend sind *Kempter* und *Kopp* ferner der Auffassung, aus der Entscheidung des BayObLG zur Anwalts-GmbH lasse sich herleiten, dass neben den Mitgliedern des Vorstandes auch des Aufsichtsrats einer Anwalts-AG mehrheitlich Rechtsanwälte sein müssten.[71]

Demgegenüber hat *Henssler* darauf verwiesen, dass der Gesetzgeber die Rechtsanwalts-GmbH mit den §§ 59c ff. BRAO Regelungen unterworfen hat, die sich teilweise auch bei den Berufsausübungsgesellschaften verwandten Berufsgruppen der Steuerberater- und Wirtschaftsprüfer - GmbH nicht wiederfinden. So sollte es beispielsweise erlaubt werden,

---

[68] Ganster, Freier Beruf und Kapitalgesellschaft, S. 552 ff., 590 ff.
[69] Römermann, Entwicklungen und Tendenzen, S. 150 ff.; ähnl. Auch noch ders., Anwalt 1/2000, S. 10; vgl. auch Michalski/Römermann, NJW 1996, 3233/3238.
[70] Kempter/Kopp, NJW 2000, 3449/3451.
[71] Kempter/Kopp, NJW 2001, 777/780.

dass auch eine BGB-Gesellschaft als Gesellschafterin einer Anwalts-GmbH in Betracht kommt.[72] Ferner kritisiert er auch die Regelungen, die es vorschreiben, dass die Mehrheit der Anteile und Stimmrechte an der GmbH Rechtsanwälten zustehen muss (§ 59c III BRAO), sowie das Verbot der Mehrfachbeteiligung an verschiedenen Berufsausübungsgesellschaften (Verbot der Sternsozietät).[73]

Weitergehend, wenn auch eher im Zusammenhang mit der Frage der Rechtsstellung des Syndikusanwalts, wird auch die Auffassung vertreten, Vorgaben an die Zusammensetzung der Gesellschafter einer Rechtsanwalts-GmbH seien auch im Hinblick auf die anwaltliche Unabhängigkeit für die anwaltliche Kapitalgesellschaft entbehrlich. Auf dieser Basis erwägen *Prütting* und *Kleine-Cosack* die Möglichkeit, dass größere Unternehmen ihre Rechtsabteilungen in einer Rechtsanwalts-GmbH kostengünstig „outsourcen" könnten.[74] Dies aber ist freilich nur möglich, wenn auch gewerbliche Unternehmen Gesellschafter einer Rechtsanwalts-GmbH sein können.

Es zeigt sich hier insofern ein vielschichtiges Meinungsbild. Die Gegensätze könnten teilweise größer nicht sein. Nirgendwo sonst tritt der Grundsatzstreit über Sinn und Unsinn des anwaltlichen Berufsbildes deutlicher zu Tage als bei der Diskussion um die anwaltliche Kapitalgesellschaft.
Dazwischen drängt sich eine Bandbreite von Meinungen und Möglichkeiten, wie die kapitalgesellschaftlichen Rechtsformen im Einzelnen berufsrechtlich zu modifizieren sind, um einerseits eine attraktive Gesellschaftsform für den Anwaltsberuf zu erhalten und um andererseits zwingende berufsrechtliche Vorgaben nicht zu unterlaufen.

Das Kernproblem der Diskussion liegt dabei wohl darin, dass das anwaltliche Berufsbild und seine Wesensmerkmale wie „anwaltliche Unabhängigkeit", „Organ der Rechtspflege" oder „Freiberuflichkeit" begrifflich nicht hinreichend geklärt sind. Sie sind damit weitreichenden Interpretationen ausgesetzt, die ihnen teilweise den Vorwurf einbringen, lediglich einen Selbstzweck zu verfolgen.[75] Postulate, wonach Angehö-

---

[72] Henssler, NJW 1999, 241/246.; vgl. auch ders., ZIP 1997, 1481/1483.
[73] Henssler, NJW 1999, 241/244 ff.; vgl. auch ders., ZIP 1997, 1481/1485 f.
[74] Prütting, AnwBl 2001, 313/317; ders. in: Hommerich/Prütting, Syndikusanwalt, S. 46 f.; Kleine-Cosack, NJW 2000, 1593/1598 f.

einen Selbstzweck zu verfolgen.[75] Postulate, wonach Angehörige eines freien Berufs sich nicht vom Streben nach Gewinn bestimmen lassen dürfen,[76] gelten verbreitet nur noch als antiquiert.

Ausgangspunkt dieser Arbeit kann es insofern nicht sein, diese Postulate unkritisch zu übernehmen.
Diese Arbeit wird vielmehr zunächst versuchen, den vermeintlichen Mythos des anwaltlichen Berufsbildes zu entschlüsseln, in dem sie diese Vorgaben historisch herleitet und sodann auf ihre verfassungsrechtlichen Grenzen zurückführt. Erst dann soll im Einzelnen und auf Basis der hierzu bereits geltenden Regelungen und des hierzu bereits bestehenden Meinungsbildes geprüft werden, wie das gesellschaftsrechtliche Konzept der GmbH und der AG zu modifizieren ist, um den genannten Vorgaben des Berufsbildes in seinen verfassungsrechtlichen Schranken gerecht zu werden.

§ 2 Vorgehensweise

Den Ausgangspunkt der Überlegungen bildet demnach das Berufsbild des Rechtsanwalts. Bereits das BayObLG hatte aus „der Stellung des Rechtsanwalts als unabhängiges Organ der Rechtspflege" die genannten Mindestvoraussetzungen für die Ausgestaltung der Anwalts-GmbH hergeleitet,[77] wie sie auch nachher vom Gesetzgeber größtenteils übernommen wurden. Dieser konkrete Rückschluss vom Berufsbild auf die Mindestanforderungen ist jedoch, wie es sich schon aus dem breitgefächerten Meinungsbild ohne weiteres ergibt, keinesfalls zwingend. Ein Grund hierfür könnte darin liegen, dass die wesentlichen Begriffe des Berufsbildes schlicht nach wie vor ihrem Inhalt nach nicht hinreichend geklärt sind. Vielfach krankt gefundene Auslegung wohl auch daran, dass sie durch ein „inneres Berufsbild" beeinflusst wird, welches, wie dies bereits *Zuck* dargelegt hat, „ein schwer zu entwirrendes Gemisch von tradierten Vorgaben, eigenen Interessenlagen und zusammenfassenden Schlüssen aus dem berufsrechtlichen Normengeflecht, der Berufsethik und der Berufspolitik" darstellt.[78]

---

[75] Zur Kritik s. Bachmann, NJW 2001, 3385 f.
[76] Feuchtwanger, Die freien Berufe, S. 17 ff.; Friedlaender, RAO, Einl., Rn.11; s. auch noch Kalsbach, BRAO, § 2, Rn. 3.
[77] BayObLG, NJW 1995, 199/201, später auch OLG Köln, NZG 1998, 230/231.
[78] Zuck in: FS für K. Geiß, S. 323.

Im folgenden *zweiten Kapitel* dieser Arbeit sollen daher die das Berufsbild prägenden Grundbegriffe noch einmal in ihrem historischem Kontext analysiert und ihre Auswirkungen auf das anwaltliche Gesellschaftsrecht bis hin zur anwaltlichen Kapitalgesellschaft dargestellt werden. Ziel ist es, zu erarbeiten, welche Grundgedanken hinter dem gesetzlichen Leitbild des Rechtsanwaltsberufes stehen und welche Konsequenzen sich hieraus bislang in Bezug auf das anwaltliche Gesellschaftsrecht ergeben haben. Schließlich lassen sich berufsrechtliche Modifikationen der GmbH (oder der AG) nur dann stringent ableiten, wenn man vor allem den Begriff der Unabhängigkeit zuvor im Sinne des historisch gewachsenen Bildes des Anwalts ausfüllt.[79]

Im *dritten* Kapitel sollen sodann die verfassungsrechtlichen Grenzen einer berufsbildorientierten Beschränkung des anwaltlichen Gesellschaftsrechts erarbeitet werden. Hierbei soll insbesondere erläutert werden, inwiefern das zuvor skizzierte Berufsbild des Rechtsanwalts verfassungsrechtlich geeignet ist, Schranken für die Berufsausübung im Rahmen einer kapitalgesellschaftlichen Rechtsform zu rechtfertigen. Daneben stellt sich zudem vor allem die Frage, inwiefern im Rahmen einer Überprüfung nach Art. 3 I GG die für Wirtschaftsprüfungs- und Steuerberatungsgesellschaften geltenden Regelungen vergleichsweise herangezogen werden können.
Des weiteren sollen auch die Vorgaben des Europarechts, insbesondere in Form der Richtlinie 98/5 in die Prüfung einbezogen werden.

Im *vierten* Kapitel dieser Arbeit sollen die für die Anwalts-GmbH durch den Gesetzgeber getroffenen Regelungen auf Basis der zuvor erarbeiteten Vorgaben untersucht werden. Den Ausgangspunkt der Überlegungen bilden hier jeweils die Darstellung der Regelungen des GmbH-Rechts und der sie modifizierenden berufsrechtlichen Regelungen. Sodann ist auf Grund der bislang getroffenen Erkenntnisse zu überprüfen, inwieweit die Regelungen für die Anwalts-GmbH den zuvor erarbeiteten Vorgaben des Berufsbildes in seinen verfassungsrechtlichen Schranken genügen.

[79] Dauner-Lieb, GmbHR 1995, 259/262.

Das *fünfte* Kapitel befasst sich sodann mit dem Regelungsbedarf für die Rechtsanwalts-AG. Aufgrund der unterschiedlichen organisationsrechtlichen Konzeption von GmbH und AG wird hier insoweit eine „blinde" Übernahme der für die Anwalts-GmbH entwickelten berufsrechtlichen Regelungen nicht in Betracht kommen. Soweit hier jedoch eine Parallelbetrachtung ohne weiteres möglich ist, wird auf eine Wiederholung der für die Anwalts-GmbH entwickelten Grundsätze verzichtet.
Im Rahmen eines Exkurses soll jeweils auch auf die Anwalts-KGaA eingegangen werden, die sich neben der Anwalts-AG ebenfalls als neue Rechtsform für die anwaltliche Berufsausübung anbietet.

Im *sechsten* Kapitel soll sodann eine Abwägung der praktischen Vor- und Nachteile der anwaltlichen Kapitalgesellschaft gegenüber anderen Rechtsformen anwaltlicher Zusammenarbeit erfolgen.

Im *siebten* Kapitel sollen schließlich die Ergebnisse zusammengefasst werden.

2. Kapitel: Die historische Entwicklung des anwaltlichen Berufsbildes und seine Auswirkungen auf das anwaltliche Gesellschaftsrecht

§ 1 Kaiserreich und Weimarer Republik

I. Die Stellung des Rechtsanwalts nach der RAO vom 1.7. 1878

1. Fehlende Normierung des anwaltlichen Berufsbildes

Die Rechtsanwaltsordnung vom 1.7.1878 (RAO)[80] war die erste einheitliche Kodifikation des Anwaltsrechts in Deutschland.[81] Sie ist historisch eingebettet in die Gründung des deutschen Kaiserreichs und die damaligen Kodifikationsbestrebungen und schuf einen einheitlichen Begriff des Rechtsanwaltsberufs.

Dennoch hat die Stellung des Rechtsanwalts in der Rechtsanwaltsordnung von 1878 (RAO) – anders als in der Bundesrechtsanwaltsordnung von 1959 in den §§ 1 bis 3 – keine ausdrückliche Erwähnung gefunden. Die RAO begann in § 1 vielmehr mit den Voraussetzungen der Zulassung zur Rechtsanwaltschaft. Erst in § 28 findet sich eine Aussage über den Beruf des Rechtsanwalts:

„Der Rechtsanwalt ist verpflichtet, seine Berufsthätigkeit gewissenhaft auszuüben und durch sein Verhalten in Ausübung des Berufs, sowie außerhalb desselben sich der Achtung würdig zu zeigen, die sein Beruf erfordert.“

Eine ähnliche Formulierung findet sich heute in § 43 BRAO. Dass die Rechtsanwaltsordnung hinsichtlich des Berufsbildes des Rechtsanwalts und seiner Stellung hingegen schweigt, mag angesichts der Tatsache überraschen, dass gerade dies eine viel diskutierte Frage war. Diese Enthaltsamkeit lässt sich aber auf ein damaliges Interesse nach einem schnellen Zustandekommen des Gesetzes zurückführen.[82] Dennoch

[80] RGBl. 1878, 177, in Kraft ab 1.10.1879.
[81] Ostler, S. 11 ff.
[82] Schubert, Entstehung und Quellen der RAO 1878, S. 68; Zuck, AnwBl 2000, 3.

lassen sich einige Grundvorstellungen des anwaltlichen Berufsbildes jener Zeit herauskristallisieren, die im folgenden aufzuzeigen sind.

2. Die Zuordnung zur dritten Gewalt

Die Bezeichnung des Rechtsanwalts als „Organ der Rechtspflege" findet sich nicht in der RAO von 1878, jedoch in der Gesetzesbegründung und später auch in Entscheidungen des Ehrengerichtshofes.[83] So heißt es in einer Entscheidung aus dem Jahr 1881:

„Auch der Rechtsanwalt ist Organ der Rechtspflege und berufen, eine unabhängige Rechtspflege zu fördern, namentlich auch dadurch, daß er die Achtung von den Trägern der richterlichen Gewalt und das Vertrauen, daß ihm gegen Unbilden des einzelnen Richters die Vorgesetzten desselben ausreichend Genugthung gewähren werden, nicht aus dem Auge setzt."[84]

Der Ehrengerichtshof hat mit dieser – heute etwas schwer verständlichen - Formulierung einen Verweis gegen einen Verteidiger begründet, der einen vorsitzenden Richter zum Duell aufgefordert hatte. Die Stellung als „Organ der Rechtspflege" hatte insoweit also lediglich eine Disziplinierungsfunktion.

Erst mit den Entscheidungen des Reichsgerichts vom 2.11.1926[85] und vom 5. und 6.6.1928[86] wurde der Rechtsanwalt neben dem Gericht und der Staatsanwaltschaft als gleichberechtigtes Organ der Rechtspflege bezeichnet.[87] Man war zudem allgemein der Auffassung, der Rechtsanwalt trete mit der Übernahme des Mandats in ein öffentlich-rechtliches Verhältnis mit geregelten Rechten und Pflichten ein.

Diese Auffassung stand im Einklang mit der damals ganz herrschenden Meinung in der Literatur. Dort wurde die Auffassung vertreten, der Rechtsanwalt bekleide ein öffentliches Amt; zumindest sei die Stellung

[83] Henssler/Prütting-Koch, BRAO, Einl., Rn. 9; zum Ursprung der Formulierung vgl. ferner Stern, Anwalt und Verfassungsstaat, S. 12.

[84] Entscheidung des EGH vom 25.3.1881, EGH I (1885), S. 140/145; vgl. ferner EGH III, S. 270; EGH IV, S. 212; XV, S. 128.

[85] RG, JW 1926, 2756.

[86] RG, DRZ 1928, 470.

[87] S. auch noch heute Jessnitzer/Blumberg, BRAO, § 1, Rn. 1.

des Rechtsanwalts eine „amtsähnliche".[88] Begründet wurde dies u. a. mit der Zulassung bei den Gerichten und der über die Anwälte ausgeübten Disziplinargewalt.[89] Auf der anderen Seite stünde zwar die Anwaltstätigkeit außerhalb der Gerichte und Behörden. Auch hier bliebe jedoch die öffentlichrechtliche Stellung des Anwalts stets dieselbe.[90] Der Rechtsanwalt war damit mehr oder weniger der dritten Gewalt zugeordnet.[91] Hierzu passt es, dass die Rechtsanwaltsordnung ursprünglich nur einen Abschnitt innerhalb des Gerichtsverfassungsgesetzes bilden sollte.[92] Noch 1930 bedurfte es wohl deshalb der Klarstellung, dass der Rechtsanwalt nicht Beamter sei.[93]

3. Die Freiheit der Advokatur

Trotz dieser verbleibenden Staatsnähe gilt die RAO als Durchbruch der „Freiheit der Advokatur".[94]

Dieses Postulat, das auf eine im Jahre 1867 erschienene Schrift von *Rudolf v. Gneist* zurückgeht, kennzeichnet die Umwandlung der staatsdienerähnlichen Ausgestaltung des Advokatenstandes in einen vom Staat weitgehend unabhängigen freien Beruf.[95] Die „Freiheit der Advokatur" manifestiert sich nicht zuletzt in einem Anspruch auf Zulassung zur Rechtsanwaltschaft bei entsprechender Befähigung.[96]

[88] Friedlaender, RAO, Einl., Rn. 9; vgl. noch BVerfGE 38, 105/119 („eine auf Wahrheit und Gerechtigkeit verpflichtete amtsähnliche Stellung"; hier jedoch nicht um den Anwalt zu disziplinieren, sondern um eine Erweiterung seiner Befugnisse zu rechtfertigen; s. Zuck in: Herrmann/Backhaus, Staatlich gebundene Freiberufe im Wandel, S. 6).
[89] Vgl. Feuchtwanger, Die freien Berufe, S. 287 f.
[90] Friedlaender, RAO, Einl., Rn. 9.
[91] So ausdrücklich Ostler, S. 348.
[92] Vgl. Ostler, S. 347; s. auch noch Weber, AnwBl 1959, 233/235 über die Verhandlungen im Bundestag zur BRAO.
[93] Friedlaender, RAO, Einl., Rn. 8 (anders zuvor noch in Preußen: vgl. Rissel, S.5.).
[94] Redeker, NJW 1987, 2610; Huffmann, S. 139; s. auch Schubert, Entstehung und Quellen der RAO, S. 66 zum Verständnis einer „strengen gleichmäßigen Disziplin als Fundament der freien Advokatur".
[95] Vgl. BVerfGE 63, 266/282 f.; zur näheren geschichtlichen Entwicklung vgl. Hartstang, Der deutsche Rechtsanwalt, S. 21 ff.
[96] Gneist, Freie Advokatur, S. 85 (Fn. 8); vgl. auch Radbruch, Einführung in die Rechtswissenschaft, S. 193 f.

Der Vorentwurf zur RAO enthielt noch eine später als überflüssig gestrichene Klarstellung, dass die Anwälte „weder die besonderen Rechte noch die besonderen Pflichten der Staatsdiener“[97] hätten.

Es entstand also das Berufsbild eines unabhängigen, freiberuflich tätigen Rechtsvertreters mit normativ geregeltem Pflichtenkatalog und spezifischer Standesverantwortung zur Wahrung der Interessen seines Mandanten.[98]
Geblieben ist davon nach einigen Auffassungen bis heute das historische Verständnis des Anwalts, der eine öffentliche Aufgabe wahrnehme,[99] ohne jedoch in Abhängigkeit zum Staat zu stehen.[100]

4. Freiberuflichkeit
Der Rechtsanwalt übt nach traditioneller Auffassung einen „freien Beruf“ aus. Diese Zuordnung ist seit jeher unbestritten, obwohl die RAO von 1878 eine § 2 BRAO vergleichbare Vorschrift noch nicht kannte.
Diese Berufsbildbeschreibung diente im Wesentlichen zur berufsrechtlichen Abgrenzung zum Gewerbetreibenden; ihr liegt die Vorstellung zugrunde, dass die Angehörigen eines freien Berufs sich nicht vom Streben nach Gewinn bestimmen lassen dürfen.[101] Bei dem Begriff des „freien Berufes“ handelt es sich um eine Wortschöpfung aus dem früheren Liberalismus.[102] Seine Entwicklung ist maßgeblich beeinflusst durch die „artes liberales“ der Antike und des Mittelalters, die bestimmte Wissensgebiete und Betätigungen besonders edler und hoher Natur umfassten.[103] Aus den artes liberales, also den freien Künsten, entstand das Wort „freier Beruf“.[104]
Normative Relevanz bekam dieser Begriff jedoch erst spät: Der Gesetzgeber verwendete den Begriff des freien Berufs erstmals in § 9 Nr. 2 EStG vom 29.3.1920.[105] Dies belegt, dass die Charakterisierung als

97 JW 1878, 68 f.
98 Friese, AnwBl 1985, 601/602.
99 Feurich/Braun, BRAO, § 1, Rn.1.
100 Feurich/Braun, BRAO, § 1, Rn.15.
101 Feuchtwanger, Die freien Berufe, S. 17 ff.; Friedlaender, RAO, Einl., Rn.11; s. auch noch Kalsbach, BRAO, § 2, Rn. 3.
102 BVerfGE 10, 354/364; s. auch Hummes, S. 31 ff.
103 Hermann, S. 31 ff.
104 Michalski, Gesellschafts- und Kartellrecht, S. 6.
105 RGBl I, S. 359; vgl. Michalski, Gesellschafts- und Kartellrecht der berufsrechtlich gebundenen freien Berufe, S. 6.

Freiberufler neben dem ideellen Grundgedanken zunächst nur von steuerrechtlichem Interesse war. Dennoch war man auch im Schrifttum bemüht, eine mehr oder weniger auch juristisch brauchbare Definition zu finden.
In seiner bedeutenden Schrift über die freien Berufe hat *Feuchtwanger* bereits im Jahre 1922 versucht, den Begriff des freien Berufes zu kategorisieren. So bezeichnet er den Freiberufler als Träger eines Sozialamtes, der ohne Streben nach Gewinn einer sozial wichtigen oder kulturellen Tätigkeit auf geistiger Grundlage nachgeht, deren Ausübung von einer Standesorganisation überwacht wird.[106]

Feuchtwanger knüpfte bezüglich des letzten Aspektes an einen Ansatz von *Triepel* an, der gerade letzteres Merkmal einer staatlichen Bindung als entscheidendes Kriterium für die Qualifizierung als Freiberufler ansah.[107] Gleichwohl sind *Feuchtwangers* deutlich auch am Beruf des Anwalts ausgerichteten Überlegungen bemüht, die Kulturfunktion der freien Berufe hervorzuheben, also ihre Gemeinschaftswichtigkeit herauszustellen.[108]

Demgegenüber bot für *Heuss* gerade die staatliche Bindung von Rechtsanwälten und Ärzten in Form von gesetzlich geschaffenen Zulassungsvoraussetzungen (Examina), einer Gebührenordnung sowie der Zwangsmitgliedschaft in einer Standesorganisation den Anlass, diese Berufe nur noch bedingt als „freie" einzustufen. Im übrigen äußerte sich *Heuß* nur sehr zurückhaltend darüber, wie man den Begriff der „Freien Berufe" definitorisch aufgliedern kann: „Man weiß nur ungefähr, welcherlei Kategorien darunter verstanden werden dürfen: Arzt, Rechtsanwalt, Schriftsteller, der bildende Künstler, der Schauspieler, Musiker."[109]

II. Anwaltliche Kooperation und RAO

1. Das Bild vom Einzelanwalt

Das gesetzliche Berufsbild der RAO war bestimmt vom überwiegend forensisch tätigen Einzelanwalt:

---

[106] Feuchtwanger, Die freien Berufe, S. 19 ff.
[107] Triepel in: FS für Binding, Bd. 2, S. 1 ff.
[108] Vgl. Michalski, Das Gesellschafts- und Kartellrecht der berufsrechtlich gebundenen freien Berufe, S. 8 f.
[109] Heuss in: FS für Brentano, S. 237 ff.

„Unser Recht geht davon aus, dass der Anwalt hauptsächlich Prozeßanwalt ist, der sich am Sitz seines Gerichts zur selbständigen Berufsausübung niedergelassen hat und von der Ausübung seiner Prozeßpraxis lebt."[110]

Nach Ansicht von *Feuchtwanger* habe dieses gesetzliche Bild indes keineswegs der Realität entsprochen. Vielmehr sei der größere Teil des anwaltlichen Einkommens in Wahrheit in außerprozessualer Praxis erwirtschaftet worden.
Feuchtwangers erkannte zugleich, dass in diesem Bereich auch „das eigentliche Gebiet der Arbeitsteilung" liege, einhergehend mit zunehmender Spezialisierung.[111]
Mit anderen Worten zeigte sich bereits hier ein Auseinanderdriften des gesetzlichen Berufsbildes von den Bedürfnissen der Anwaltschaft. Auf der einen Seite stand das gesetzliche Bild vom Generalisten und Einzelanwalt, der hauptsächlich von der Prozesspraxis lebt. Auf der anderen Seite zeigte die Realität schon hier das Bedürfnis nach Spezialisierung und Kooperation bei vornehmlich rechtsberatender Tätigkeit.
Die arbeitsteilige Zusammenarbeit wurde indes noch als unerwünschter und auch nicht regelungsbedürftiger Ausnahmefall angesehen.[112]
Josef, der bereits im Jahr 1900 eine sehr ins Detail gehende Untersuchung über die Verbindung von Rechtsanwälten angestellt und als „Beitrag zur Lehre vom Gesellschaftsrecht" bezeichnet hatte, kam in einer Urteilsbesprechung zu dem Schluss, dass

„die Verbindung von Rechtsanwälten zur gemeinschaftlichen Berufsausübung kein Gesellschaftsvertrag ist; denn Anwälte verpflichten sich nicht zur gemeinschaftlichen Dienstleistung an Dritte, sondern sie verpflichten sich, jeder für sich den Beruf selbstständig auszuüben."[113]

---

[110] Feuchtwanger, Die freien Berufe, S. 288.
[111] Feuchtwanger, Die freien Berufe, S. 289.
[112] Henssler, JZ 1992, 697/700.
[113] Josef, Die Verbindung von Rechtsanwälten zur Ausübung des Berufs unter der Geltung des Bürgerlichen Gesetzbuches, Bd. IV.; S. 413 ff., 545 ff.

Für den Gesetzgeber der RAO war die Unzulässigkeit einer Rechtsanwalts-Kapitalgesellschaft unter diesen Umständen eine Selbstverständlichkeit, die keiner weiteren Erörterung bedurfte.[114]

2. Einwände gegen „Anwaltsfabriken"

Auch Befürworter anwaltlicher Kooperation wie *Feuchtwanger* hatten jedoch scharfe Einwände gegen allzu große Zusammenschlüsse:

„Die Anwaltsarbeit gehört zu denjenigen Verrichtungen, die ihrem Wesen nach sich zu großbetrieblicher Konzentration nicht eignen. Jeder Anwaltsgroßbetrieb ist eine Verfälschung der eigentlichen Anwaltsleistung, die auf der persönlichen Leistung des vom Vertrauen des Klienten erwählten Anwalts beruht. (...) Der Anwaltsgroßbetrieb (...) ist sozial ungesund – ähnlich einem kapitalistischen Unternehmen, das viele ihrem technisch-wirtschaftlichem Wesen nach selbständige Handwerksbetriebe künstlich in einem Fabrik- oder Verlagsunternehmen zusammenfaßt; der Großbetrieb ist sozial ungesund, weil er parallel einer Unterbeschäftigung oder gar Versklavung anderer Anwälte geht (...). Von hier aus droht eine Materialisierung der Berufsauffassung. (...) Hier wird der Anwaltsberuf zum „Geschäft" (...). "[115]

Unter den Schlagworten wie „Anwaltswarenhaus", „Anwaltsfabrik", „Gewerbebetrieb", „Kollektivismus", „Entpersönlichung" verschärft sich die Kritik, als Anfang der dreißiger Jahre des 20. Jahrhunderts in Berlin ein „Großbetrieb" selbständiger Anwälte durch Zusammenschluss von 50 – 100 Rechtsanwälten geplant war.[116]

3. „Anwaltliche Selbsthilfe" im Rahmen einer Kapitalgesellschaft

Rechtlich zulässig, wenn auch umstritten, war hingegen die sogenannte „Anwaltliche Selbsthilfe" im Rahmen einer Kapitalgesellschaft. Zu nennen ist hier die Gründung etwa einer „Vollstreckungshilfe der Berliner Anwaltschaft GmbH" und einer „Treuhand rheinisch-westfälischer Rechtsanwälte" als Aktiengesellschaft.[117] Diese dienten freilich nicht als

---

[114] Henssler, JZ 1992, 697/700; die GmbH existiert ohnehin erst seit 1892.
[115] Feuchtwanger, Die freien Berufe, S. 290 f; vgl. insbes. auch Ostler, S. 212 m. w. N.
[116] Ostler, S. 212.
[117] Ostler, S. 211 f.

Rahmen für die anwaltliche Berufsausübung insgesamt,[118] sondern als „Selbsthilfe" der Rechtsanwälte bei der Erledigung „rechtswirtschaftlicher Aufträge durch Übernahme des kaufmännischen Teils der Arbeit"[119] bzw. der Hilfe bei der Zwangsvollstreckung.
Aber auch gegen die „Vollstreckungshilfe der Berliner Anwaltschaft GmbH" gab es Einwände, sie wäre „geeignet, das Vertrauen zwischen Einzelanwalt und Mandant zu stören", da sie sich „zwischen Mandat und Einzelanwalt einschalte".[120]

III. Zusammenfassung

Die „Freiheit der Advokatur"[121] der RAO von 1878 bildet die historische Grundlage für die anwaltliche Unabhängigkeit.
Historisch gesehen beschränkt sich die anwaltliche Unabhängigkeit allerdings auf eine Unabhängigkeit vom Staat. Weitere Elemente der anwaltlichen Unabhängigkeit – insbesondere im wirtschaftlichen Kontext – folgen hieraus noch nicht.
Die Bezeichnung als „Organ der Rechtspflege" – ohne das Adjektiv unabhängig - wurde zu Disziplinierungszwecken eingeführt. Das Reichsgericht begründete hiermit später die Gleichordnung neben Richter und Staatsanwalt. Die herrschende Auffassung sah den Rechtsanwalt in einer „amtsähnlichen" Stellung.
Die Abgrenzung „freier Beruf – Gewerbe" spielte neben seiner ideellen Bedeutung zunächst nur in steuerrechtlicher Hinsicht eine Rolle. Im Schrifttum wurde dennoch versucht, die verschiedenen Freien Berufe unter einer Definition zusammenzufassen, um hieraus auch Vorgaben für die anwaltliche Berufsausübung abzuleiten. Insbesondere *Feuchtwanger* war dabei zwar der Auffassung, dass das Berufsbild des Einzelanwalts und Generalisten nicht immer aufrechtzuerhalten war. Er sah jedoch den Anwaltsgroßbetrieb mit großer Skepsis, als dass hierdurch wesentliche Merkmale der Freiberuflichkeit konterkariert würden. Er fürchtete insbesondere eine Nähe zu kapitalistischen Unternehmen und eine Gefährdung der anwaltlichen Vertrauensstellung, sowie die „Versklavung" von angestellten Anwälten.

---

[118] Vgl. auch Hartstang, Anwaltsrecht, S. 35.
[119] Vgl. AnwBl 1931, 16/18.
[120] Vgl. hierzu Besser, AnwBl 1931, 196.
[121] Korrekter müsste es natürlich heißen die „Freiheit der Anwaltschaft"; vgl. Redeker, NJW 1987, 2610.

Diese Befürchtungen bezogen sich dabei allerdings nicht auf die – bis dato unvorstellbare – Berufsausübung im Rahmen einer Kapitalgesellschaft, sondern im Rahmen einer Sozietät als Gesellschaft bürgerlichen Rechts (GbR). Die Gründung einer anwaltlichen Kapitalgesellschaft war noch undenkbar.

§ 2 Nationalsozialismus

I. Die Stellung des Rechtsanwalts unter nationalsozialistischer Herrschaft

Im Bemühen um „Gleichschaltung" strebte das nationalsozialistische Regime nach schneller Einflussnahme in alle wichtigen Bereiche des Lebens. Dabei gelang es den Nationalsozialisten innerhalb kürzester Zeit und ohne wirkliche Gegenwehr aus Kreisen der Anwaltschaft, die 1878 installierte freie Anwaltschaft völlig zu zerschlagen.[122]

So hieß es beispielsweise schon in den „Richtlinien für die Ausübung des Rechtsanwaltsberufs" der Reichsrechtsanwaltskammer vom 2.7.1934, 1. Abschnitt, „Die Stellung des Anwalts zu Volk und Staat":

„Trägerin des deutschen Staats- und Rechtsgedankens ist die NSDAP. In ihrem Sinne soll der Anwalt deutschen Blutes an den großen Aufgaben des Volkes mitarbeiten und sich in der NS-Bewegung und ihren Organisationen nach Kräften betätigen. Nur so kann er den lebendigen Zusammenhang mit dem Volk im ganzen gewinnen und erhalten und aus ihm die Kenntnis der Rechtsauffassung des Volkes schöpfen und vertreten."

Die deutsche Rechtsanwaltschaft, noch 1929 von *Radbruch* als „liberaldemokratisches Element des Juristenstandes"[123] beschrieben, wurde somit auf die Linie der NSDAP und damit des nationalsozialistischen Staates gebracht.

Raeke, letzter Präsident des Deutschen Anwaltverein (DAV) vor seiner vorläufigen Auflösung und zugleich Reichsfachgruppenleiter der Berufsgruppe „Rechtsanwälte" im Bund nationalsozialistischer Deutscher Juris-

---

[122] Hartstang, Der deutsche Rechtsanwalt, S. 32.

[123] Radbruch, Einführung in die Rechtswissenschaft, S. 192.

ten (BNSDJ) formulierte hierzu anschaulich „sein" Verständnis vom Berufsbild des Rechtsanwalts:

„Anwalt des Rechts – Rechts-Anwalt: eine der schönsten und inhaltsreichsten Berufsbezeichnungen, welche die deutsche Sprache kennt, aber auch ein kategorischer Imperativ der Pflicht für jeden deutschen Mann, der nach dem Willen des Führers berufen ist, seine deutschen Volksgenossen in allen Dingen des Rechts zu beraten und zu vertreten.
Anwalt einer Prozeßpartei: kein Diener am ewigen Recht, sondern rechthaberischer Vertreter individualistischer Interessen. Aus dieser Gegenüberstellung ergibt sich der Unterschied zwischen der früheren liberalistischen und der jetzigen nationalsozialistischen Berufsauffassung der deutschen Anwaltschaft: früher Anwalt einer Partei, jetzt Anwalt des Rechts.
Diese Berufsauffassung (vom „Partei-Anwalt"), die mit dem zunehmenden jüdischen Einfluss in der überwundenen liberalistischen Epoche immer mehr um sich griff, hatte selbstverständlich zur Folge, daß die Anwaltschaft von allen deutschen Volksschichten (...) nicht mehr als vollwertiges „Organ der Rechtspflege" anerkannt, sondern als willfähriges Werkzeug für jede Art von Rechts- und Unrechtsansprüchen angesehen wurde."[124]

Der Verlust der anwaltlichen Unabhängigkeit gegenüber dem Staat sollte damit gleichfalls als „Gewinn" für die deutsche Anwaltschaft verstanden werden. Die Vertretung der Parteiinteressen wurde als verwerfliche Berufsauffassung verworfen. Der „Dienst am Recht", aus dem der Anwaltsstand einst sein politisches Credo in der Auseinandersetzung mit der feudalen Obrigkeit entwickelte, verkam dabei zum Synonym für die angestrebte Unterwerfung des Anwalts unter das Herrschaftsinteresse der Nationalsozialisten.[125] Die Stellung als „Organ der Rechtspflege" verpflichtete nach nationalsozialistischer Argumentationsweise zur Staatstreue und dem Verrat am Mandanten.[126]

---

[124] Raeke, JW 1935, 241 f.; vgl. auch ders., JW 1936, 1 f.
[125] Rick, Die verfassungsrechtliche Stellung des Rechtsanwalts, S. 53.
[126] Näher Knapp, Der Verteidiger – ein Organ der Rechtspflege?, S. 62 ff.

Mit Erlass der Reichsrechtsanwaltsordnung vom 21.2.1936[127], welche die RAO von 1878 ablöste, wurde die Freiheit der Advokatur sodann endgültig ad acta gelegt.

Die RRAO ersetzte den freien Zugang zur Anwaltschaft durch das „Ausleseprinzip" in Gestalt des für das Reichsjustizministerium im Einvernehmen mit dem BNSDJ auszuübenden „Ermessens" der Anwaltszulassung.[128] Dieses Ermessen sah so aus, dass nur Aussicht hatte, zur Rechtsanwaltschaft zugelassen zu werden, wer der Justizverwaltung genehm war und wer zudem von den nationalsozialistischen Kadern im BNSDJ als linientreu bestätigt wurde.[129] Daneben wurde die für Frauen erst seit 1922[130] bestehende Möglichkeit der Zulassung zum Probe- und Anwärterdienst und damit zur Rechtsanwaltschaft wieder beseitigt.[131] Ein Rechtsbehelf gegen die Versagung der Zulassung war *„in Wegfall gekommen"*.[132]

Geradezu zynisch mutet daher die Bemerkung von *Raeke* an:

„So kann doch in jedem Fall aufgrund dieses großen Gesetzgebungswerkes die Zukunft der unabhängigen deutschen Anwaltschaft als gesichert betrachtet werden."[133]

II. Anwaltliche Kooperation und RRAO

1. Das Bild vom Einzelanwalt

Auch die Reichsrechtsanwaltsordnung vom 21.2.1936 ging vom Bild des Einzelanwaltes aus und enthielt sich daher einer Normierung anwaltlicher Kooperationsformen.[134] Interprofessionelle Kooperationen waren nach den Nr. 21, 22 der durch die Reichs-Rechtsanwaltskammer aufgestellten Richtlinien sogar ausdrücklich untersagt.[135] Die Verbindung von Anwälten zur gemeinsamen Berufsausübung in mehreren Kanzleien getrennter Orte wurde als standeswidrig angesehen, da dies den Ein-

---

[127] RGBl. I, S. 107.

[128] Bereits das erste Gesetz über die Zulassung zur Rechtsanwaltschaft vom 7.4.1933 (RGBl. I, S. 188.) zielte darauf, Kommunisten und Rechtsanwälte „nicht arischer Herkunft" aus der Rechtsanwaltschaft auszuschließen; vgl. Rick, Die verfassungsrechtliche Stellung des Rechtsanwalts, S. 48 ff.

[129] Vgl. Raeke, JW 1936, 1/2.

[130] RGBl. I, 573.

[131] Hartstang, Der deutsche Rechtsanwalt, S. 45.

[132] Noack, RRAO, S. 21.

[133] Raeke, JW 1936, 1/3.

[134] Vgl. Henssler, JZ 1992, 697/700.

[135] Noack, RRAO, S. 261.

druck eines rein geschäftsmäßig betriebenen Gewerbebetriebes mit verschiedenen Niederlassungen erweckte.[136] Ablehnend stand man nach wie vor anwaltlichen „Großbetrieben" gegenüber. Nach Auffassung des Ehrengerichtshofes (EGH) durfte die Anwaltschaft nicht in der Form betrieben werden, dass der Anwalt einen größeren Teil seiner Aufträge durch Hilfsarbeiter bearbeiten ließ und selbst nur formell verantwortlich zeichnete.[137]

2. EGH, JW 1936, 2409

Die Geschichte der Anwalts-GmbH beginnt schließlich mehr oder weniger mit einer noch knapp unter Geltung der Rechtsanwaltsordnung von 1878 erlassenen Entscheidung des Ehrengerichtshofes vom 15. Januar 1936, auf die in diesem Zusammenhang auch *Zuck*[138] und *Römermann*[139] verweisen. Hier hat das Gericht die Berufsausübung eines Rechtsanwalts unter „Zwischenschaltung" einer GmbH zwischen Anwalt und Auftraggeber für unzulässig erklärt und als Verstoß gegen § 28 RAO geahndet:[140]

„Ein persönliches Vertrauen verbindet sonst den Rechtssuchenden und seinen Rechtsberater. Hier fehlte die persönliche Verbindung der Rechtssuchenden mit dem Angeklagten so gut wie vollständig. Die meisten Klienten wurden gar nicht gewahr, daß sie bei einem Anwalt waren. Der Angeklagte verkehrte geradezu anonym (unter dem Namen der Gesellschaft) mit seinen Klienten."[141]

Die „Entpersönlichung" des Anwalts vom Rechtssuchenden ist nach dieser Auffassung des Ehrengerichtshofes also bereits durch die kapitalgesellschaftliche Rechtsform bedingt.

---

[136] EGHE 28, 174, offengelassen durch EGHE 25, 196/198.
[137] EGHE 27, 96; EGH, AnwBl 1933, 180.
[138] Zuck, Anwalts-GmbH, Einl., Rn. 1 ff.
[139] Hartung/Holl-Römermann, vor §§ 30, Rn. 121.
[140] Zu § 26 RAO vgl. auch § 1 II 1.
[141] EGH, JW 1936, 2409.

III. Zusammenfassung

Die Machtübernahme durch die Nationalsozialisten bedeutete das schleichende Ende der „Freiheit der Advokatur" im Sinne der Unabhängigkeit des Anwalts vom Staat.

Der Anwalt sollte allein „dem Recht dienen" und nicht mehr den Interessen des Mandanten. Das „unabhängige Organ der Rechtspflege" bedeutete demnach „Unabhängigkeit" gegenüber dem Mandanten und vollständige Einbindung durch den Staat.

Der so verdrehte Begriff der „Unabhängigkeit" gegenüber dem Mandanten unter gleichzeitiger Staatsabhängigkeit war jedoch nichts anderes als der Verrat der Interessen des Mandanten unter dem Deckmantel kollektiver Interessen.[142]

Wie schon zuvor stand man anwaltlicher Kooperation, insbesondere in „Großbetrieben" skeptisch gegenüber. Die interprofessionelle Zusammenarbeit war genauso wenig gestattet wie die überörtliche Kooperation, da hierdurch der Eindruck gewerblich betriebener Tätigkeit entstand. In der „Zwischenschaltung" einer GmbH bei der anwaltlichen Tätigkeit sah man die Gefahr der „Entpersönlichung" zwischen Anwalt und Mandanten.

§ 3 Der Rechtsanwalt in den Besatzungszonen

Mit Kriegsende im Jahr 1945 war Deutschland in Besatzungszonen unterteilt. Von den jeweiligen Militärregierungen wurde anfangs noch jede justitiable und anwaltliche Tätigkeit untersagt.[143] Mit dem Wiederaufbau der Rechtspflege in den verschiedenen Besatzungszonen wurden schließlich dort jeweils eigene Berufsrechte erlassen, die alle aber im Wesentlichen auf der RAO von 1878 aufbauten.

In der Rechtsanwaltsordnung für die Britische Besatzungszone vom 10.3.1949[144] bezeichnete § 1 die Rechtsanwalt*schaft* (nicht den Anwalt) erstmals auch als unabhängiges Organ der Rechtspflege. Von „Freiheit der Advokatur" konnte indes angesichts der teilweise restriktiven Zulassungsregelungen noch nicht gesprochen werden.[145] Möglichkeiten anwaltlicher Kooperation waren berufsrechtlich nicht vorgesehen.

---

[142] Vgl. auch Gotzens, Interprofessionelle Zusammenarbeit, S. 25.
[143] Hartstang, Der deutsche Rechtsanwalt, S. 52.
[144] VOBl. für die Britische Zone, S. 8.
[145] Vgl. hierzu im einzelnen Ostler, S. 312 ff.

§ 4 Der Rechtsanwalt in der DDR

Eine ganz andere Beziehung zwischen anwaltlichem Berufsbild und anwaltlicher Kooperation war in der DDR anzutreffen:[146]

In der DDR gab es zuletzt nur um die 600 Anwälte.[147] Diese waren seit Inkrafttreten des Gesetzes über die Kollegien der Rechtsanwälte der DDR vom 17. Dezember 1980[148] (Kollegiengesetz) und schon zuvor[149] zumeist in sogenannten „Rechtsanwaltskollegien" organisiert und wurden vom Justizministerium zentral angeleitet und beaufsichtigt. Sie hatten ihre Tätigkeit an den weltanschaulichen Grundlagen der DDR auszurichten.[150] Eine ihrer Aufgaben bestand in der Stärkung der sozialistischen Gesetzlichkeit (§ 2 Abs. 1 Kollegiengesetz), die sich bewusst vom Rechtsstaat bürgerlicher Prägung abgrenzte.[151] Sie sollten dazu beitragen, dass die subjektiven Interessen der Bürger nicht von den objektiven Interessen der Gesellschaft und des Staates abwichen. Ihre Arbeit war auf die Wahrnehmung der Rechte des Einzelnen und auf Unterstützung der Politik der SED gleichzeitig gerichtet.[152] Die Unabhängigkeit des Rechtsanwalts bestand nur in diesem Rahmen und bezog sich einerseits auf die anderen Rechtspflegeorgane, andererseits aber auch auf die Mandanten.[153] Eingeschränkt waren anwaltliche Unabhängigkeit und Verschwiegenheitspflicht durch die von den Revisionskommissionen ausgeübte Kontrolle.[154]

Von „Freiheit der Advokatur" oder von Freiheit anwaltlicher Kooperation war daher in der DDR also nicht zu sprechen.[155]

Das anwaltliche Berufsbild folgte vielmehr dem üblichen Strickmuster totalitärer Systeme, also maximaler staatlicher Einbindung und Kontrolle. Die Kollektivierung der anwaltlichen Zusammenarbeit fußte dabei im grundsätzlichen Staatsverständnis der DDR und diente dabei der damit verbundenen staatlichen Kontrolle.

---

[146] Vgl. hierzu auch BVerfGE 93, 213 (DDR-Rechtsanwälte).
[147] Vgl. Ostler, S. 54; Commichau, FS Quack, S. 699.
[148] GBl. 1981 I, S. 1.
[149] Ostler, S. 53 ff.
[150] Vgl. Wünsche, NJ 1968, 360 f.
[151] Vgl. BT-Drucks 12/7820, S. 92; vgl. auch Bruhn, Stellung und Aufgaben der Rechtsanwaltschaft in der DDR, S. 39 ff.
[152] Vgl. Brand, Der Rechtsanwalt und der Anwaltsnotar in der DDR, S. 48 f.
[153] Vgl. Wolff, NJ 1969, 615/619.
[154] Vgl. § 10 des Musterstatuts der Kollegien der Rechtsanwälte der DDR vom 17. Dezember 1980 (GBl. 1981 I, S. 4).
[155] Commichau, FS Quack, S. 697.

§ 5 Der Rechtsanwalt in der Bundesrepublik Deutschland

I. Die Stellung des Rechtsanwalt nach der Bundesrechtsanwaltsordnung vom 1.8.1959

In der Bundesrepublik Deutschland trat am 1.8.1959 die Bundesrechtsanwaltsordnung als erste einheitliche Rechtsanwaltsordnung in Kraft.[156] Das Berufsbild des Rechtsanwalts wurde dabei in den §§ 1 – 3 BRAO fixiert.

1. Der Rechtsanwalt als „Organ der Rechtspflege"

Gleich an erster Stelle nennt das Gesetz den Rechtsanwalt in § 1 BRAO ein „unabhängiges Organ der Rechtspflege"[157] und knüpft damit ersichtlich an die Rechtsanwaltsordnung für die Britische Besatzungszone an.[158]

Der rechtliche Gehalt dieser Aussage wurde in der Literatur im Laufe der Jahre immer wieder durchleuchtet[159] und auch deutlich in Frage gestellt.[160] So hat beispielsweise *Roman Herzog* im Jahr 1971 formuliert, dass die Bezeichnung „Organ der Rechtspflege von ausschließlich standesideologischem Hintergrund" sei, die „jedes rechtlichen Inhalts entbehrt".[161]

Auch das Bundesverfassungsgericht hat sich in einigen Entscheidungen zu § 1 BRAO geäußert und den Beruf des Rechtsanwalts als „staatlich gebundenen Vertrauensberuf"[162] bezeichnet, der dem Anwalt „eine auf Wahrheit und Gerechtigkeit verpflichtete amtsähnliche Stellung" zuweise.[163] Der Begriff „staatliche gebundener Vertrauensberuf" drücke dabei allerdings lediglich aus, dass Rechtsanwälten neben Richtern und Staatsanwälten eine wichtige Funktion im „Kampf ums Recht" zukomme und dass ihnen deshalb weitergehende Befugnisse und damit korres-

---

[156] BGBl. I, S. 565.

[157] Vgl. zum Gesetzgebungsverfahren Großfeld/Edelkötter in: FS Henckel, S. 315 f.; Hartstang, Der deutsche Rechtsanwalt, S. 72 f.

[158] Henssler/Prütting-Koch, BRAO, Einl., Rn. 8.

[159] Vgl. Henssler/Prütting-Koch, BRAO, § 1, Rn. 6 ff.

[160] Vgl. nur Knapp, Der Verteidiger – ein Organ der Rechtspflege?; krit. auch Kleine-Cosack, BRAO, vor § 1, Rn. 1.

[161] Maunz/Dürig-Herzog, GG (1971), Art. 92, Rn. 98.

[162] Vgl. dazu schon BVerfGE 7, 377/398 f. („Apothekenurteil").

[163] BVerfGE 38, 105/119; vgl. auch die Rechtslage z. B. in Frankreich und Belgien, wo Anwälte bei unvollständiger Besetzung eines Kollegialgerichts zur Vertretung des Richters berufen werden können, s. Klima in: FS für Karlheinz Quack, S. 261 f.

pondierende Pflichten als ihren Mandanten zukämen.[164] Die Einordnung als „Organ der Rechtspflege" enthalte dabei selbst aber keinen Eingriffstatbestand für Fälle, in denen der Anwalt dem Leitbild nicht entspreche.[165]
Damit ist aber die Funktion dieses Leitbildes nicht in Abrede gestellt. Im Gegenteil betont auch das BVerfG die gesellschaftswichtige Rolle des Rechtsanwaltsberufes, indem es auf die Bedeutung des Rechtsanwaltsberufes für eine funktionierende Rechtspflege als einem Gemeinwohl von großer Bedeutung hinweist.[166]

2. Die anwaltliche Unabhängigkeit

Das wesentlichste[167] Element des anwaltlichen Berufsbildes bildet wohl nach wie vor die „anwaltliche Unabhängigkeit", denn „der Anwalt kann seine Aufgabe nur erfüllen, wenn er seinen Beruf frei ausübt".[168]

a.) Zum Begriff der anwaltlichen Unabhängigkeit

Zum Begriff der anwaltlichen Unabhängigkeit hat das anwaltliche Schrifttum einige grundsätzliche, zunächst aber eher allgemein gehaltene Aussagen hervorgebracht. So vermutet *Redeker* hinter dem Merkmal „unabhängig" das gesetzliche Synonym für „frei" im Sinne der „Freiheit der Advokatur".[169] *Habscheid* bezeichnete die Unabhängigkeit des Rechtsanwalts einmal als die „Magna Charta dieses Organs der Rechtspflege".[170]
Eine Definition des Begriffs hat es bislang nicht gegeben. *Koch* meint in diesem Zusammenhang sogar, dass „die Fachliteratur in begrifflicher Definition von Unabhängigkeit nicht wesentlich ergiebiger ist als die Belletristik".[171] Er ist allerdings der Auffassung, dass der Begriff der Unabhängigkeit einer weiteren Definition und Auslegung als der *Redekers* auch nicht zugänglich sei.[172] *Kleine-Cosack* meint, die Literatur komme über Allgemeinplätze nicht hinweg. Im übrigen entspreche es dem We-

---

[164] BVerfGE 63, 266/284.
[165] BVerfGE 22, 114/120; 34, 293/299.
[166] Vgl. auch BVerfGE 87, 287/321; s. auch Zuck, AnwBl 2002, 3.
[167] Vgl. Redeker, NJW 1987, 2610/2612.
[168] BT-Drucks. 3/120, S. 48 f. mit Hinweis aus Gneist, S. 50 ff.
[169] Redeker, NJW 1987, 2610/2611.
[170] Habscheid, NJW 1962, 1985/1989.
[171] Henssler/Prütting-Koch, BRAO, § 1, Rn. 37; ders. in: FS Rabe, S. 80.
[172] Koch in: FS Rabe, S. 79.

sen der Freiheit, auch Bindungen einzugehen.[173] Der Streit über die Bedeutung der in § 1 BRAO für wesentlich erklärten „Unabhängigkeit" sei seit 1878 bekanntlich ohne nennenswertes praktisches Ergebnis geblieben.[174] *Prütting* und andere konstatieren, dass es an einer umfassenden Klärung des Begriffs der anwaltlichen Unabhängigkeit fehle, welche der tatsächlichen Bedeutung der anwaltlichen Unabhängigkeit gerecht werden würde.[175]
Auch in der Rechtsprechung des BGH wie auch des BVerfG fehlt es bislang an einer Definition der anwaltlichen Unabhängigkeit.

b.) Facetten der anwaltlichen Unabhängigkeit
Fest steht aber jedenfalls, dass der historische Aspekt der anwaltlichen Unabhängigkeit als Staatsunabhängigkeit zunehmend in den Hintergrund tritt.[176] Die historische Beschränkung der anwaltlichen Unabhängigkeit („Freie Advokatur") auf die Staatsunabhängigkeit erklärt sich dabei wohl nur daraus, dass Gefahren, die der Unabhängigkeit von anderer Seite drohen, zunächst nicht zur Kenntnis genommen wurden[177] bzw. sich verändert haben.[178] Auf Basis dieser Überlegungen hat *Bettermann*[179] bereits im Jahr 1959 einen erweiterten Katalog von drei Elementen anwaltlicher Unabhängigkeit ausmachen können, der im Grundsatz bis heute allgemeine Zustimmung bekommen hat:[180]

- Staatsunabhängigkeit
- Parteiunabhängigkeit
- Gesellschaftsunabhängigkeit

---

173 Kleine-Cosack, BRAO, § 1, Rn. 10.
174 Kleine-Cosack, NJW 2000, 1593/1598.
175 Prütting, AnwBl. 1994, 315/318; Redeker, NJW 1987, 2610/2615; Definitionsansätze im Zusammenhang mit der Problematik des Syndikusanwalts bei: Quast, Rechtsstellung, S. 190 ff.; Bissel, Rechtsstellung, S. 39 f.
176 Busse, AnwBl 2001, 130/135.
177 Henssler/Prütting-Eylmann, BRAO, § 43a, RN. 1.
178 Vgl. Jaeger, AnwBl 2000, 475/476
179 Bettermann in: Bettermann/Nipperdey/Scheuner, Grundrechte, Bd. III/2, S. 523 ff; vgl. auch Schneider, Der Rechtsanwalt, ein unabhängiges Organ der Rechtspflege, S. 94 ff.
180 Vgl. insofern auch Aufschlüsselung des Begriffs der anwaltlichen Unabhängigkeit, wie sie in Nr. 2.1 der Berufsregeln der Rechtsanwälte der Europäischen Union vorgenommen wurde, zuletzt geändert durch die CCBE-Vollversammlung am 28.11.1998 in Lyon, abgedruckt im AnwBl 2001, 337 ff.

Die Bedeutung der „Staatsunabhängigkeit" ist hier im historischen Zusammenhang bereits ausführlich erläutert worden.

Der Begriff der „Gesellschaftsunabhängigkeit" steht nicht, wie man zunächst vermuten könnte, für „gesellschaftsrechtliche Unabhängigkeit". Gemeint ist hiermit lediglich, dass der Anwalt keiner verengten, tendenziellen, einer Ideologie verpflichteten Zielrichtung dienen dürfe.[181]

Interessanter ist dagegen im vorliegenden Zusammenhang die Bedeutung der „Parteiunabhängigkeit". Hierunter versteht man zunächst, dass der Anwalt trotz seiner Aufgabe, die Interessen der Parteien zu vertreten, nicht seine eigene Entscheidungsfreiheit und Eigenverantwortlichkeit aufgeben dürfe.[182] Aber auch diese Formulierung ist ausfüllungsbedürftig. Schließlich mag es gerade den Rechtssuchenden einigermaßen überraschen, dass der Rechtsanwalt, den er dafür bezahlt, dass dieser für seine Interessen eintritt, ihm gegenüber unabhängig sein soll.

c.) Anwaltsvertrag und anwaltliche Unabhängigkeit

Rechtlich stellt sich somit zunächst die Frage, wie sich die anwaltliche Unabhängigkeit überhaupt mit dem Weisungsrecht des Mandanten vereinbaren lässt, welches diesem gegenüber seinem Anwalt aus dem Anwaltsvertrag als Geschäftsbesorgungsvertrag (§ 675 I BGB)[183] zusteht.

Diesbezüglich trifft den Anwalt zunächst jedenfalls die Pflicht, alles zu tun, was im Rahmen seines Auftrags zugunsten des Mandanten möglich ist.[184] Gem. §§ 675 I, 665 S. 1 BGB darf der Rechtsanwalt zwar von den Weisungen des Auftraggebers abweichen, wenn er den Umständen nach annehmen darf, dass der Auftraggeber bei Kenntnis der Sachlage die Abweichung billigen würde. Daraus folgt aber bereits im Umkehrschluss, dass der Rechtsanwalt im übrigen grundsätzlich an Weisungen seines Auftraggebers gebunden ist.[185] Vom Standpunkt des Mandanten

[181] Vgl. Pfeiffer, BRAK-Mitt. 1987, 102/104; BGH, NJW 1972, 297 f. ("Sozialistisches Anwaltskollektiv").
[182] Vgl. BGH, NJW 1974, 1865/1866.
[183] Vgl. Palandt-Sprau, § 675, Rn. 6; Palandt-Putzo, vor § 611, Rn. 21; der Anwaltsvertrag ist grundsätzlich ein Dienstvertrag (und nur ausnahmsweise ein Werkvertrag), der eine Geschäftsbesorgung zum Gegenstand hat, vgl. Zugehör-Sieg, Anwaltshaftung, Rn.4.
[184] Vgl. auch BVerfGE 101, 312/328.
[185] BGH, NJW 1985, 42/43.

resultiert die Verpflichtung des Anwalts zur Befolgung der Weisung ferner aus dem Umstand, dass er allein das mit der Durchführung des Auftrags verbundene Erfolgs- und Kostenrisiko trägt und deshalb auch den wesentlichen Gang der Mandatserledigung steuern können muss.[186]

Zwar trifft der Mandant nicht in allen Fällen auch konkrete Weisungen; auch ist er hierzu nicht verpflichtet.[187] Es entspricht vielmehr den auf einem besonderen Vertrauensverhältnis basierenden Vertragsbeziehungen, wenn der Mandant nach eingehender Beratung und Belehrung die Entscheidung über die zu treffendem Einzelmaßnahmen dem Anwalt überlässt. Nur in gewissen Fällen bedarf es einer konkreten Anweisung oder eines ausdrücklichen Einverständnisses des Mandanten.[188]

Erteilt aber der Mandant konkrete Handlungsanweisungen, so hat der Anwalt ihnen aber auch „nicht blindlings Folge zu leisten",[189] denn als unabhängiges Organ der Rechtspflege muss der Anwalt sich nicht zum willenlosen Werkzeug seines Auftraggebers machen lassen.[190]

Ergehen die Anweisungen unklar, unverständlich oder in Verkennung der rechtlichen Problematik und des im Rahmen der Beratung dargelegten Risikos, treffen den Rechtsanwalt Warn- und Hinweispflichten, wenn sich ihm Bedenken gegen die Ausführung aufdrängen.[191]

Beharrt der Mandant trotz anwaltlicher Warnung auf seiner Weisung, so kann der Rechtsanwalt der Weisung – etwa zur Erhebung einer „praktisch aussichtslosen" Klage, nachkommen, ohne dass er dadurch seinem Auftraggeber zum Schadensersatz verpflichtet wäre.[192] Der BGH lässt es insofern, „obwohl sonst strenge Anforderungen zu stellen sind", genügen, dass die Prozessaussicht sich lediglich auf eine zwar veraltete, aber noch vertretbare rechtswissenschaftliche Einzelmeinung stützt und

---

186 Borgmann/Haug, § 22, Rn. 124; Vollkommer, Anwaltshaftung, Rn. 192.
187 Vollkommer, Anwaltshaftung, Rn. 192.
188 Ausführlich Vollkommer, Anwaltshaftung, Rn. 192 f.; Borgmann/Haug, § 22, Rn. 124 f.
189 BGH, MDR 1977, 476.
190 BGH, MDR 1958, 496/497.
191 BGH, NJW 1985, 42/43; ausführlich Vollkommer, Anwaltshaftung, Rn. 194 ff.; Borgmann/Haug, § 22, Rn. 125 f.
192 Zugehör, Anwaltshaftung, Rn. 982; vgl. auch BGH, NJW 1991, 2280/2282.

der Anwalt dem Wunsch des Mandanten erst nach eindringlicher Belehrung über die geringen Erfolgsaussichten nachkommt.[193]

Letztlich bleibt die Entscheidung in einem solchen Fall jedoch beim Rechtsanwalt. Er kann einem solchen Anliegen sanktionslos nachkommen oder es auch zurückweisen und gegebenenfalls sogar sein Mandat gem. § 627 BGB niederlegen.[194] Ein Schadensersatzanspruch nach § 627 II S. 2 BGB dürfte auch in diesem Fall regelmäßig entfallen.[195]
Völlig unzulässige oder sachlich aussichtslose Rechtsmittel darf der Anwalt dagegen trotz noch so dringender Bitten der Partei nicht einlegen; erst recht dann nicht, wenn dies nur der Prozessverschleppung oder der Verhinderung des Eintritts einer sonst klaren Rechtslage dienen soll.[196]

In weiten Teilen verbleibt dem Rechtsanwalt damit dennoch ein erheblicher Entscheidungsspielraum. Das Recht von Weisungen des Mandanten abzuweichen, resultiert dabei zum Einen aus seinen Sach- und Fachkenntnissen, aufgrund derer ihm ein gewisser eigenverantwortlicher Handlungs- und Entscheidungsspielraum verbleiben muss,[197] „um interessengemäß handeln zu können".[198] Zum Anderen aber resultiert dieses Recht auch aus seiner Stellung als unabhängiges Organ der Rechtspflege, mit der eine gewisse Aufgabe und Verantwortung verbunden ist.[199]
Die berufsrechtlich begründete anwaltliche Unabhängigkeit schlägt somit auch auf das Weisungsrecht durch. Der Rechtsanwalt hat – wie im Übrigen auch andere Angehörige freier Berufe - insofern eine Sonderstellung gegenüber anderen Weisungsempfängern eines Geschäftsbesorgungsvertrages oder auch eines Auftrags, bei denen lediglich der vertraglich gesteckte Rahmen sowie die „Zumutbarkeit" einer Weisung (§ 242 BGB) das Weisungsrecht begrenzen.[200]

---

[193] BGH, VersR 1974, 488.
[194] Zugehör, Anwaltshaftung, Rn. 940.
[195] Zu den Voraussetzungen vgl. Palandt-Putzo, § 627, Rn. 7.
[196] Borgmann/Haug, Anwaltshaftung, § 22, Rn. 131.
[197] Staudinger-Martinek, BGB, § 675, C 27.
[198] MüKo-Seiler, BGB, § 665, Rn. 12.
[199] Soergel-Häuser/Welter, BGB, § 675, Rn. 435 m. w. N.
[200] MüKo-Seiler, BGB, § 665, Rn. 12.

In bestimmten Fällen ist der Rechtsanwalt aufgrund seiner Stellung sogar verpflichtet, einer Weisung des Mandanten nicht zu folgen. Dies gilt dann nämlich, wenn das vom Mandanten begehrte Tätigwerden rechtswidrig ist oder gegen die guten Sitten verstößt[201] bzw. Unerlaubtes, Unredliches oder rechtlich Unzulässiges oder Aussichtsloses verlangt wird.[202]
Diese Verpflichtung zur Ablehnung der Weisung ergab sich bis 1994 unmittelbar aus § 45 Nr. 1 BRAO a. F., wonach der Rechtsanwalt nicht tätig werden durfte, wenn er durch ein ihm zugemutetes Verhalten seine Berufspflichten verletzen würde.[203] Die BRAO-Novelle von 1994 strich diese als „überflüssig, weil selbstverständlich angesehene Vorgabe".[204] Die einzelnen Berufspflichten ergeben sich heute im wesentlichen aus den §§ 43, 59b BRAO i.V.m. der BORA. Entgegen dieser Pflichten darf der Anwalt keine Weisung verfolgen. Dies gilt freilich erst recht, wenn möglicherweise die Grenze zur Strafbarkeit überschritten wird. So darf der Anwalt z. B. nicht auf Weisung seines Mandanten einen bewusst falschen Prozessvortrag vorbringen, da er sich damit zugleich der Beihilfe zum Prozessbetrug schuldig machen könnte.[205] Die Weisung wird daher in allen genannten Fällen als von „vorne herein unverbindlich" angesehen.[206]

Dem Rechtsanwalt ist folglich trotz Weisungsrecht im Verhältnis zum Mandanten zivilrechtlich ein relativ großzügiger Entscheidungsrahmen gesteckt. In bestimmten Fällen hat er allerdings nicht nur das Recht, sondern auch die Pflicht, einer Weisung des Mandanten nicht nachzukommen. Die berufsrechtliche Unabhängigkeit kann also durchaus mit einer zivilrechtlichen Weisungsabhängigkeit vom Auftraggeber verknüpft sein.[207] Das anwaltliche Berufsrecht kann hier allerdings dem zivilrechtlichen Weisungsrecht Grenzen aufzeigen, so dass eine Kollision von anwaltlicher Unabhängigkeit und dem Weisungsrecht des Mandaten rechtlich immer dann zugunsten der Unabhängigkeit aufgelöst werden kann,

---

[201] Vollkommer, Anwaltshaftung, Rn. 197.
[202] Borgmann/Haug, Anwaltshaftung, § 22, Rn. 124, 130 f.
[203] Vgl. Vollkommer, Anwaltshaftung, Rn. 197.
[204] Henssler/Prütting-Eylmann, § 45, Rn. 3.
[205] Rinsche, Die Haftung des Rechtsanwalts, Rn. I 140.
[206] Vgl. Zugehör, Anwaltshaftung, Rn. 979; s. auch Borgmann/Haug, Anwaltshaftung, § 22, Rn. 129.
[207] Vgl. auch Michalski, der Begriff des freien Berufs im Standes- und im Steuerrecht, S. 97.

wenn der Mandant sein Weisungsrecht zu unredlichem, unrechtmäßigem oder auch nur aussichtlosem Handeln zu nutzen sucht.

Darüber hinaus führt in einigen Fällen ein Verstoß gegen Berufsrecht sogar zur Nichtigkeit des Anwaltsvertrages nach § 134 BGB,[208] nämlich den in § 45 BRAO n. F. aufgestellten Konstellationen, die sich allesamt mit einem Rollenwechsel zwischen anwaltlicher und nichtanwaltlicher Tätigkeit befassen.[209]
All diese Konstellationen haben gemein, dass sie die Möglichkeit von Interessenkollisionen beschreiben, aufgrund derer eine noch weitergehende Beeinträchtigung der anwaltlichen Unabhängigkeit zu besorgen ist.

Der Begriff der anwaltlichen Unabhängigkeit bleibt insofern kein inhaltsleeres Postulat, sondern zieht, gestaffelt nach der Intensität der Beeinträchtigung, konkrete zivilrechtliche Rechtsfolgen nach sich.

d.) Die wirtschaftliche Unabhängigkeit
Neben den rechtlichen Einflussmöglichkeiten des Mandanten treten in der Praxis allerdings naturgemäß auch anderweitige, faktische Einflussmöglichkeiten, die möglicherweise ebenso geeignet sein können, die anwaltliche Unabhängigkeit zu beeinträchtigen.
Eng verbunden mit der Unabhängigkeit vom Mandanten (Parteiunabhängigkeit) im rechtlichen Sinne sieht *Pfeiffer* insofern auch die wirtschaftliche und finanzielle Unabhängigkeit des Rechtsanwalts.[210] Der Anwalt befinde sich in einem ständigen Spannungsverhältnis zwischen Beistandsfunktion gegenüber dem Mandanten, der ihn ja auch bezahle, und seiner Organstellung und Unabhängigkeit. Neben der wirtschaftlichen Unabhängigkeit sei die Unabhängigkeit von der Partei aber in erster Linie Ausdruck von Format und Charakter sowie Marken- und Gütezeichen seiner Persönlichkeit.[211]

---

[208] Borgmann/Haug, Anwaltshaftung, § 7, Rn. 52 m. w. N.; einschränkend Rinsche, Haftung des Rechtsanwalts, Rn. I 13; Vollkommer, Anwaltshaftung, Rn. 32.
[209] Henssler, NJW 2001, 1521/1525; vgl. auch Henssler/Prütting-Eylmann, § 45, Rn. 12.
[210] Pfeiffer, BRAK-Mitt. 1987, 102/104.
[211] Pfeiffer, BRAK-Mitt. 1987, 102/104; vgl. auch Hartstang, Der deutsche Rechtsanwalt, S. 84; Feurich/Braun, § 1, Rn. 19.

Rabe meint, der Anwalt dürfe nicht zum bloßen Wirtschaftsberater „denaturieren", mit der Gefahr der Assimilierung, des Verlustes der spezifisch anwaltlichen Eigenschaften wie insbesondere seiner Unabhängigkeit, der Verpflichtung gegenüber dem Recht und der Verpflichtung gegenüber dem eigenen Stand und dem Standesrecht, der Distanz zum Mandanten und der „Distanz zur Sache". Der Anwalt sollte sich vielmehr niemals „einspannen lassen" für die Durchsetzung wirtschaftlicher Interessen um jeden Preis.[212] Distanz und Unvoreingenommenheit würden häufig für den Anwalt als Berater von Unternehmen sprechen, wo Betriebsblindheit und Eingebundensein in die Unternehmenshierarchie eine Gefahr sein könnten.[213]

Quack betont als Grundlage anwaltlicher Unabhängigkeit neben der „Distanz zur Sache" auch die Sicherung der materiellen Bedürfnisse, also auch einer angemessenen Höhe der Gebühren.[214]
Voraussetzung für „kritische Distanz" sei demnach zunächst die materielle Unabhängigkeit. Realisieren ließe sich dies, so auch *Oppenhoff*[215], u.a. im Wege anwaltlicher Kooperation. Auch die verwandten Berufe der Patentanwälte, der Wirtschaftsprüfer und Steuerberater böten sich als Partner von Gesellschaften und Gemeinschaften an, „die das Erreichen der Unabhängigkeit erleichtern".[216]

Insoweit besteht also Konsens, dass Beeinträchtigungen der anwaltlichen Unabhängigkeit gleichfalls wirtschaftlicher Natur sein können. Voraussetzung sei neben einer materiellen Sicherung der Bedürfnisse ein entsprechendes charakterliches Verhalten.
Die Sicherung der materiellen Bedürfnisse seien zum Einen durch angemessene Gebühren zu erreichen. Eine Forderung, die angesichts insgesamt sinkender Anwaltseinkommen[217] sicherlich an Aktualität nichts eingebüßt hat. Genannt wird zudem die anwaltliche Kooperation

---

[212] Rabe in: FS Oppenhoff, S. 309; aufschlussreich auch Wessing, NJW 2003, 2265/2271.
[213] Rabe in: FS Oppenhoff, S. 307.
[214] Quack, NJW 1975, 1337/1341; ähnl. auch Pfeiffer, FS Oppenhoff, S. 249; Redeker, NJW 1973, 1153/1160; Zuck, AnwBl 2002, 3; zum Verhältnis von Anwaltseinkommen und Unabhängigkeit vgl. auch Krach, AnwBl 1991, 73 ff.
[215] Oppenhoff, AnwBl 1967, 267.
[216] Quack, NJW 1975, 1337/1341; vgl. insoweit auch Zuck, Anwalts-ABC, Schlagwort „Unabhängigkeit", S. 227 f.
[217] Vgl. Schmucker, BRAK-Mitt. 2002, 18/20 f. zur Einkommensentwicklung der Rechtsanwälte 1993 bis 1999.

und die – mittlerweile realisierte – Möglichkeit interprofessioneller Kooperation. In der Tat zeigt auch hier die Statistik, dass Anwälte, die in – insbesondere überörtlicher - Kooperation arbeiten, im Durchschnitt über ein höheres Einkommen verfügen als Einzelanwälte.[218]
Neben der Sicherung der materiellen Bedürfnisse behält freilich auch die Forderung an „Format und Charakter" seine Gültigkeit. Denn vollkommene wirtschaftliche und finanzielle Unabhängigkeit gibt es auch dann nicht: Ob Einzelanwalt oder Großkanzlei, für wohl jeden Anwalt bestehen gewisse Abhängigkeiten, sei es in Form von wichtigen Groß- oder Dauermandaten.

Folgerichtig bleibt eine rein wirtschaftliche Abhängigkeit auch ohne rechtliche Konsequenz. Zum Einen wird es ohne Weiteres als zulässig angesehen, wenn ein Anwalt im Wesentlichen nur ein Großmandat betreut.[219] Zum Anderen hat auch das BVerfG erst jüngst entschieden, dass eine rein wirtschaftliche Abhängigkeit, etwa durch Dauerberatungsmandate, die Stellung als unabhängiges Organ der Rechtspflege nicht in Frage stellt.[220]

e.) Gefahren für die anwaltliche Unabhängigkeit im gesellschaftsrechtlichen Verbund

Im vorliegenden Kontext stellt sich vor allem die Frage, inwiefern im gesellschaftsrechtlichen Kontext Gefahren für die anwaltliche Unabhängigkeit bestehen können.

Gerade die anwaltliche Kapitalgesellschaft, und hier zuvorderst die Anwalts-GmbH, wurde vielfach als mögliches Einfallstor für berufsfremden Einfluss gesehen, denen mit spezifischen berufsrechtlichen Regelungen begegnet werden müsse. Die gesetzlichen Regelungen für die Anwalts-GmbH lehnen sich dabei auf Anregung *Hensslers*[221] weitgehend an den Regelungen an, wie sie für Wirtschaftsprüfungs- und Steuerberatungsgesellschaften bestehen.
Die Beschränkung der Gesellschafter ausschließlich auf sozietätsfähige Personen (im berufsrechtlichen Schrifttum und im StBerG auch missver-

---

218 Vgl. Schmucker, BRAK-Mitt. 2002, 18/20 f.
219 Henssler/Prütting-Eylmann, § 43a, Rn. 22.
220 BVerfG, NJW 2002, 503/504.
221 Henssler, ZIP 1994, 844/849.

stehbar „Kapitalbindung" genannt) etwa beruhte dabei auf der Überlegung, dass Rechtsanwaltsgesellschaften nicht zu ausgelagerten Rechtsabteilungen wirtschaftlich übermächtiger Wirtschaftsprüfungsgesellschaften werden sollen.[222] Verboten wurde die mehrstöckige Beteiligung auch vor dem Hintergrund, dass die Rechtsberatung sonst Gefahr laufe, über die Beteiligung von Wirtschaftsprüfer-Gesellschaften an der Rechtsberatungs-GmbH zur „akzessorischen Dienstleistung" der Wirtschafts- und Steuerberatung zu werden, in der die Wirtschaftsprüfer bzw. Wirtschaftsprüfergesellschaft trotz ihrer rechtlichen Minderheitsposition allein schon wegen ihrer Größe und Finanzkraft dominieren.[223] Was die rechtstatsächliche Situation angeht, haben *Henssler*[224] und *Hellwig*[225] allerdings darauf hingewiesen, dass die großen Wirtschaftsprüfungsgesellschaften bereits jetzt ihre Rechtsabteilungen in rechtlich selbstständige, aber faktisch teilintegrierte Rechtsanwaltsgesellschaften ausgelagert haben,[226] was allerdings gerade nicht dazu veranlassen sollte, auf entsprechende berufsrechtliche Maßnahmen zu verzichten.

Dagegen hat insbesondere *Römermann* eingewandt, die anwaltliche Kapitalgesellschaft bedürfe keiner Beschränkung des Gesellschafterkreises. Der Syndikusanwalt befinde sich in einem Anstellungsverhältnis zu einem Unternehmen, deren Kapitaleigner sogar ausschließlich Kaufleute sein könnten. Dann aber müsse auch eine GmbH, deren Unternehmensgegenstand sich auf die Rechtsberatung erstrecke, von etwaigen Restriktionen frei bleiben.[227]
In eine die gleiche Richtung gehen die Auffassungen von *Prütting* und *Kleine-Cosack*, die im Rahmen der Diskussion über die Rechtsstellung des Syndikusanwalts dafür plädieren, es größeren Unternehmen zu ermöglichen, ihre Rechtsabteilungen in einer Rechtsanwalts-GmbH kostengünstig „outsourcen" können.[228] Dies würde wohl voraussetzen, dass, entgegen der bestehenden gesetzlichen Regelung, neben Rechtsanwäl-

---

[222] Henssler, ZIP 1994, 844/849; s. auch ders., ZIP 1997, 1481/1485; ders., ZIP 1996, 485/490; ders., JZ 1992, 697/703.
[223] Winters, Rechtsanwaltsmarkt, S. 183.
[224] Henssler, ZIP 1994, 844/849; s. auch ders., NJW 2001, 1521.
[225] Hellwig, ZHR 161 (1997), 337/341 ff.
[226] Vgl. auch Michalski/Römermann in: Henssler/Streck, Sozietätsrecht, Kap. B, Rn. 217.
[227] Römermann, Entwicklungen und Tendenzen, S. 157, s. auch S. 187 ff.; vgl. ferner Michalski/Römermann, NJW 1996, 3233/3238.
[228] Prütting, AnwBl 2001, 313/317; ders. in: Hommerich/Prütting, Syndikusanwalt, S. 46 f.; Kleine-Cosack, NJW 2000, 1593/1598 f.

ten und anderen Angehörigen sozietätsfähiger Berufe auch gewerbliche Unternehmen als Gesellschafter einer Rechtsanwalts-GmbH in Betracht kommen müssten. Hiervon ist aus genannten Gründen im Sinne der anwaltlichen Unabhängigkeit bislang Abstand genommen worden.
Aus ähnlichen Gründen enthält das Berufsrecht auch Restriktionen hinsichtlich der Berufsausübung des Syndikusanwaltes.
Im Folgenden soll daher versucht werden, die dogmatischen Zusammenhänge im Hinblick auf die anwaltliche Unabhängigkeit zwischen der sogenannten „Kapitalbindung" und der Rechtsstellung des Syndikusanwalts herauszuarbeiten. Dabei soll zunächst auf die Entwicklung der Kapitalbindungsvorschriften bei Steuerberatungs- und Wirtschaftsprüfungsgesellschaften näher eingegangen werden. Sodann soll die rechtliche Stellung des in einer Rechtsanwaltskanzlei angestellten Rechtsanwalts im Vergleich zu der eines Syndikusanwalts jeweils umrissen werden.

f.) Die berufliche Unabhängigkeit der Steuerberater und Wirtschaftsprüfer und die Berufsausübung in einer Kapitalgesellschaft

aa.) Problematik

Auch das Steuerberatungsgesetz und die Wirtschaftsprüferordnung kennen allgemeine Vorschriften über die Unabhängigkeit. Für Steuerberater gilt gem. § 57 I StBerG, für Wirtschaftsprüfer[229] gem. § 43 I WPO, dass sie ihren Beruf unabhängig, eigenverantwortlich, gewissenhaft und verschwiegen auszuführen haben. Eine unabhängige Berufsausübung ist dabei laut Berufsordnung der Steuerberater nur möglich, wenn keine Bindungen bestehen, die die berufliche Entscheidungsfreiheit gefährden könnten (§ 2 II BOStB).
Gehre schlüsselt den Begriff der Unabhängigkeit des Steuerberaters dabei dahingehend auf, dass die Unabhängigkeit gegenüber dem Auftraggeber, den Mitarbeitern und zu sonstigen Personen zu wahren sei.[230] Steuerberater müssten u.a. sicherstellen, dass ihre Unabhängigkeit nicht von Dritten z.B. durch kapitalmäßige Verflechtungen gefährdet werde.[231]

---

[229] Der Wirtschaftsprüfer hat sich darüber hinaus „unparteiisch" zu verhalten (§ 43 I S. 2 WPO).
[230] Gehre, StBerG, § 57, Rn. 11.
[231] Gehre, StBerG, § 57, Rn. 24.

Trotz der hohen Relevanz der beruflichen Unabhängigkeit auch bei den verwandten Berufen der Steuerberater und Wirtschaftsprüfer gab es für Steuerberatungsgesellschaften wie für Wirtschaftsprüfungsgesellschaften bis Ende der 80er Jahre keine berufsrechtlichen Beschränkungen hinsichtlich der Zusammensetzung der Gesellschafter. An Wirtschaftsprüfungsgesellschaften und Steuerberatungsgesellschaften durfte sich also nach der jeweiligen gesetzlichen Fassung der Berufsgesetze aus dem Jahr 1961 jede natürliche oder juristische Person beteiligen.[232] Dies mag daraus resultieren, dass Wirtschaftsprüfer (Bücherrevisoren) und Steuerberater ursprünglich als Gewerbetreibende eingestuft worden waren.[233] Eine Erklärung dafür, warum dieser Rechtszustand auch nach der berufsrechtlichen Einstufung als Freiberufler aufrechterhalten wurde, bietet dies jedoch nicht. Zutreffend ist aber wohl insofern der Befund von *Ganster*, als dass durch die Aufnahme von Wirtschaftsprüfern und Steuerberatern den Freiberuflern eine gewisse Homogenität verloren ging.[234] Trotz zahlreicher Kritik auch seitens der Presse insbesondere im Hinblick auf personelle und kapitalmäßige Überschneidung von Wirtschaftsprüfungsgesellschaften und zu prüfenden Unternehmen wurde dieser Rechtszustand dennoch beibehalten. Durch das Aktiengesetz von 1965 wurden lediglich die Kriterien für die Auswahl der Abschlussprüfer verschärft; Prüfungsgesellschaften durften bei solchen Gesellschaften nicht mehr prüfen, deren Aufsichtsräten oder Vorständen Mitglieder angehörten, deren eigene Gesellschaft bei der Prüfungsgesellschaft beteiligt war.[235]

Erst im Rahmen der Umsetzung der 8. gesellschaftsrechtlichen EG-Richtlinie[236] durch das Bilanzrichtliniengesetz hat der Gesetzgeber zum 1. Januar 1986 für Wirtschaftsprüfungsgesellschaften eine Kapitalbindung eingeführt.[237] Diesbezüglich existiert allerdings eine Bestands-

---

232 Vgl. alleine zu den staatlichen und den Bankenbeteiligungen an Wirtschaftsprüfungsgesellschaften Markus, Der Wirtschaftsprüfer, S. 122 ff., 158 ff.

233 Vgl. Ganster, Freier Beruf und Kapitalgesellschaft, S. 37 ff. und 46 ff.; Gerhard, Wirtschaftsprüferordnung, S. 12; Markus, Der Wirtschaftsprüfer, S. 1.

234 Vgl. Ganster, Freier Beruf und Kapitalgesellschaft, S. 49; der von Aufspaltung in „zur Kooperation neigende" und „klassische" Freiberufler spricht; anders noch Lindenberg, BB 1961, 1284/1285.

235 Markus, Der Wirtschaftsprüfer, S. 159.

236 Art. 2 I b ii der Richtlinie 84/253/EWG vom 10.4.1984.

237 BGBl. I, S. 2355 vom 19.12.1985; vgl. Haibt, Kapitalbeteiligung Berufsfremder an WP-Gesellschaften, S. 27.

schutzregelung für sog. Altgesellschaften (§ 134a II WPO).[238] Vor Einführung der Richtlinie war man von deutscher Seite entgegen der Ansicht der Europäischen Kommission noch der Auffassung, dass es für die unabhängige Berufsausübung von untergeordneter Bedeutung sei, in wessen Händen sich das Kapital der Gesellschaft befand. Obgleich sich also jedermann an einer Wirtschaftsprüfungsgesellschaft beteiligen konnte, sei die Unabhängigkeit der Berufsausübung des einzelnen Wirtschaftsprüfers in einer Berufsgesellschaft durch eine Reihe anderer Regelungen gesichert.[239]

Im Gegensatz dazu hatte der BFH schon im Jahr 1981 darauf hingewiesen, dass die Gefahr für die Unabhängigkeit der Berufsausübung bei Steuerberatungsgesellschaften besonders groß sei, die kapitalmäßig oder in anderer Weise von berufsfremden Personen beeinflusst werden können. An den Nachweis, dass die Gesellschaft von Steuerberatern verantwortlich geführt wird, müssten daher erhöhte Anforderungen gestellt werden. Geschäftsführer und Vorstandsmitglieder solcher Steuerberatungsgesellschaften müssten so unabhängig und weisungsfrei sein wie ein freier Steuerberater.[240] Derartige Gefahren hatten immer mehr zugenommen, insbesondere durch die Gründung von Steuerberatungsgesellschaften durch Handwerkskammern und Privatärztliche Verrechnungsstellen.[241] Erst mit dem 4. Steuerberatungsänderungsgesetz (4. StBerÄndG) vom 16.6.1989 wurden die Regelungen weitgehend denen der Wirtschaftsprüfer angepasst und in § 50a StBerG eine Kapitalbindungsvorschrift eingefügt. Aus der Zeit vor Geltung des § 50a StBerG a. F. gibt es allerdings noch ca. 3600 Steuerberatungsgesellschaften, die den Anforderungen dieser Vorschrift nicht genügen, aber durch eine Besitzstandsklausel (§ 155 IV und V StBerG a. F.) geschützt werden.[242]

---

238 Haibt, Kapitalbeteiligung Berufsfremder an WP-Gesellschaften, S. 27 f.

239 Vgl. die Nachweise bei Haibt, Kapitalbeteiligung Berufsfremder an WP-Gesellschaften, S. 91; s. insbes. aber auch BR-Drucks. 525/79, S. 2.

240 BFHE 133, 322.

241 Gehre, StBerG, § 50a, Rn. 1 m. w. N.

242 Gehre, StBerG, § 50a, Rn. 3; krit. Mittelsteiner, DStR 1994, Beihefter zu Heft 37, S. 34; ders., DStR 1993, 890/891.

Mit dem jüngst ergangenen 7. Gesetz zur Änderung von Vorschriften über die Tätigkeit von Steuerberatern (7. StBerÄndG)[243] ist es insoweit zu einer vollständigen Angleichung der Regelungen mit den Regelungen für Wirtschaftsprüfungsgesellschaften[244] gekommen. Nach § 50a I Nr. 1 StBerG n. F. dürfen sich nun auch Steuerberatungsgesellschaften an anderen Steuerberatungsgesellschaften beteiligen, also sogenannte mehrstöckige Gesellschaften bilden.
Genau mit diesem Hinweis auf eine „Angleichung" an die Regelung für Wirtschaftsprüfergesellschaften belässt es auch die Regierungsbegründung.[245] Bedenken in puncto Unabhängigkeit wurden nicht geäußert.

bb.) Zwischenergebnis und Stellungnahme

Nachdem also die Zusammensetzung der Gesellschafter bis Ende der 80er Jahre noch gänzlich unreguliert war, gehört nun zumindest das Verbot der Bildung mehrstöckiger Gesellschaften in den verwandten Berufen der Steuerberater und Wirtschaftsprüfer nicht mehr zu den zwingenden Mindestvoraussetzungen für die Unabhängigkeit des jeweiligen Berufes.
Damit stellt sich m.E. insbesondere im Hinblick auf Art. 3 I GG die noch zu erörternde Frage, ob es verfassungsgemäß ist, Rechtsanwaltsgesellschaften eine solche Möglichkeit zu verschließen.
Zunächst aber soll im Folgenden auf die Problematik der anwaltlichen Unabhängigkeit im Hinblick auf den bei einem Rechtsanwalt angestellten Rechtsanwalt eingegangen werden.

g.) Die anwaltliche Unabhängigkeit des in einer Rechtsanwaltskanzlei angestellten Rechtsanwalts

aa.) Problematik

Rechtsanwälte arbeiten in zunehmender[246] Zahl in einem Anstellungsverhältnis bei anderen Rechtsanwälten oder Rechtsanwaltsgesellschaften. Dabei handelt es sich vornehmlich um Berufsanfänger[247], die diesen

[243] BGBl. I, S. 884 vom 29.6.2000; BT-Drucks. 14/2667, S. 33; vgl. auch Eversloh, StB 2001, 23/25.
[244] § 28 IV S. 1 Nr. 1 WPO.
[245] BT-Drucks. 14/2667, S. 33.
[246] Vgl. Schmucker, BRAK-Mitt. 2001, 208.
[247] Im Jahr 1998 waren zwei Drittel der angestellten Rechtsanwälte unter 35 Jahre alt, vgl. Schmucker, BRAK-Mitt. 2001, 208.

Schritt wählen, sei es um Berufserfahrung zu sammeln, sei es aus finanziellen Gründen.[248]
Trotz gleicher rechtliche Befugnisse verfügt der angestellte Rechtsanwalt naturgemäß nicht über das selbe Maß an Unabhängigkeit wie ein selbstständiger, niedergelassener Anwalt, denn er begibt sich in ein finanzielles Abhängigkeitsverhältnis zum Arbeitgeber und unterliegt vor allem dem arbeitsrechtlichen Direktionsrecht seines Arbeitgebers.[249] *Henssler* spricht insofern von einem „Systembruch, der eine schleichende Auflösungserscheinung der Freien Berufe signalisiert und – neben anderen Faktoren – Ausdruck einer kontinuierlichen Annäherung an gewerbliche Unternehmen ist".[250] *Taupitz* meint gar, dass nur der in selbstständiger Stellung tätige Anwalt seinen Beruf „als Rechtsanwalt" ausübe.[251]

Die grundsätzliche Zulässigkeit des Anstellungsverhältnisses einer Rechtsanwalts in einer Anwaltskanzlei wird dennoch nicht mehr in Frage gestellt.[252] Auch ist er berufsrechtlich dem selbstständigen Rechtsanwalt gleichgestellt.
Nur an einer Stelle in der BRAO findet sich eine Sonderregelung: In § 59b II Nr. 8 BRAO wird die Satzungsversammlung ermächtigt, die Pflichten im Zusammenhang mit der Beschäftigung von Rechtsanwälten in der Berufsordnung zu regeln. Die Satzungsversammlung hat hiervon Gebrauch gemacht und in § 26 I S. 1 BORA normiert, dass Rechtsanwälte nur zu angemessenen Bedingungen beschäftigt werden dürfen. In Satz 2 wird unter a – d sodann ausgeführt, was als „angemessen" zu verstehen ist. Dazu zählt insbesondere eine Vergütung, die „der Qualifikation, den Leistungen und dem Umfang der Tätigkeit des Beschäftigten und den Vorteilen des beschäftigenden Rechtsanwalts" entspricht. Gleichwohl sollen vereinzelt junge Anwälte sogar ohne jede[253] oder nur mit lächerlich geringer[254] Vergütung arbeiten, nur um überhaupt eine

---

248 Hartung/Holl-Nerlich, BORA, § 26, Rn. 14.
249 Hartung/Holl-Nerlich, BORA, § 26, Rn. 13; Henssler, RdA 1999, 38/39; ausführlich: Fuhrmann, Rechtsstellung des angestellten Rechtsanwalts; vgl. auch Kleine-Cosack, NJW 2000, 1593/1598; Römermann, MDR 2001, 1196.
250 Henssler, RdA 1999, 38/40.
251 Taupitz, JZ 1994, 1100/1107.
252 Vgl. Henssler, RdA 1999, 38/39.
253 Derartige Fälle sind allerdings offenbar rückläufig, vgl. Henssler, MDR 2002, 315.
254 Vgl. den vor dem LAG Hessen, NJW 2000, 3372 behandelten Fall, in dem ein ganztags angestellter Rechtsanwalt vier Jahre lang eine monatliche Vergütung von 1300 DM brutto bezogen hat.

anwaltliche Tätigkeit und damit Berufserfahrung nachweisen zu können.[255] Dies zeigt, dass hier bisweilen „freiwillig" Abhängigkeiten eingegangen werden, die weit über das Maß des Üblichen in einem Arbeitsverhältnis hinaus gehen. Die Gefahr, dass ein solcher Arbeitnehmer auch berufsrechtswidrige Weisungen ausführt, liegt damit auf der Hand. Aber auch in Normalfällen wird der angestellte Rechtsanwalt in der Praxis regelmäßig die fachbezogenen Weisungen seines Arbeitgebers im Interesse der Sicherheit seines Arbeitsplatzes einhalten.[256]

Der angestellte Rechtsanwalt steht zudem in einem rechtlichen Abhängigkeitsverhältnis zu seinem Arbeitgeber, dessen Weisungen er auszuführen hat. Inwiefern sich hier berufsrechtliche Einschränkungen ergeben, ist noch weitgehend unbeantwortet. Der Gesetzgeber jedenfalls hat sich zu dieser Frage – wie erwähnt – einer speziellen Regelung enthalten. In der Literatur wird in diesem Zusammenhang dennoch teilweise sogar vertreten, dass angestellte Rechtsanwälte inhaltlichen, also nicht rein organisatorischen Weisungen, gänzlich nicht Folge leisten müssten.[257]
Diese Auffassung kann aus verschiedenen Gründen nicht richtig sein. Denn dies würde im Ergebnis vor allem dazu führen, dass zwar sein Arbeitgeber konkreten Weisungen des Mandanten zu folgen hat, während sein Angestellter „seine Vorstellungen von der Gemeinwohlorientierung freier Berufsausübung verwirklicht".[258] Insofern wird man jedenfalls davon ausgehen müssen, dass der Arbeitgeber zumindest insoweit zur Weisungserteilung in der Lage sein muss, als er seinerseits vom Mandanten erhaltene Weisungen zu befolgen hat.[259] Die Entscheidungsbefugnis hierüber wird man in der Regel dem Arbeitgeber überlassen müssen, der diese Entscheidung dem Mandanten gegenüber zu vertreten hat.[260]

---

[255] Henssler, RdA 1999, 38/42; ders., AnwBl 2000, 213/215 für den freien Mitarbeiter.
[256] Henssler, RdA 1999, 38/40.
[257] Michalski, Das Gesellschafts- und Kartellrecht der berufsrechtlich gebundenen freien Berufe, S. 642.
[258] Fuhrmann, S. 140.
[259] Fuhrmann, S. 140.
[260] Vgl. Fuhrmann, S. 136 ff.

Die Stellung des angestellten Rechtsanwalts entspricht so gesehen zwar nicht dem Postulat der „Unabhängigkeit in der gesamten Berufsausübung".[261] Dies bleibt jedoch ohne berufsrechtliche Konsequenz.

bb.) Zwischenergebnis und Stellungnahme

Die Rechtsstellung des angestellten Rechtsanwalts entspricht nicht dem Postulat der anwaltlichen Unabhängigkeit, da der angestellte Rechtsanwalt rechtlich und wirtschaftlich von einem Arbeitgeber abhängig ist. Er ist dennoch berufsrechtlich dem selbstständigen Rechtsanwalt gleichgestellt, soweit er für einen anwaltlichen Arbeitgeber tätig wird. Dessen fachliche Weisungen hat er in dem Maß zu befolgen, wie hierzu seinerseits der Arbeitgeber gegenüber dem Mandanten verpflichtet ist.
Der Grund für die berufsrechtliche Gleichstellung des angestellten Rechtsanwalts mit dem selbstständigen Rechtsanwalt liegt sicherlich zum Einen darin, dass der anwaltliche Arbeitgeber seinerseits dem anwaltlichen Berufsrecht verpflichtet ist. Ausschlaggebend ist hier aber m. E., dass der Arbeitgeber seinerseits in der Position des Rechtsanwalts dem Mandanten gegenübersteht und damit grundsätzlich keine weitergehenden sachfremden Interessen verfolgt, die dann in seine Weisungen einfließen können.

Im rechtlichen Gegensatz hierzu steht der sogenannte Syndikusanwalt, der für einen berufsfremden bzw. gewerblichen Arbeitgeber tätig wird und dessen anwaltliche Tätigkeit von daher berufsrechtlichen Einschränkungen unterworfen ist. Im Folgenden soll daher die Rechtsstellung des Syndikusanwalts zum Vergleich einer näheren Betrachtung unterzogen werden.

h.) Die anwaltliche Unabhängigkeit des Syndikusanwalts

aa.) Die Problematik

Die Rechtsfigur des Syndikusanwalts gilt als Problemfall anwaltlicher Unabhängigkeit seit dem Ende des ersten Weltkriegs, als Banken, Großunternehmen und Handelsverbände zunehmend eigene Rechtsabteilungen gründeten, die sie mit
Volljuristen besetzten.[262]

---

[261] Bachmann, NJW 2001, 3385.
[262] Vgl. Pfeiffer, FS Oppenhoff, S. 249 ff.

Damals wie heute wird als Syndikusanwalt ein Rechtsanwalt bezeichnet, der bei einem Unternehmen oder einem Verband als Angestellter tätig ist oder für einen sonstigen nichtanwaltlichen Arbeitgeber tätig ist, und dem von seinem Arbeitgeber Spielraum für seine selbstständige anwaltliche Tätigkeit eingeräumt ist.[263]
Der Syndikusanwalt entspricht bei seiner Tätigkeit als Syndikus nicht dem allgemeinen anwaltlichen Berufsbild, wie es in der Vorstellung der Allgemeinheit besteht.[264] Im Gegensatz zu einem in einer Rechtsanwaltskanzlei angestellten Anwalt stellt sich hier nämlich – wie erwähnt - das Problem, dass der Arbeitgeber seinerseits nicht den anwaltlichen Berufspflichten und der anwaltlichen Standesaufsicht unterliegt.[265] Dementsprechend sind auch bei Steuerberatern und Wirtschaftsprüfern angestellte Anwälte als Syndikusanwälte anzusehen, obwohl diese einem vergleichbaren Berufsrecht unterliegen.

Für den Syndikusanwalt gelten aufgrund der Abweichungen vom in den §§ 1 – 3 BRAO normierten Berufsbild[266] die Berufsausübungsschranken des § 46 BRAO. Mit diesen Regelungen soll ausgeschlossen werden, dass die Weisungs- und Richtlinienkompetenz des Arbeitgebers in die (spätere) anwaltliche Tätigkeit hineinwirkt und somit eine gesteigerte Gefahr einer Interessenkollision zwischen dem Arbeitsverhältnis und der Mandatswahrnehmung besteht.[267]
Im Gegensatz zu einigen anderen europäischen Ländern (Frankreich, Italien, Luxemburg, Schweden, Finnland) ist dem deutschen Unternehmensjuristen durch diese Regelung, der Zugang zum Rechtsanwaltsberuf damit aber nicht gänzlich versagt.[268] Diese gesetzgeberische Wertung resultiert aus dem Grundsatz der Verhältnismäßigkeit, d.h. der Dreistufentheorie des BVerfG[269], wonach Eingriffe in die Berufswahl nur zulässig sind, wenn das gesetzgeberische Ziel nicht auch durch eine Berufsausübungsregelung erreicht werden kann.[270]

---

[263] Prütting in: Hommerich/Prütting, Syndikusanwalt, S. 13; Feurich/Braun, BRAO, § 46, Rn. 1.
[264] Feurich/Braun, BRAO, § 46, Rn. 3.
[265] Vgl. Feurich/Braun, BRAO, § 2, Rn. 23; Henssler/Prütting-Koch, § 2, Rn. 17.
[266] Vgl. BT-Drucks, 12/7656, S. 49.
[267] Vgl. nur BVerfG, NJW 2002, 503.
[268] Quast, Rechtsstellung, S. 194.
[269] Vgl. BVerfGE 7, 377.
[270] Vgl. Henssler/Prütting-Henssler, BRAO, § 7, Rn. 73.

Die Grenzziehung, in welchen Fällen den Gefahren für die anwaltliche Unabhängigkeit mit einer Berufszugangssperre zu begegnen ist, hat sich in den vergangenen Jahren verschoben.[271] Ursprünglich war die Rechtsprechung des BGH[272] noch davon ausgegangen, dass die Sicherung der Unabhängigkeit des Rechtsanwalts sogar eine Zugangssperre zum Anwaltsberuf rechtfertige, soweit der Syndikus beispielsweise keine „gehobene Position" bekleide.[273]

Unter dem Eindruck der Rechtsprechung des BVerfG hat der Gesetzgeber die Zugangssperre ersetzt durch die nunmehrige Berufsausübungsregelung, mit der dieselben Ziele auf eine die Betroffenen weniger belastende Art und Weise verfolgt werden.[274]

In der so genannten Zweitberufsentscheidung hatte das BVerfG zum Ausdruck gebracht, dass es gegen den Grundsatz der Verhältnismäßigkeit verstoße, den Zugang zum Anwaltsberuf etwa allein deswegen zu versagen, weil sich die Rechtsberatung eines Syndikus auch auf Vereins- und Verbandsmitglieder erstrecke. Durch die Auferlegung von Berufspflichten könne nach Auffassung des BVerfG eine ebenso klare Trennung der verschiedenen Beratungstätigkeiten erreicht werden.[275] Die Zulassung könne allerdings im Sinne der bisherigen Rechtsprechung des BGH[276] versagt werden, wenn der Bewerber nicht in der Lage sei, den Anwaltsberuf in einem, wenn auch beschränkten, aber doch irgendwie nennenswerten Umfang und jedenfalls mehr als bloß gelegentlich auszuüben.[277] Erforderlich ist für die Zulassung daher eine die Unabhängigkeit der Anwaltstätigkeit sichernde Erklärung des Arbeitgebers.[278]

Eine Versagung oder Rücknahme der Zulassung zur Rechtsanwaltschaft komme laut BVerfG daher nur noch in Betracht, wenn der Antragsteller bzw. der zugelassene Rechtsanwalt „durch den Zweitberuf zwangsläufig

---

[271] Vgl. dazu auch BT-Drucks. 12/4993, S. 24.
[272] BGH, EGE XIV, 95 und 150; vgl. auch noch Pfeiffer in: FS Oppenhoff, S. 252 ff.
[273] Vgl. auch Ganter in: FS für K. Geiß, S. 258 f.
[274] Vgl. BGH, NJW 1999, 1715/1716; vgl. auch Ganter in: FS für K. Geiß, S. 257.
[275] BVerfG, NJW 1993, 317/320 f.
[276] Vgl. BGHZ 33, 266/268, dazu BVerfG, NJW 1993, 317/319.
[277] BVerfG, NJW 1993, 317/319.
[278] Kleine-Cosack, NJW 1994, 2249/2250.

in gesteigertem Maße Interessenkollisionen ausgesetzt wird".[279] Diese liegen vor allem dann nahe, wenn ein kaufmännischer Beruf die Möglichkeit bietet, Informationen zu nutzen, die aus einer rechtsberatenden Tätigkeit stammen.[280] Der bislang durch den BGH aufgestellte Grundsatz, dass „kommerzielles Denken schlechthin vom Anwaltsberuf ferngehalten werden soll",[281] konnte hingegen im Hinblick auf den Grundsatz der Verhältnismäßigkeit nicht aufrechterhalten werden.[282]

Die nun vornehmlich geltenden (milderen) Berufsausübungsregelungen sehen indes im Wesentlichen vor, dass der Syndikus aus Gründen der Unabhängigkeit für seinen Arbeitgeber vor Gerichten oder Schiedsgerichten nicht in seiner Eigenschaft als Anwalt tätig werden darf (§ 46 I BRAO). Im außerforensischen Bereich ist es ihm lediglich gestattet, als Angestellter Rechtsangelegenheiten seines Dienstherrn zu erledigen (Art. 1 § 6 I Nr. 1 RBerG). Er darf aber eine Rechtssache nicht als Anwalt bearbeiten, mit der er als Syndikus befasst war und umgekehrt (Abs. 2).[283] Nach Abs. 3 gelten die Tätigkeitsverbote auch für die mit dem Anwalt in Sozietät oder in sonstiger Weise zur gemeinschaftlichen Berufsausübung verbundenen oder verbunden gewesenen Anwälte.

Nach herrschender sog. Doppelberufstheorie[284] ist der Syndikusanwalt während seiner Syndikustätigkeit daher nicht als Rechtsanwalt anzusehen. Der Syndikusanwalt übe vielmehr zwei Berufe aus, einen arbeitsvertraglich gebundenen und einen als freier Anwalt.[285] Diese Trennung sei eine notwendige Folge des Postulats der anwaltlichen Unabhängig-

---

[279] BVerfGE 87, 287/329; zur aktuellen Judikatur vgl. BGH, NJW 2000, 3575/3577; NJW-RR 2000, 437; BRAK-Mitt. 1994, 43 ff.; NJW 1995, 2357 (Versicherungsmakler); JZ 1996, 1183 m. Anm. Henssler (Unternehmensberater); weitere Nachweise bei Feurich/Braun, BRAO, § 7, Rn. 118.

[280] BVerfGE 87, 287/329; s. auch BVerfGE 21, 173/182 (f. Steuerberater).

[281] BGHZ 40, 194/196.

[282] BVerfGE 87, 287/329 f.

[283] Einschränkend für den Verbandsjuristen BVerfG, NJW 2002, 503.

[284] Vgl. für die Literatur: Henssler/Prütting-Henssler, BRAO, § 46, Rn. 11 ff.; Feurich/Braun, § 46, Rn. 3; Ganter in: FS für K. Geiß, S. 266 ff.; Pfeiffer in: FS Oppenhoff, S. 259 f.; für die Rechtsprechung BGH, NJW 2001, 3130; NJW 2000, 1645; NJW 1999, 1715/1716 f.; einschränkend: AnwGH Frankfurt a. M., NJW 2000, 1659/1660; dagegen: Prütting in: Hommerich/Prütting, Syndikusanwalt, S. 14 f, 47; Kleine-Cosack, § 46, Rn. 3.; ders., NJW 2000, 1593/1597; vgl. auch Kilger, AnwBl 1999, 571/573; Römermann, MDR 2001, 1196.

[285] Auch der EuGH vertritt wohl diese Auffassung, wenn er dem Syndikus die anwaltlichen Privilegien aberkennt, vgl. EuGH, NJW 1993, 503 ff („AM & S").

keit. Die Doppelberufstheorie finde ihren Niederschlag schon in der Gesetzesbegründung zur BRAO von 1959.[286]
Die Gegenansicht wendet ein, die Gesetzesüberschrift „Rechtsanwälte in ständigen Dienstverhältnissen" habe zur selbstverständlichen Voraussetzung, dass ein Rechtsanwalt als solcher auch in einem ständigen Dienstverhältnis stehen kann.[287] Im Übrigen gebe es auch keine besonderen Regelungen für die Zulassung des Syndikusanwalts.[288] Im auffallenden Widerspruch zur Doppelberufstheorie stehe es auch, wenn einem Syndikusanwalt im Rahmen von Tätigkeiten, bei denen er nach bisheriger Meinung unzweifelhaft nicht als Rechtsanwalt betroffen war, Anwaltsprivilegien zuerkannt wurden und werden.[289] So ständen ihm das Zeugnisverweigerungsrecht[290] im Prozess gegen seinen Arbeitgeber und das Beschlagnahmeprivileg des § 97 StPO zur Seite. Zudem sei ein gradueller Unterschied, insbesondere einer finanziellen Abhängigkeit, gegenüber dem angestellten Rechtsanwalt in einer Sozietät oder einem selbstständigen jungen Einzelanwalt nicht erkennbar.[291]

bb.) Zwischenergebnis und Stellungnahme

Kern der Problematik und des dargestellten Streits ist auch hier die anwaltliche Unabhängigkeit, und zwar konkret im Hinblick auf die Frage, inwieweit ein Rechtsanwalt, der bei einem gewerblichen Arbeitgeber angestellt ist, seinen Berufspflichten bei der Beratung und Vertretung seines Arbeitgebers oder Dritter noch nachkommen kann.
Neben dem Problem wirtschaftlicher Abhängigkeit und rechtlicher Abhängigkeit durch Weisungsgebundenheit stellt sich hier die Gefahr spezifischer Interessenkollisionen.

---

[286] BT-Drucks. 3/120, S. 77 zu § 46.
[287] Prütting in: Hommerich/Prütting, Syndikusanwalt, S. 14; ders., AnwBl 2001, 313/315; Kleine-Cosack, NJW 2000, 1593/1597.
[288] Prütting, AnwBl 2001, 313/315.
[289] Prütting, AnwBl 2001, 313/315; anders nach europäischem Kartellverfahrensrecht, denn die Kommission ist hier der Auffassung, dass Syndikusanwälte benutzt werden könnten, um Rechtsverstöße zu begehen und Dokumente solcher Verstöße zu verbergen, vgl. dazu Eichler/Peukert, AnwBl 2002, 189/191.
[290] Vgl. hierzu auch Roxin, NJW 1992, 1128 ff.
[291] Prütting in: Hommerich/Prütting, Syndikusanwalt, S. 14; vgl. auch Biermann, AnwBl 1990, 420/422; rechtspolitisch ebenso: Henssler/Prütting-Henssler, BRAO, § 46, Rn. 40 ff.

Das Problem rechtlicher Abhängigkeit resultiert dabei nicht bereits aus der organisatorischen Einbindung in den Betrieb des Dienstherrn.[292] Auch der vielfach hervorgehobene Punkt der wirtschaftlichen Abhängigkeit ist in diesem Zusammenhang nicht ausschlaggebend, da dies, wie bereits erörtert, gleichfalls ein Problem des selbstständigen Rechtsanwaltes wie auch des bei einem Rechtsanwalt angestellten Rechtsanwaltes ist.

Vordringliches Problem der Stellung des Syndikusanwaltes ist daher vielmehr das Problem der Interessenkollision.
Dies stellt sich etwa im Falle eines möglichen Wissenstransfers. Der BGH lässt es insofern aber noch nicht genügen, wenn das Wissen aus der einen oder anderen Tätigkeit für die jeweils andere von Interesse und ihr vorteilhaft ist.[293] Hinzutreten müsse vielmehr, dass die zweitberufliche Tätigkeit des Anwalts bei objektiv vernünftiger Betrachtungsweise von Seiten der Mandantschaft die Wahrscheinlichkeit von Pflichtenkollisionen nahe lege.[294]
Daneben wird aber vor allem angenommen, es bestehe eine Gefahr für die anwaltliche Unabhängigkeit, wenn inhaltliche Weisungen aus dem Dienstverhältnis auf die Beratung Dritter durchschlagen und sogar bei einer späteren anwaltlichen Tätigkeit für den Beratenen Wirkung zeigen könnten.[295] Dies wäre der Fall, wenn sich der Syndikusanwalt bei der anwaltlichen Bearbeitung des Auftrags von der Haltung, die er als Sachbearbeiter im Rahmen des ständigen Beschäftigungsverhältnisses eingenommen hatte und die möglicherweise durch das Abhängigkeitsverhältnis zum Dienstherrn geprägt war, sich „nicht völlig freimachen kann".[296]

Zusammenfassend soll daher festgehalten werden, dass sich aus der Stellung des Syndikusanwalts eine spezifische Gefahr von Pflichtenkollisionen durch die Möglichkeit sachfremder Einflussnahme seitens des Dienstherrn ergeben kann, aus der sich die besonderen berufsrechtlichen Einschränkungen herleiten.

292 Vgl. BVerfG, NJW 2002, 503/504.
293 BGH, BRAK-Mitt 1996, 77.
294 BGH, NJW-RR 1995, 1083.
295 BVerfG, NJW 2002, 503/504.
296 BGH, NJW 1999, 1715/1716 f.

Überträgt man dies auf die von *Prütting* und *Kleine-Cosack* im Rahmen der Diskussion um den Syndikusanwalt aufgeworfene Forderung, wonach auch gewerbliche Unternehmen als Gesellschafter einer Rechtsanwalts-GmbH in Betracht kommen sollten,[297] so wird auch hier zu überprüfen sein, ob die damit verbundene Parallelproblematik nicht auch vergleichbare berufsrechtliche Einschränkungen erforderlich macht.

i.) Zusammenfassung und Stellungnahme

Das Postulat der anwaltlichen Unabhängigkeit ist für die Stellung des Rechtsanwalts und damit auch für das anwaltliche Gesellschaftsrecht von großer Bedeutung. Gefährdungslagen der anwaltlichen Unabhängigkeit können rechtlicher und faktischer und hier insbesondere wirtschaftlicher Art sein. Vollständige Unabhängigkeit ist nicht realisierbar. Jeder Anwalt unterliegt Zwängen und Verpflichtungen, sei es in der Position des Arbeitnehmers in einer Sozietät, als Anwalt eines großen oder wirtschaftlich wichtigen Mandanten oder auch als Syndikus gegenüber seinem Arbeitgeber.[298]

Der Gesetzgeber hat sich hier dennoch im Einzelnen entschieden, nur bestimmten Gefährdungslagen rechtlich zu begegnen, nämlich dann, wenn der Anwalt sich Pflichtenkollisionen und sachfremder Einflussnahme ausgesetzt sieht.

Die in der Literatur seitens von *Bettermann.* weiterentwickelte Aufschlüsselung des Begriffs der anwaltlichen Unabhängigkeit in Staatsunabhängigkeit, Parteiunabhängigkeit und Gesellschaftsunabhängigkeit bietet für das anwaltliche Gesellschaftsrecht dagegen unzureichende Vorgaben. Zu gewährleisten sein wird hier wohl eine „Unabhängigkeit im gesellschaftsrechtlichen Verbund", die wohl ebenfalls durch den Ausschluss sachfremder Einflüsse und gesteigerter Interessenkollisionen zu realisieren ist. Welche berufsrechtlichen Konsequenzen sich hieraus konkret ergeben, ist im Einzelnen teilweise noch klärungsbedürftig. Zu konstatieren ist jedoch bereits, dass das Recht des Syndikusanwalts wie auch das der Wirtschaftsprüfungs- und Steuerberatungskapitalgesellschaften dann mit berufsrechtlichen Beschränkungen eingreift, wenn aufgrund der

---

[297] Prütting, AnwBl 2001, 313/317; ders. in: Hommerich/Prütting, Syndikusanwalt, S. 46 f.; Kleine-Cosack, NJW 2000, 1593/1598 f.

[298] v. Falkenhausen, AnwBl, Sonderheft 2/2000, 26/28.

Zusammensetzung der Gesellschafter sachfremde Einflüsse auf die Berufsausübung zu befürchten sind.

3. Der Rechtsanwalt als „Freiberufler"

Ein weiteres, das Berufsbild des Rechtsanwalts prägendes Merkmal ist das der Freiberuflichkeit: Gem. § 2 BRAO übt der Rechtsanwalt einen freien Beruf aus; seine Tätigkeit ist kein Gewerbe. Im Rahmen der Diskussion um die Anwalts-GmbH stellte sich daher – wie regelmäßig in der Diskussion um Freiberufler-Kapitalgesellschaften[299] – die Frage, ob die Berufsausübung in einer auf die Bedürfnisse der Gewerbetreibenden ausgelegten kapitalgesellschaftlichen Rechtsform nicht ein Widerspruch in sich ist.[300] Denn nach althergebrachter, immer noch gültiger Auffassung lässt sich der Rechtsanwalt im Gegensatz zum Gewerbetreibenden nicht primär von Gewinnstreben leiten.[301] Daher wurde eingewandt, dass mit der Einführung einer Anwalts-GmbH eine fortschreitende Kommerzialisierung des Anwaltsberufes verbunden sei. Dieser sei entgegenzuwirken, denn es stehe zu befürchten, dass im Wege der Kommerzialisierung des Anwaltsberufes berufsethische Gesichtspunkte vernachlässigt würden.[302] Zwar komme für eine GmbH jeder beliebige Gesellschaftszweck in Frage, sofern er mit dem Gesetz vereinbar sei. Andererseits dürfe aber die freiberufliche Tätigkeit des Rechtsanwalts aus standesrechtlichen Gründen nicht in der Rechtsform einer Kapitalgesellschaft ausgeübt werden.[303] Diese Einwände waren schon insofern angreifbar,[304] als dass die verwandten Berufe der Steuerberater und Wirtschaftsprüfer kapitalgesellschaftliche Rechtsformen jeweils schon seit 1961 offen standen.[305] Zudem wurde durch eine Entscheidung des BGH vom 25.11.1993 auch Zahnärzten die Berufsausübung in einer GmbH gestattet,[306] was als zusätzlicher Beleg dafür angesehen werden konnte, dass zwischen der Freiberuflichkeit und der Berufsausübung in

---

[299] Vgl. jüngst zur Ärzte-GmbH BayVerfGH, NJW 2000, 3418; sowie Henssler, ZIP 1994, 844/847; Rieger, MedR 1995, 87 ff.; Laufs, MedR 1995, 11 ff.; Taupitz, NJW 1996, 3033; ders., JZ 1994, 1100/1102.

[300] So heute noch Ganster, Freier Beruf und Kapitalgesellschaft, S. 552 ff.

[301] Feurich/Braun, § 2, Rn. 7; krit. Kleine-Cosack, BRAO, § 2, Rn. 5.

[302] Vgl. BayObLG, NJW 1995, 199 mit Hinweis auf Kremer, GmbHR 1983, 259/265.

[303] Nachweise bei BayObLG, NJW 1995, 199.

[304] Vgl. nur Henssler, JZ 1992, 697/698 f.

[305] Für Steuerberater: §§ 16 ff StBerG vom 16.8.1961, BGBl. I, S. 1301; für Wirtschaftsprüfer §§ 27 ff. WPO vom 24.7.1961, BGBl. I, S. 1049.

[306] BGHZ 124, 224.

dass zwischen der Freiberuflichkeit und der Berufsausübung in einer GmbH keine grundsätzlichen Widersprüche bestehen.[307]

a.) Der Begriff des „Freien Berufs" als Rechtsbegriff

Zum genaueren Verständnis der Freiberuflichkeit und ihrer Auswirkungen auf das Gesellschaftsrecht der freien Berufe soll jedoch zunächst eine genauere Aufschlüsselung des Begriffs „Freier Beruf" erfolgen.
Nach dem zweiten Weltkrieg wurden vor allem im Schrifttum erneut Versuche unternommen, den Begriff definitorisch einzugrenzen. Insbesondere die ohne Rücksicht auf ihren Sinngehalt der antiken „artes liberales" vorgenommene, beinahe wortgetreue Übersetzung bildet dabei aber wohl die Ursache für die Schwierigkeiten, die auch heute noch rein terminologisch mit dem Begriff der Freiberuflichkeit verbunden sind.[308]

aa.) Fehlende Legaldefinition

Der Begriff des „Freien Berufs" ist zunächst in vielen Vorschriften[309], insbesondere in Berufsgesetzen anzutreffen. Jedoch nur in zwei Vorschriften, nämlich in § 18 I Nr. 1 S. 2 EStG und später § 1 II PartGG hat der Gesetzgeber mehr oder minder versucht, die Freien Berufe auch legaldefinitorisch einzugrenzen.[310] Im Ergebnis handelt es sich dabei aber um eine Umschreibung sowie eine katalogartige Aufzählung von Einzelberufen.[311] Die in den Vorschriften erkennbare Systematisierung der einzelnen Berufsgruppen ersetzt insofern die abstrakte Definition.[312]
In beiden Vorschriften wird jedoch wesentlich an die „Selbstständigkeit" der Berufsausübung angeknüpft.

---

[307] Vgl. Zuck, Anwalts-GmbH, Einl., Rn. 7.

[308] So Michalski, Das Gesellschafts- und Kartellrecht der berufsrechtlich gebundenen freien Berufe, S. 6.

[309] S. neben § 2 I BRAO (Rechtsanwalt), § 2 I PAO (Patentanwalt); § 1 II BÄO (Arzt); 1 II S. 1 WPO (Wirtschaftsprüfer); 32 II S. 1 HS 2 (Steuerberater); § 21 I SeelG (Seelotse); aber auch § 2a WpHG, § 2 KredWG.

[310] Soweit ersichtlich sprechen lediglich Michalski/Römermann, PartGG, § 1, Rn. 31a und Schlößer in: Lenz/Imping/Schlößer, Kooperationsformen, D Kap.1 A, Rn. 3 zumindest im Grundsatz von einer „Legaldefinition".

[311] Vgl. nur Henssler, PartGG, R. 33.

[312] S. hierzu schon die Berichte der Bundesregierung zur Lage der freien Berufe aus dem Jahr 1979 BT-Drucks. 8/3139, S. 8. und aus dem Jahr 1991 BT-Drucks. 12/21, S. 5 ff.

bb.) Schrifttum

Insbesondere im Schrifttum hat man sich um eine weitere begriffliche Klärung bemüht.

aaa.) Die Ansätze von Deneke und Fleischmann

Zu nennen ist hier vor allem der von *Deneke* entwickelte Ansatz, der den Freien Beruf als eine Verbindung von wirtschaftlicher Selbstständigkeit und geistiger Freiheit bei der Erbringung geistig-persönlicher Leistungen im Rahmen einer zwischenmenschlichen Beziehung unter der Prämisse der Sozialbezogenheit der Tätigkeit charakterisiert.[313] Die Besonderheit der Untersuchung von *Deneke* ist „das Angebot zweier Definitionen", die er deshalb für erforderlich hält, weil die Begriffsbestimmung zur Funktion der jeweiligen wissenschaftlichen oder politischen Fragestellung gemacht werde.[314] Zu den Freien Berufen im steuerrechtlichen oder nationalökonomischen Sinne gehörten danach die wirtschaftlich Selbstständigen, die sich von anderen Selbstständigen vor allem dadurch unterscheiden, dass sie Bezieher unfundierter Einkommen aus Entgelten für persönliche, geistige Arbeit sind. Die sozialethische oder auch ständische Komponente gehe darüber insofern hinaus, als auch wirtschaftlich Unselbstständige im Falle der Weisungsunabhängigkeit Angehörige eines durch die andere Definition festgelegten freien Berufs seien.[315]
Später modifizierte *Deneke* diesen Begriff des Freien Berufs. Weiteres Abgrenzungsmerkmal neben der wirtschaftlichen Selbstständigkeit der freien Berufsgruppe ist danach auch die persönliche Erbringung ideeller Leistungen und Lieferungen.[316]
Ähnlich die Definition von *Fleischmann,* nach der zum Begriff des Freien Berufs derjenige gehöre, der als Selbstständiger oder auch wirtschaftlich abhängiger auf geistiger Grundlage unter Einsatz der eigenen Persönlichkeit im Rahmen eines Vertrauensverhältnisses tätig ist und dabei in geistig-ethischer und sachlicher Unabhängigkeit von privaten und staatlichen Weisungen unter besonderer Verantwortung für das Gemeinwohl in erster Linie gemeinschaftswichtigen Zwecken dient.[317]

---

[313] Deneke, Die freien Berufe, S. 82 f., 101, 180 f. 319.
[314] Deneke, Klassifizierung der freien Berufe, S. 14.
[315] Deneke, Die freien Berufe, S. 116.
[316] Deneke, Klassifizierung der freien Berufe, S. 24 ff.
[317] Fleischmann, S. 92 f.

bbb.) Die Ansätze von Michalski und Taupitz

Die jüngsten, umfassenden Ansätze zur Klärung des Begriffs des „Freien Berufs" finden sich in den Habilitationsschriften von *Michalski* und *Taupitz*.

Michalski beschreibt den Freien Beruf als eine (sämtliche Merkmale des Gewerbetreibenden erfüllende)[318] Berufsgruppe, deren Angehörige sich dadurch vom Gewerbetreibenden abgrenzen, dass sie eine zentralwertbezogene, gemeinschaftswichtige Tätigkeit aufgrund eines zum Vertragspartner bestehenden durch persönliche oder sachliche Motive begründeten Vertrauensverhältnisses verrichten, sofern ein nicht unerheblicher Teil der Berufsangehörigen bei gleichzeitig fehlender gesetzlicher Verpflichtung zu weisungsabhängigen Tätigwerden wirtschaftlich selbstständig ist.[319] *Michalski* selbst räumt ein, dass seine Begriffsbildung „rein äußerlich eine gewisse Ähnlichkeit" mit dem Ansatz *Denekes* aufweise.[320] *Michalski* verzichtet indes auf das Merkmal der Weisungsungebundenheit, da jedem Gewerbetreibenden diese Möglichkeit faktisch ebenso zustehe. Kennzeichnend für Heil- sowie rechts- und wirtschaftsberatende sei doch nicht die Tatsache, dass deren Angehörige weisungsunabhängig handeln können, sondern warum sie so tätig werden müssten. Daher sei das Zentralwertkriterium das Entscheidende.[321] *Michalski* legt insoweit einen „Klassenbegriff" zugrunde, wonach sämtliche Wesens- bzw. Klassenmerkmale kumulativ vorliegen müssen.[322]

Taupitz hingegen verzichtet auf eine Kumulation aller Merkmale und legt eine typisierende Betrachtungsweise an. Die innerhalb der einzelnen Berufe ständig ablaufenden Wandlungsprozesse mit ihren graduellen und bezogen auf einzelne Merkmale unter Umständen sogar gegenläufigen Veränderungen ließen vielmehr eine befriedigende Definition des

---

[318] S. dazu auch Michalski, AnwBl 1989, 65/66.

[319] Michalski, Das Gesellschafts- und Kartellrecht der berufsrechtlich gebundenen freien Berufe, S. 15; zum Verhältnis von Zentralwertbezug und Weisungsfreiheit s. auch ders., Der Begriff des freien Berufes im Standes- und im Steuerrecht, S: 103.

[320] Michalski, Das Gesellschafts- und Kartellrecht der berufsrechtlich gebundenen freien Berufe, S. 16.

[321] Michalski, Das Gesellschafts- und Kartellrecht der berufsrechtlich gebundenen freien Berufe, S. 15 f.; ders., AnwBl 1989, 65/71.

[322] Michalski, Der Begriff des freien Berufs im Standes- und Steuerrecht, S. 190 ff.

Freien Berufs im Sinne der klassischen Definitionslehre unmöglich und damit methodologisch ungeeignet erscheinen.[323]

ccc.) Bundesverband freier Berufe

Ausgehend vom Definitionsansatz *Denekes*, der langjähriger Präsident des Bundesverbandes freier Berufe war, formulierte ferner die größte, berufsübergreifende Interessenvertretung der Freiberufler in Deutschland folgende Definition:

„Angehörige Freier Berufe erbringen aufgrund besonderer beruflicher Qualifikation persönlich, eigenverantwortlich und fachlich unabhängig geistig-ideelle Leistungen im Interesse ihrer Auftraggeber und der Allgemeinheit. Ihre Berufsausübung unterliegt i.d.R. spezifischen berufsrechtlichen Bindungen nach Maßgabe der staatlichen Gesetzgebung oder des von der jeweiligen Berufsvertretung autonom gesetzten Rechts, welches die Professionalität, Qualität und das zum Auftraggeber bestehende Vertrauensverhältnis zum Auftraggeber gewährleistet und fortentwickelt."[324]

cc.) Judikatur

Auch seitens der Judikatur gibt es Ansätze einer näheren Umschreibung bzw. Definition des Begriffs des Freien Berufes. Während die Fachgerichte sich durchgehend einer definitorischen Klärung enthalten,[325] haben sich sowohl das BVerfG als auch der EuGH verschiedentlich um eine nähere Typisierung bemüht.

aaa.) BVerfG

Das Bundesverfassungsgericht hat sich bereits früh mit dieser Frage befasst und dabei die Auffassung vertreten, es handele sich bei dem Begriff des „Freien Berufes" um keinen eindeutigen Rechtsbegriff, sondern um einen soziologischen Begriff.[326] Denn selbst wenn ein Beruf unstreitig zu den freien Berufen gehöre, ließen sich darauf präzise normative Wirkungen für seine Behandlung nicht ableiten, namentlich nicht

---

[323] Taupitz, Die Standesordnungen der Freien Berufe, S. 17 ff.; ebenso: Fuhrmann, S. 34; Henssler, PartGG, § 1, Rn. 34; Hummes, S. 81; Meilicke/v. Westphalen/Lenz-Lenz, PartGG, § 1, Rn. 23; Rick, S. 65; Tettinger, BRAK, S. 121 ff.

[324] S. dazu BRAK-Mitt. 1995, 156 f.; krit. Zuck in: Herrmann/Backhaus, Staatlich gebundene Freiberufe im Wandel, S. 1.

[325] So zuletzt z. B. BayObLG, BB 2002, 853/854.

[326] Vgl. BVerfGE 10, 354/364.

in dem Sinne, dass dem Angehörigen des Berufs grundsätzlich und von vornherein ein irgendwie bestimmbarer erhöhter Anspruch auf Freiheit vor gesetzgeberischen Eingriffen rechtlich verbürgt sei.[327] Mit den Worten von *Zuck* bedeutet dies: „Unter der Herrschaft des Grundgesetzes und der Berufsfreiheit des Art. 12 Abs. 1 GG muss jeder Beruf frei sein."[328]

Andererseits verkennt das BVerfG jedoch nicht, dass dennoch mit der Zuordnung zu den Freien Berufen bestimmte Rechtsfolgen verbunden sein können.

In der bereits angesprochenen Zweitberufsentscheidung heißt es beispielsweise hierzu: „Ein Grundsatz, wonach anwaltliche und erwerbswirtschaftliche Tätigkeiten grundsätzlich unvereinbar sind, kommt in der Bundesrechtsanwaltsordnung nicht zum Ausdruck. Ebenso fehlt jeder Anhaltspunkt dafür, dass der Gesetzgeber das Ansehen der Rechtsanwaltschaft durch wirtschaftliche Betätigungen bedroht glaubte. Die Gesetzesbegründung betont zwar, dass sich Anwälte nicht vom Streben nach Gewinn bestimmen lassen dürfen; sie fügt jedoch hinzu, dass dieser Hinweis nur deshalb wichtig sei, weil sich daraus Berufspflichten ergäben; so dürfe der Rechtsanwalt nicht Wettbewerb treiben, er dürfe seine Kollegen nicht unterbieten und sich am Gewinn eines Prozesses nicht beteiligen."[329]

Daneben hat das BVerfG einige weitere typische Wesensmerkmale des Begriffs „Freier Beruf" herausgearbeitet:[330] „Zum Wesen des freien Berufs gehört die Unabhängigkeit in der gesamten Berufsgestaltung: der Angehörige eines freien Berufs hat die freie Verfügung über die eigene Arbeitskraft, kann insbesondere seine Arbeitszeit frei einteilen; er trägt aber auch das volle wirtschaftliche Berufsrisiko."[331]

In einer anderen Entscheidung heißt es ferner: „Der Charakter der Berufstätigkeit sowie die Stellung und Bedeutung der freien Berufe im Sozialgefüge sind wesentliche Unterscheidungsmerkmale, die eine ver-

[327] BVerfGE 10, 354/364.

[328] Zuck in: Herrmann/Backhaus, Staatlich gebundene Freiberufe im Wandel, S. 3; vgl. auch Jaeger, AnwBl 2000, 475/477; Quaas, MedR 2001, 34.

[329] BVerfG, NJW 1993, 317/321; s. dazu BT-Drucks. 3/120, S. 49.

[330] S. hierzu Tettinger, NJW 1987, 294 ff = BRAK-Mitt. 1986, 54 ff.

[331] BVerfGE 16, 286/294

schiedene Behandlung ihrer Leistungen vom System des Umsatzsteuerrechts her zu rechtfertigen vermögen."[332]
Weitergehend hierzu werden in einer anderen Entscheidung ferner folgende Abgrenzungsmerkmale hervorgehoben: „(...) der persönliche Einsatz bei der Berufsausübung, der Charakter des jeweiligen Berufs, wie er sich in der allgemeinrechtlichen und berufsrechtlichen Ausgestaltung und in der Verkehrsanschauung darstellt, die Stellung und Bedeutung des Berufs im Sozialgefüge, die Qualität und Länge der erforderlichen Berufsausbildung."[333]
In einer anderen Entscheidung bezeichnete das BVerfG die freien Berufe ferner als „Dienste höherer Art", bei denen „das Streben nach Gewinn, wie es sonst der gewerblichen Wirtschaft eignet, zurücktritt."[334]
In Bezug auf die Freiberufler-Kapitalgesellschaft hat das BVerfG indes schon früh betont, dass die Zulassung einer Steuerberater - Kapitalgesellschaft wegen des „höchstpersönlichen Charakters" des Steuerberaterberufs nur als "begründete Ausnahme" in Betracht komme.[335]

bbb.) EuGH

Auch seitens des EuGH gibt es nun Ansätze einer näheren Typisierung des Begriffs des Freien Berufs. Zu erwähnen sind hier zunächst die Merkmale, die der Generalanwalt in seinem Schlussantrag zu einem im Jahr 2000 ergangenen Vorlagebeschluss[336] aufgeführt hat:

- Ein oftmals bestehendes gesetzliches Monopol der Berufsausübung
- Zugangsbeschränkungen zu den Berufen, teilweise durch Standesvertretungen organisiert
- Beschränkungen der Werbefreiheit
- Gesetzliche Festlegung der Gebühren/Honorare
- Beschränkung der zulässigen Rechtsformen

---

332 BVerfGE 37, 38/49; diese grundsätzliche Unterscheidung ist indes mit dem Zweiten Haushaltstrukturgesetz v. 22.12.1981 (BGBl. I, S. 1523) aufgehoben worden; s. hierzu auch BVerfG, NJW 2000, 859 f. und NJW 2000, 860 f.; vgl. dazu Jaeger, AnwBl 2000, 475/479.
333 BVerfG, BStBl. 78, 125/130.
334 BVerfGE 17, 232/239.
335 BVerfGE 21, 227/323
336 Schlussantrag zu den Rechtssachen C-180/98 bis C-184/98 („Pavel Pavlov et al. vs. Stichting Pensioensfonds Medische Specialisten"), Rn. 74 ff.

Die Richter selbst sind auf diese Beschreibung jedoch in der dazugehörigen Entscheidung nicht näher eingegangen, dafür aber in einer Entscheidung vom 11.10.2001:[337]

„Die in Anhang F Nummer 2 der Sechsten (Mehrwertsteuer-) Richtlinie erwähnten freien Berufe sind Tätigkeiten, die ausgesprochen intellektuellen Charakter haben, eine hohe Qualifikation verlangen und gewöhnlich einer genauen und strengen berufsständischen Regelung unterliegen. Bei der Ausübung einer solchen Tätigkeit hat das persönliche Element besondere Bedeutung, und diese Ausübung setzt auf jeden Fall eine große Selbständigkeit bei der Vornahme der beruflichen Handlungen voraus."

dd.) Zusammenfassung und Stellungnahme

Eine allseits anerkannte Definition des Begriffs „Freier Beruf" ist bis heute nicht hervorgebracht worden. Dennoch lässt sich feststellen, dass sich die Freien Berufe typischerweise in einem Spannungsfeld zwischen Berufspflichten und damit verbundenen einfachgesetzlichen Privilegien befinden. Diese resultieren allerdings nicht aus der Zuordnung zur Freiberuflichkeit an sich, sondern aus dem Vorliegen gewisser Typenmerkmale. Diese wiederum lassen sich insgesamt wie folgt zusammenfassen:[338]

- Die Erbringung ideeller und persönlicher Leistungen und Lieferungen
- Die Wahrnehmung einer auch gemeinwohlorientierten Tätigkeit
- Ein besonderes Vertrauensverhältnis zum Auftraggeber
- Eine gewisse Stellung und Bedeutung im Sozialgefüge
- Eigenverantwortlichkeit und grundsätzliche Weisungsfreiheit
- Das Vorliegen einer schöpferischen Begabung bzw. einer qualifizierten Ausbildung
- Erfordernis einer berufsrechtlichen Zulassung verbunden mit der Pflichtmitgliedschaft in einer Berufskammer

---

[337] EuGH, DStRE 2002, 112 ff. („Christiane Adam vs. Administration de l'enregistrement et des domaines").

[338] Vgl. schon Rick, S. 65; Stehle/Longin, S. 14 f.

Ein kumulatives Vorliegen dieser Typenmerkmale bei allen Freien Berufen kann allerdings nicht gefordert werden. Umgekehrt ergibt die Subsumtion, dass der Beruf des Rechtsanwalts allen diesen Merkmalen zuzuordnen ist.[339]
Feststellen lässt sich daher bereits, dass die Typisierung der Freien Berufe in vollem Umfang auf den selbstständig tätigen Rechtsanwalt zutrifft und diesem – wie den anderen Freien Berufen – einen gewissen Verantwortungsbereich zukommen lässt. Das Merkmal der Freiberuflichkeit weist damit eine innere Verbindung zur Stellung als „unabhängiges Organ der Rechtspflege“ (§ 1 BRAO) auf.

Diese Wesensmerkmale bilden den Ausgangspunkt für die rechtliche Sonderbehandlung der freien gegenüber den gewerblichen Berufen.[340] In welchem Umfang diese Vorgaben des Berufsbildes allerdings heute noch eine verfassungsrechtliche Rechtfertigung in Bezug auf die Zulässigkeit und Ausgestaltung von Freiberufler-Kapitalgesellschaften und insbesondere Rechtsanwaltsgesellschaften darstellen, ist im Rahmen des 3. Kapitels zu klären. Die historische Zurückhaltung gegenüber Kapitalgesellschaften fußt jedenfalls auf der Vorstellung, dass derartige Rechtsformen aus diesen Gründen für den Zusammenschluss von Freiberuflern ungeeignet seien.[341]

4. Der Rechtsanwalt als unabhängiger Berater und Generalist

§ 3 I BRAO betont ein weiteres Mal die anwaltliche Unabhängigkeit und unterstreicht damit abermals die Wichtigkeit dieses Postulats. Die so beschriebene anwaltliche Unabhängigkeit korrespondiert dabei mit dem Recht des Mandanten auf freie Anwaltwahl (§ 3 III BRAO).[342]
Die Vorschrift umschreibt des weiteren aber auch den Wirkungskreis des Rechtsanwalts als Berater und Vertreter in allen Rechtsangelegenheiten. Der Normzweck lag insoweit zunächst darin, im Vergleich zur RAO 1878 dem zwischenzeitlich eingetretenen Bedeutungswandel anwaltlicher Funktion Rechnung zu tragen.[343] Der Anwalt sollte nicht nur als reiner „Gerichtsanwalt“, sondern auch als prozessvermeidender Berater ver-

---

[339] Vgl. Rick, Die verfassungsrechtliche Stellung des Rechtsanwalts S. 66 ff.
[340] Vgl. auch Bachmann, NJW 2001, 3385.
[341] S. heute noch für die Ärzte-GmbH BayVerfGH, NJW 2000, 3418 ff.
[342] Ahrens, AnwBl 1992, 247/251
[343] BT-Drucks. 3/120, S. 49.

standen werden.[344] Ihrer ursprünglichen Intention nach geht die Norm zudem noch vom Einzelanwalt und Generalisten aus.[345] Dies kann jedoch nicht darüber hinwegtäuschen, dass in der Praxis der Rechtsanwalt allenfalls in bestimmten Spezialgebieten in der Lage ist, zu vertreten und zu beraten. Der einzelne Anwalt wäre völlig überfordert, auf allen Rechtsgebieten gleichermaßen hochqualifizierten Rat zu erteilen.[346] Es geht vielmehr darum, dass die Anwaltschaft insgesamt dieser gesetzlichen Vorgabe genügt.[347] Dennoch wurden Bereiche, wie etwa die Beratung im Steuerrecht, seitens der Anwaltschaft längst größtenteils aus der Hand gegeben.[348]

II. Anwaltliche Kooperation und BRAO

Während die rechtlichen Koordinaten des anwaltlichen Berufsbildes seit Gründung der Bundesrepublik Deutschland nahezu unverändert geblieben sind, hat sich diesbezüglich spätestens seit den 80er Jahren in rechtstatsächlicher Hinsicht Einiges verändert. Im Folgenden sollen daher die Eckpunkte dieser Entwicklung näher aufgezeigt werden, wie sie schließlich zur Zulassung der ersten Anwalts-GmbH in Deutschland geführt haben.

1. Das Bild vom Einzelanwalt

Obgleich auch in der Bundesrechtsanwaltsordnung lange Zeit das Bild vom ausschließlich einzeln tätigen Anwalt aufrechterhalten wurde, tendiert die Entwicklung schon seit Jahren zur gemeinschaftlichen Berufsausübung, zuletzt insbesondere auch mit Trend zur Großkanzlei.[349] Längst also arbeiteten zahlreiche Anwälte in Kooperation, als es mit der BRAO-Novelle des Jahre 1994[350] erstmals zu einer Regelung zur beruflichen Zusammenarbeit kam. Eingefügt wurde in diesem Zusammenhang allerdings nur die Vorschrift des § 59a BRAO. Zweck dieser Vor-

---

[344] BT-Drucks. 3/120, S. 49.
[345] Vgl. hierzu auch Kilger, AnwBl 1996, 11/15.
[346] Kleine-Cosack, BRAO, § 3, Rn. 5; Redeker, NJW 1995, 1241/1243; ders,. AnwBl 1988, 14/17.
[347] Kleine-Cosack, BRAO, § 3, Rn. 5; Redeker, NJW 1995, 1241/1243; ders., AnwBl 1988, 14/17.
[348] Vgl. Henssler, AnwBl 1993, 541.
[349] Henssler in: Henssler/Streck, Sozietätsrecht, Kap. A, Rn. 3, 8; zur aktuellen Entwicklung vgl. Huff, BRAK-Mitt. 2002, 3 f.
[350] BGBl I, 2278.

schrift ist es, für die Sozietät in all ihren Erscheinungsformen auf örtlicher, überörtlicher und internationaler Ebene und auch interprofessionell eine gesetzliche Grundlage zu schaffen und die Bürogemeinschaft zur regeln.[351] Der Regelungsgehalt geht dabei aber ohnehin nicht weit über den zuvor schon bestandenen status quo hinaus, da die Rechtsprechung die Möglichkeiten interprofessioneller Zusammenarbeit bereits mit Beginn der 60er Jahre stückweise eröffnet hat.[352]

Der Referentenentwurf hegte dabei noch „Zweifel", ob auch die Rechtsform einer Kapitalgesellschaft den besonderen Strukturen der anwaltlichen Tätigkeit gerecht werden könne und enthielt sich eines Vorschlages zur Regelung einer anwaltlichen Kapitalgesellschaft.[353] Noch 1994 ging der Gesetzgeber also davon aus, dass allenfalls die Sozietät in Form der Gesellschaft bürgerlichen Rechts die adäquate Rechtsform für den engeren Zusammenschluss von Rechtsanwälten sei.

2. Innerstaatliche Entwicklungen

a.) Die Wettbewerbssituation

Währenddessen hat sich die Wettbewerbssituation auf dem deutschen Rechtsberatungsmarkt deutlich verschärft.[354] Der Rechtsanwalt konkurriert insbesondere im wirtschaftsrechtlichen Bereich zunehmend nicht nur mit Steuerberatern und Wirtschaftsprüfern, sondern auch mit gewerblichen Anbietern wie etwa Banken oder Versicherungen.[355]

Das Rechtsberatungsgesetz hat sich hiergegen als nur unzureichende Hürde erwiesen.[356] Im sogenannten Masterpat-Beschluss hat das BVerfG dem Gesetz zusätzlich die Grenzen aufgezeigt, indem es entschied, der Anwaltschaft dürfe im Regelfall nur eine umfassende, individuelle, substantielle Rechtsberatung vorbehalten bleiben.[357] Ferner hatte

---

[351] Henssler/Prütting-Hartung, BRAO, § 59a, Rn.8.

[352] Vgl. Gotzens, Interprofessionelle Zusammenarbeit, S. 31 ff.

[353] Vgl BT-Drucks. 12/4993, S. 23.

[354] S: hierzu auch Kleine-Cosack, NJW 2000, 1593.

[355] Vgl. Huff, BRAK-Mitt. 1997, 139.

[356] Zum Schutzzweck des RBerG vgl. Henssler, DB 1995, 1549; der., JZ 1992, 697/702 m. w. N.; ausführlich Rick, Die verfassungsrechtliche Stellung des Rechtsanwalts, S. 219 ff. sowie Hermann, S. 35 ff.

[357] BVerfG, NJW 1998, 3481/3482.

sich die Zahl der zugelassenen Anwälte seit dem Erlass der BRAO bis 1989 von 18.000 auf 55.000 mehr als verdreifacht.[358]

In dieser verschärften Wettbewerbssituation, verhärteten sich nun zunehmend die Positionen zwischen denjenigen, die am traditionellen Bild des Rechtsanwalts um jeden Preis festhalten wollten und jenen, die einschneidende Veränderungen der rechtlichen Rahmenbedingungen einforderten. Erstmals wurde der Anwaltsberuf als Dienstleistung diskutiert.[359] Die eingangs erwähnte Prognos/Infratest - Studie[360] zeigte dabei auf, dass eine Wettbewerbsanpassung noch nicht stattgefunden hatte.

b.) Die Entscheidungen des BVerfG zu den Standesrichtlinien

Neben den tatsächlichen änderten sich auch die rechtlichen Rahmenbedingungen. Ein wesentlicher Markstein waren hier insbesondere die Entscheidungen vom 14.7.1987[361] zu den anwaltlichen Standesrichtlinien.[362] Das Bundesverfassungsgericht hatte in diesen beiden Entscheidungen die anwaltlichen Standesrichtlinien mangels ausreichender gesetzlicher Grundlage für verfassungswidrig erklärt.
Das hierdurch entstandene Regelungsvakuum schuf nun Raum für eine grundlegende Änderung des anwaltlichen Berufsbildes und eine liberale Entwicklung u.a. des anwaltlichen Gesellschaftsrechts.[363]

3. Internationale Entwicklungen

Die innerstaatliche Debatte um die Zukunft des nationalen Berufsrechts wurde zudem überlagert durch die Einflüsse der sprunghaft zunehmenden Internationalisierung der Rechtsberatung. Es wurde befürchtet, dass die deutsche Anwaltschaft den Anschluss an diese Entwicklung verpasst. Im Vordergrund stand dabei die Entwicklung der Europäischen

---

[358] Everling, Gutachten 58. DJT, C 13; Die Zahl hat sich seitdem noch einmal auf rund 110.000 verdoppelt (Stand 1.1.2001); s. die Anwaltsstatistik der BRAK, abgedruckt in AnwBl 2001, 394.

[359] Paul: in: Kötz/Paul/Pédamon/Zander, Anwaltsberuf im Wandel, S. 11 ff.; Schiefer, NJW 1987, 1969; Winters, Rechtsanwaltsmarkt, S. 78 ff.

[360] S. o. Kap. 1 § 1.

[361] BVerfGE 76, 171 und 196.

[362] Vgl. Dauner-Lieb, GmbHR 1995, 259; Hartung/Holl, BORA, Vorwort, S. VII; Römermann, GmbHR 1997, 530.

[363] Vgl. Hartung/Holl-Römermann, BORA; vor §§ 30, Rn. 1 f.; näher Hönsch, Rechtsanwälte und Kooperation, S. 94 ff.

Gemeinschaft mit der Perspektive des Binnenmarktes 1992.[364] So geriet mit der Durchsetzung der Niederlassungsfreiheit das relative Gleichgewicht zwischen kleinen regionalen Anwaltskanzleien und Steuerberatern, den Wirtschaftskanzleien und den großen Wirtschaftsprüfergesellschaften ins Wanken. Die Einstellung auf den Europäischen Binnenmarkt, aber auch auf die wachsenden ostasiatischen Märkte und die alle Märkte umfassenden Globalisierungstendenzen führten zu Produktionsverlagerungen und erforderten verstärkte internationale Zusammenarbeit. Der Wettbewerbsdruck erhöhte sich dabei insbesondere durch das Vordringen großer angelsächsischer Anwaltskanzleien auf den deutschen Rechtsberatungsmarkt.[365]

Ursprünglich war man noch verbreitet davon ausgegangen, dass die europäischen Grundfreiheiten auf Rechtsanwälte nicht anwendbar seien, da man der Auffassung war, dass die Einbindung des Rechtsanwalts in die Judikative eines Mitgliedstaates einer grenzüberschreitenden Tätigkeit widerspreche.[366] Dieser Ansicht hat der EuGH in mehreren grundlegenden Entscheidungen[367] eine Absage erteilt, und so stückweise die Dienstleistungs- und Niederlassungsfreiheit auch auf den Anwaltsberuf erstreckt.[368]

4. Folgen für die Diskussion um „neue" Rechtsformen

a.) Die Diskussion de lege ferenda

In diesem Rahmen nationaler und internationaler Entwicklungen, kam nun also langsam die – zunächst nur rechtspolitische - Diskussion über neue Formen für die anwaltliche Zusammenarbeit auf.

Ein Resultat dieser Entwicklung war auch die Zulassung der überörtlichen Sozietät.[369] Sie wirkte einerseits als „Startschuss" zur Bildung größerer überörtlicher Beratungseinheiten, um dem Wettbewerbsdruck besser und vor allem schneller begegnen zu können.[370] Andererseits führte dies aber auch zu einer Ausweitung des Haftungsrisikos, was zusätzlich

---

[364] Everling, Gutachten 58. DJT, C 14.

[365] Raupach in FS Haas, S. 259.

[366] Kilian, JA 2000, 429.

[367] So erstmals EUGHE 1974, 631 = NJW 1975, 513 („Reyners") zur Dienstleistungsfreiheit.

[368] Ausführlich Kilian, JA 2000, 429/430 f.

[369] BGHZ 108, 290; ; vgl. hierzu Henssler, NJW 1993, 2137/2139; näher auch Graf v. Westphalen in: Henssler/Streck, Sozietätsrecht, Kap. B, Rn. 586; Odersky in: FS Merz, S. 439 ff.; Schumann, Die überörtliche Anwaltssozietät.

[370] Raupach in: FS Haas, S. 268.

das Bedürfnis der Rechtsanwaltschaft nach einer angemessenen Haftungsbeschränkung bestärkte. *Henssler* wies in diesem Zusammenhang auf eine Entscheidung des BGH[371] hin, wo ausdrücklich betont wird, dass die Möglichkeit einer gesellschafts- bzw. vertretungsrechtlichen Haftungsbeschränkung einen Wettbewerbsvorteil gegenüber der Konkurrenz bedeute, die bei jeder einzelnen Mandatsübernahme eine Einschränkung des Haftungsumfangs ausdrücklich vereinbaren müsse. Der Wettbewerbsnachteil der Anwaltschaft gegenüber den Wirtschaftsprüfern und Steuerberatern sei damit höchstrichterlich bestätigt worden.[372]

In der rechtspolitischen Diskussion um die Anwalts-GmbH waren die Meinungen letztlich jedoch noch sehr geteilt.[373] Der Deutsche Anwaltverein[374] hatte sich zwar genauso wie der Deutsche Richterbund[375] für eine gesetzliche Regelung ausgesprochen. Auch eine im Jahr 1988 durch die Bundesregierung berufene Deregulierungskommission votierte in ihrem im Mai 1991 vorgelegten Bericht unter bestimmten Voraussetzungen für die Zulassung von Kapitalgesellschaften.[376]
Ablehnend äußerte sich indes zunächst die Bundesrechtsanwaltskammer.[377]
Die Diskussion wurde zudem auch Gegenstand des 58. Deutschen Juristentages. *Everling* schlug dort in seinem Gutachten vor, es solle geprüft werden, „ob die Form einer Beratungs-GmbH, bei der allerdings die Haftungsfragen besonders gelöst werden müssen, nicht ebenso wie bei Steuerberatern und Wirtschaftsprüfern zugelassen werden kann". Dem Ansehen der Angehörigen dieses Berufsstandes und auch ihrer persönlichen Verantwortung habe das keinen Abbruch getan.[378]
Nach äußerst streitigen Verhandlungen wurde jedoch auch durch den Deutschen Juristentag in einer Empfehlung an den Gesetzgeber beschlossen, dass die Möglichkeit der anwaltlichen Berufsausübung in der

---

371 BGH, NJW 1992, 3037.
372 Henssler, NJW 1993, 2137/2139; s. auch ders., AnwBl 1993, 541/545; ähnl. Busse, AnwBl 1994, 482/484.
373 Zum damaligen Meinungsstand Donath, ZHR 156 (1992), 134/136 ff.; Henssler, JZ 1992, 697 (Fn. 2 und 3).
374 Vgl. die Beilage des DAV zum AnwBl. 1990, Heft 4, S. 6 ff.
375 Vgl. DRiZ 1992, 29/32.
376 Abgedruckt in EuZW 1992, 542/544.
377 Vgl. BRAK-Mitt. 1990, 76/78.
378 Everling, Gutachten 58. DJT, C 66.

Form von Rechtsanwaltsgesellschaften als juristische Person nicht eröffnet werden sollte.[379]

b.) Die Diskussion de lege lata

Nachdem diese noch rein rechtspolitisch geführte Diskussion also nicht fruchtete, wurde von *Ahlers*[380] und *Heinemann*[381] für die Anwaltschaft und von *Henssler*[382] für die Rechtswissenschaft in den Jahren 1991/92 schließlich erstmals die Auffassung geäußert, dass die Anwalts-GmbH mangels gesetzlichen Verbots bereits *de lege lata* zulässig sei. Diese Auffassung wurde seinerzeit noch weitgehend ablehnend aufgenommen. Eingewandt wurde etwa, die Anwalts-GmbH sei ein Verstoß gegen § 1 GmbHG.[383] Diese Vorschrift spräche nicht negativ von Verboten, sondern von „jedem gesetzlich zulässigen Zweck", die Vorschrift also auf andere Gesetze verweise, die entweder die Anwalts-GmbH für zulässig erklärten oder die Prüfung nahe legten, ob die Anwalts-GmbH zwar nicht verboten sei, aber mit anderen Gesetzen kollidiere. Da eine Präzisierung dieses Verstoßes jedoch nicht erfolgte, erwiesen sich diese Äußerungen für die wissenschaftliche Beurteilung der Anwalts-GmbH jedoch als wertlos.[384]

Einige Autoren waren zudem der Auffassung, die Anwalts-GmbH benötige eine Erlaubnis nach Art. 1 § 1 RBerG, andernfalls verstoße sie gegen ein gesetzliches Verbot im Sinne des § 134 BGB und sei gem. § 75 I GmbHG für nichtig zu erklären.[385] § 3 der 1. Ausführungsverordnung stelle klar, dass die Erteilung einer Erlaubnis nicht auf natürliche Personen beschränkt ist, und § 10 I der 1. AVO ordne an, dass juristische Personen, insbesondere Gesellschaften mit beschränkter Haftung, die Erlaubnis nur erteilt werden soll, wenn besondere Umstände für diese Rechtsform der Betriebsführung sprechen. Diese Auffassung hatte jedoch verkannt, dass der Schutzzweck des RBerG jedenfalls nicht tangiert ist, solange ausschließlich Rechtsanwälte als Gesellschafter und

---

[379] Vgl. Verhandlungen des 58. DJT, M 179 f.
[380] Ahlers, AnwBl 1991, 226; später auch ders. in: FS Rowedder, S. 1.; ders., AnwBl 1995, 3; ders., AnwBl 1995, 121.
[381] Heinemann, AnwBl 1991, 233.
[382] Henssler, JZ 1992, 697.
[383] Kaiser/Bellstedt, Anwaltssozietät, Rn. 562.
[384] Henssler, JZ 1992, 697/699.
[385] Braun, MDR 1995, 447; Taupitz, JZ 1994, 1100/1104 ff.; ders. NJW 1995, 369 ff.

Geschäftsführer der GmbH zugelassen werden; das RBerG will den Anwaltsstand schützen, es will aber nicht der anwaltlichen Berufsausübung selbst Schranken setzen. Die Berufstätigkeit der Rechtsanwälte wird unabhängig von der Rechtsform, in der sie betrieben wird, durch das RBerG nicht berührt.[386] Dass die Anwalts-GmbH nunmehr ausdrücklich aus dem Anwendungsbereich des Art. 1 § 1 RBerG ausgenommen wurde (Art. 1 § 3 Nr. 2 RBerG), dient lediglich der Klarstellung.[387]

Auf einer ähnlichen Argumentationsstruktur basierte schließlich die Auffassung, die Anwalts-GmbH sei unzulässig, da sie als juristische Person nicht den Anforderungen des § 4 BRAO entspreche. Nach dieser Vorschrift kann als Rechtsanwalt nur zugelassen werden, wer die Befähigung zum Richteramt nach dem DRiG erlangt hat. Hieraus wurde gefolgert, dass die Zulassung einer Rechtsanwalts-GmbH nicht möglich sei, da ihr keine entsprechende Zulassung erteilt werden könne.[388] Auch hier ging es lediglich um ein rein teleologisches Interpretationsproblem des § 4 BRAO.[389]
Des weiteren wurde eingewandt, es stelle einen Verstoß gegen das Verbot der Gebührenteilung dar, wenn sich Anwälte in einer GmbH organisieren würden.[390] Gem. § 49b III S. 1 BRAO ist Anwälten die Abgabe oder Entgegennahme eines Teils des Erlöses oder sonstigen Vorteils für die Vermittlung von Aufträgen verboten. Nach Auffassung von *Kempter* betreibe die Anwalts-GmbH, die den Auftrag annehme, eine solche Auftragsvermittlung. Da die Anwälte nämlich nur im Anstellungsverhältnis zur GmbH stünden, würden sie selbst keinen unmittelbaren Honoraranspruch gegen den Mandanten, sondern nur einen Vergütungsanspruch gegen die Gesellschaft erwerben. Entsprächen sich Honorar und Vergütung nicht, so läge möglicherweise ein Verstoß gegen § 49b III S. 1 BRAO vor. Dieser Ansatz verkannte allerdings, dass die genannte Vorschrift nicht für Gebührenteilungen unter Anwälten, die ihren Beruf gemeinsam ausüben, gilt, sondern nur für Fälle, in denen ein fremder Anwalt oder ein Dritter eingeschaltet werden würde.[391] Denn auch in der Sozietät stand die Gebühr nach der damaligen Rechtslage allen Mitglie-

[386] Henssler/Prütting-Prütting, RBerG, Einl., Rn. 47 m. w. N.
[387] BT-Drucks. 13/9820, S. 12.
[388] Kremer, GmbHR 1983, 259 ff.
[389] Henssler, JZ 1992, 697/705.
[390] Kempter, BRAK-Mitt. 1995, 4/5.
[391] Kraus/Senft, Sozietätsrecht, S. 385.

dern gemeinschaftlich zu und nicht dem jeweiligen Bearbeiter des Mandats allein.[392] Auch fehlte es an dem für § 49b III S. 1 BRAO typischen Dreiecksverhältnis zwischen Anwalt, Vermittler und Mandant, da der Geschäftsführer der GmbH als Organ handelt und nicht als Dritter. Der das Mandat betreuende Anwalt erhält keine Vergütung speziell für die Vermittlungstätigkeit, so dass eine Gebührenteilung im Sinne des § 49b III S. 1 BRAO nicht stattfindet.[393]

Ferner wurde eingewandt, die Einhaltung der anwaltlichen Verschwiegenheit genieße keinen strafrechtlichen Schutz.[394] § 203 I S. 1 Nr. 3 StGB umfasse vielmehr nur die Organe von Wirtschaftsprüfungs-, Buchprüfungs- und Steuerberatungsgesellschaften, nicht jedoch die der Anwalts-GmbH. § 203 I S. 1 Nr.3 StGB wurde insofern ergänzt, so dass eine Strafbarkeitslücke hier nicht mehr besteht. Die berufsrechtliche Verpflichtung zur Verschwiegenheit gem. § 43a I S. 2 BRAO betraf jedoch auch schon zuvor jeden in der GmbH tätigen Rechtsanwalt.

Neben diesen eher formellen Argumenten wurden auch berufsbildbezogene Argumente ins Feld geführt.
Ein häufiges Argument gegen die Zulassung einer Rechtsberatungs-GmbH war dabei die angebliche Unvereinbarkeit mit dem in § 2 BRAO festgeschriebenen Charakter der Anwaltstätigkeit als einem freien Beruf.[395] Allein die aus der hiermit verbundenen fehlenden Gewerblichkeit bildete jedoch kein schlüssiges Gegenargument, da eine GmbH gerade nicht notwendig auf den Betrieb eines Gewerbes ausgerichtet sein muss.[396]
Ein solcher Widerspruch war vor allem auch nicht darin zu erblicken, dass Freiberufler in handelsrechtlicher Hinsicht nach traditioneller Definition[397] keine Kaufleute sind, während die Kapitalgesellschaft kraft Rechtsform als Kaufmann einzustufen ist (§ 6 I HGB). Rechtstechnisch handelt es sich nämlich lediglich um eine gesetzliche Fiktion (vgl. § 3 I

---

[392] BGHZ 56, 355/360; Ahlers, AnwBl 1995, 121/125.
[393] Kaiser/Bellstedt, Anwaltssozietät, Rn. 574.
[394] Braun, MDR 1995, 447.
[395] Vgl. nur Koch, in Gilles, Anwaltsberuf und Richterberuf in der heutigen Gesellschaft, S. 153, 159 f.
[396] Henssler, JZ 1992, 697/704; Michalski, Das Gesellschafts- und Kartellrecht der berufsrechtlich gebundenen freien Berufe, S. 120; s. auch oben § 5 II 7 a aa.
[397] Vgl. K. Schmidt, Handelsrecht, § 9 IV2 a cc.

AktG, § 13 III GmbHG: "gilt als Handelsgesellschaft").[398] Ähnliches gilt für das Steuerrecht, welches die Freiberufler-Kapitalgesellschaft nur eben so behandelt, als ginge sie einem Gewerbe nach, ohne dass dies Auswirkungen auf das Berufsrecht hat.[399]
Der Gesetzgeber hatte zudem mit der Zulassung von Wirtschaftsprüfungs- und Steuerberatungsgesellschaften in der Rechtsform einer Kapitalgesellschaft zum Ausdruck gebracht, dass die Tätigkeit eines Freiberuflers in einer Kapitalgesellschaft grundsätzlich mit der Berufsausübung in einer Kapitalgesellschaft durchaus vereinbar ist.[400] Seitens der Judikative hatte zudem der BGH mit Entscheidung vom 25.11.1993 über die Zulässigkeit einer Zahnbehandlungs-GmbH[401] erkennen lassen, dass zwischen Freiberuflichkeit und Berufsausübung in einer Kapitalgesellschaft keine grundsätzlichen Widersprüche bestehen.
Dennoch wurde eingewandt, es schade dem persönlichen Vertrauensverhältnis zwischen Anwalt und Mandant, wenn sich der Anwalt „hinter der GmbH verstecken" könne.[402] Dabei wurde wohl verkannt, dass nicht die Organisationsform, sondern allenfalls die Größe einer Kanzlei Anonymität zwischen Mandanten und Anwalt vermittelt.[403] Auch hätte diese rechtspolitische Erwägung ein Verbot *de lege lata* nicht rechtfertigen können.[404]

c.) Die Diskussion um die Einführung einer Handelndenhaftung

Nach dem Beschluss des BayObLG zur Zulässigkeit der Anwalts-GmbH[405] verlagerte sich die Diskussion wieder mehr auf die rechtspolitische Ebene. Dabei wurde nunmehr auch erstmals die Einführung einer Handelndenhaftung diskutiert. Dies sei auch bei der GmbH aufgrund des persönlichen Vertrauensverhältnisses zwischen Anwalt und Mandanten erforderlich.[406] Die unbeschränkte persönliche Haftung des Rechtsan-

---

[398] Boin, NJW 1995, 371/372.
[399] Vgl. Bayer/Irmberger, DZWir 1993, 309/318.
[400] Henssler, JZ 1992, 697/704.
[401] BGHZ 124, 224.
[402] Braun, MDR 1995, 447; ähnl. schon Düwell, AnwBl 1990, 388/389; Seibert, AnwBl 1993, 155 .
[403] Henssler, JZ 1992, 697/707; ders., NJW 1993, 2137/2141; Taupitz, JZ 1994, 1100/1103.
[404] Henssler, JZ 1992, 697/704.
[405] BayObLG, NJW 1995, 199.
[406] S. nur Braun, MDR 1995, 447; Kempter, BRAK-Mitt. 1995, 4/5; zuvor auch Kremer, GmbHR 1983, 259/264.

walts sei ein notwendiges Korrelat zu seiner gesetzlich abgesicherten Unabhängigkeit.[407]
Der haftungsrechtliche Vorteil gegenüber der gerade geschaffenen Partnerschaftsgesellschaft wäre dadurch allerdings nur gering ausgefallen, so dass bei der Abwägung wohl regelmäßig die Nachteile der Anwalts-GmbH überwogen hätten.

Die Forderung einer Handelndenhaftung konnte sich im Ergebnis jedoch ebenfalls nicht durchsetzen. Allein der Umstand, dass der Anwalt auch auf andere Weise seine Haftung beschränken kann, überzeugt dabei zwar möglicherweise nicht.[408]

Hingegen belegten aber die Regelungen für Steuerberater- und Wirtschaftsprüfergesellschaften, die keine Handelndenhaftung kennen, dass persönliches Vertrauen nicht eine Frage der Regressmöglichkeiten ist.[409] Es liegt zudem in der freien Wahl des Rechtssuchenden, mit einer GmbH zu kontrahieren. Er wählt eine solche Anwaltsgesellschaft nur aus, wenn er ihr auch in der gewählten Rechtsform vertraut.[410] Sein Vertrauen richtet sich dabei im Wesentlichen auf die fachliche Kompetenz des Anwalts oder der Anwälte.[411]
Aber auch die Präventivfunktion der persönlichen Haftung als Ansporn zu sorgfältigem Arbeiten und damit zur Schadensminimierung wurde wohl weithin überschätzt.[412] Für den Berufsträger in seiner täglichen Arbeit steht stets die für seine gesamte berufliche Zukunft essentielle Reputation auf dem Spiel. In ihr birgt sich ein beachtlicher Vermögenswert, den kein Berufsträger leichtfertig Gefahren aussetzt. Das anwaltliche Ansehen ist nicht versicherbar und erst recht nicht durch einen Haftungsschild zu schützen. Vielmehr ist mit der Liquidation der Berufsausübungsgesellschaft ihr „good will" unvermeidlich vernichtet.[413] Kommt es dennoch zum Regressfall, so werden zudem die schützenswerten Inte-

[407] Bellstedt, AnwBl 1995, 573/574; ähnl. auch noch Zuck, MDR 1990, 891/892.
[408] Dauner-Lieb, GmbHR 1995, 259/262; so aber BayObLG, NJW 1995, 199/201; vgl. auch Henssler, ZIP 1994, 844/849; ders., NJW 1993, 2137/2140 f.
[409] Hellwig, ZHR 161 (1997), 337/358; s. auch Henssler, JZ 1992, 697/707; Landry, MDR 1995, 558; Zuck, AnwBl 1988, 18/20.
[410] Prohaska, S. 171; dies., MDR 1997, 701/702.
[411] Jungk, AnwBl 1996, 297/300.
[412] Bakker, AnwBl 1993, 245/250; Henssler, ZHR 161 (1997), 305/325 f.; ders., RIW 2001, 572/574.
[413] Henssler, RIW 2001, 572/574 f.

ressen der Mandanten durch die Einführung ausreichend hoher Pflichtversicherungen am besten gewahrt.[414]

d.) Zusammenfassung

Nachdem die Zulassung der Anwalts-GmbH zunächst auf rechtspolitischem Weg nicht durchdringen konnte, ergab die Prüfung *de lege lata* vor allem aufgrund des lückenhaften Regelungswerks der BRAO, dass die Anwalts-GmbH bereits nach geltendem Recht zulässig war. Dieser Ansicht folgte schließlich auch das BayObLG.[415] Nachträgliche Versuche, die Anwalts-GmbH durch Einführung einer Handelndenhaftung unattraktiver zu gestalten, konnten sich nicht durchsetzen.

§ 6 Zusammenfassung und Stellungnahme

Die Öffnung kapitalgesellschaftlicher Rechtsformen für die anwaltliche Zusammenarbeit hat ihren Grund vornehmlich in den praktischen Bedürfnissen der Anwaltschaft. Das gesetzliche Berufsbild selbst hat sich dabei seit Bestehen des Rechtsanwaltsberufes dennoch nicht geändert. Gestritten wird vielmehr über dessen Interpretation vor dem Hintergrund neuer Bedürfnisse und Entwicklungen. Das Fehlen einer einheitlichen Definition der Wesensmerkmale des Anwaltsberufes lässt hier eine große Bandbreite von Meinungen zu.
Nachdem nun auch die Interpretationshoheit über das anwaltliche Berufsbild seit den Entscheidungen des BVerfG zu den anwaltlichen Standesrichtlinien nicht mehr allein in den Händen einiger weniger liegt, zieht sich die Diskussion durch das gesamte anwaltliche Berufsrecht. Nirgends allerdings wird sie so kontrovers geführt wie in der Diskussion um die anwaltliche Kapitalgesellschaft, bei der es schließlich gilt, scheinbar unvereinbare Gegensätze miteinander zu vereinen und bei der die verschiedenen Berufsauffassungen innerhalb der Anwaltschaft offen zu Tage treten.

Auch im Hinblick auf andere freie Berufe wird derzeit die Frage aufgeworfen, ob die althergebrachten Grundsätze ihres Berufsbildes und die hieraus hergeleiteten Restriktionen den aktuellen Gegebenheiten noch Rechnung trägt. Eine zentrale Bedeutung erhält dabei das Verfassungs-

---

[414] Bakker, AnwBl 1993, 245/250; Henssler, ZHR 161 (1997), 305/325 f.
[415] BayObLG, NJW 1995, 199.

recht; insbesondere Art. 12 I GG gilt in diesem Zusammenhang bereits als „wichtigste Waffe" der Freiberufler.[416]
Im Folgenden soll daher untersucht werden, inwiefern das Verfassungsrecht, aber auch das Europarecht hier bereits bindende Vorgaben bereithält, die bei der Interpretation des anwaltlichen Berufsbildes im Hinblick auf die anwaltliche Kapitalgesellschaft zu berücksichtigen sind.

[416] Groepper, GewArch 2000, 366/367.

3. Kapitel: Verfassungsrechtliche und europarechtliche Vorgaben an die anwaltliche Kapitalgesellschaft

§ 1 Verfassungsrecht

I. Problemstellung

Bei unbefangener Betrachtung mag es zunächst einigermaßen überraschen, dass ausgerechnet die vielbeschworene „anwaltliche Unabhängigkeit“ und die damit eng verwandte „Freiberuflichkeit“, welche ein höheres Maß an Freiheit suggerieren, ausgerechnet die Grundlage für eine weitergehende Pflichtenbindung des Rechtsanwalts darstellt. Dennoch ist es unstrittig, dass beispielsweise der Terminus „Freier Beruf“ gerade keine unmittelbaren Rechtsfolgen wie etwa die Gebotenheit gesteigerter Garantiewirkungen impliziert.[417] Oder wie *Zuck* es formuliert hat: „Unter der Herrschaft des Grundgesetzes und der Berufsfreiheit des Art. 12 Abs. 1 GG muss jeder Beruf frei sein.“[418]
Garantiert werden dagegen funktionale Privilegien, also Freiheiten, die der Funktionswahrnehmung dienen. Privilegiert werden die Freiberufler also nicht ihrer personalen subjektiven Freiheiten, sondern um ihrer Verantwortung willen.[419]

Aus dieser Verantwortung heraus resultieren aber eben auch weitergehende Pflichten, mit der Folge, dass es kaum so viele Reglementierungen gibt, wie im Bereich der Freien Berufe.[420]
Der Konflikt zwischen Freiheit und Bindung ist damit allen Freien Berufen als solches bereits immanent.[421] Die Gefahr übermäßiger Kommerzialisierung freiberuflicher Tätigkeit einerseits und die Chancen in Gestalt neuer Arbeitsfelder andererseits führen hier stets zu berufsrechtlichen und auch zu verfassungsrechtlichen Konflikten.[422]

---

[417] Vgl. BVerfGE 10, 354/364; Tettinger, NJW 1987, 294 ff.; Stober, NJW 1981, 1529/1533.
[418] Zuck in: Herrmann/Backhaus, Staatlich gebundene Freiberufe im Wandel, S. 3; vgl. auch Jaeger, AnwBl 2000, 475/477; Quaas, MedR 2001, 34.
[419] Jaeger, AnwBl 2000, 475/476.
[420] Jaeger, StBg 1997, 211.
[421] Jaeger, AnwBl 2000, 475/476; vgl. auch Zuck, NJW 2001, 2055.
[422] Jaeger, AnwBl 2000, 475/476.

Dem BVerfG kommt in diesem Spannungsfeld zunehmend die Rolle des „Liberalisierungsmotors" zu.[423] Es kann daher auch nicht verwundern, dass auch im Rahmen der Diskussion um die Zulässigkeit der anwaltlichen Kapitalgesellschaft immer wieder auch auf die Grundrechte rekurriert wurde.[424]

Trotz dieser anhaltenden Liberalisierungstendenzen bildet das genannte Spannungsverhältnis von Freiheit und Bindung und das Aufeinandertreffen von „traditionellem" und „modernen" Berufsverständnis angesichts der sich rapide verändernder Rahmenbedingungen auch in anderen Bereichen des Rechts der Freien Berufe noch ausreichenden Konfliktstoff. So wirft beispielsweise *Kleine-Cosack* den Angehörigen der Freien Berufen und speziell der Anwaltschaft vor, sie erweckten den Eindruck, „vor allem im eigenen Berufsrecht von den Bindungen an das Grundgesetz weitgehend befreit zu sein". „Mit Vehemenz" würden „offensichtlich verfassungswidrige Regelungen verteidigt".[425]

Damit stellt sich aber zunächst die Frage, welche Vorgaben an das Recht der Freie Berufe aus dem Grundgesetz überhaupt resultieren und welche Rolle dabei dem auch in der Diskussion um die anwaltliche Kapitalgesellschaft so zentralen Begriff des „Berufsbildes" dabei zukommt.

Die Auswertung der Rechtsprechung soll dabei nicht auf die anwaltspezifischen Entscheidungen beschränkt werden, da im Kontext der Freien Berufe, wie Bundesverfassungsrichterin *Jaeger* betont hat, auch „gruppenübergreifender Erkenntnisgewinn" möglich ist.[426]

---

[423] Henssler, JZ 1998, 1065.

[424] Vgl. nur für die Anwalts-GmbH: Ahlers in: FS Rowedder, S. 5; Damm in: FS für Brandner, S. 54; Dauner-Lieb, GmbHR 1995, 259 ff.; Henssler, JZ 1992, 697/700; ders. NJW 1993, 2137/2140; ders. ZIP 1994, 844/845 ff.; ders., ZIP 1994, 1871/1872; ausführlich Rick, Die verfassungsrechtliche Stellung des Rechtsanwalts, S. 183 ff., Mayen, NJW 1995, 2317/2320 ff.; vgl. für die Anwalts-AG nur: Heublein, AnwBl 1999, 304/306; Hommelhoff/M. Schwab, WiB 1995, 115/117 f.; Römermann/Spönemann, NZG 1998, 15/18; Schumacher, AnwBl 1998, 363; Stabreit, NZG 1998, 452; Zuck, Anwalts-GmbH, Einl., Fn. 27;

[425] Kleine-Cosack, AnwBl 2001, 204 f.

[426] Jaeger, AnwBl 2000, 475/476.

II. Zur Rolle des Berufsbilds bei der Beurteilung der Verfassungsmäßigkeit von Eingriffen in Art. 12 I GG

1. Schrifttum

Uber hat diesbezüglich in seiner einflussreichen Schrift aus dem Jahr 1952 noch die Auffassung vertreten, der individuelle Freiheitsanspruch aus Art. 12 I GG hänge davon ab, ob der angestrebte oder ausgeübte Beruf dem Berufsbild entspreche. Der Gesetzgeber verletze daher nicht die Freiheit des Art. 12 I GG, soweit er ein bereits in der Anschauung der Allgemeinheit durchgesetztes Berufsbild regele und dessen Voraussetzungen gesetzlich festlege.[427] Dieser Ansatz kann im Hinblick auf nachfolgende Rechtsprechung des BVerfG allerdings als überholt angesehen werden, da der rechtlichen Fixierung von Berufsbildern jedenfalls im Rahmen der Verhältnismäßigkeit Grenzen zu setzen sind.[428]
Allerdings wird die Bedeutung von Berufsbildern heute teilweise sogar gänzlich in Frage gestellt.

So ist etwa *Taupitz* der Auffassung, dass Berufsbildargumente gänzlich ihre Bedeutung eingebüßt hätten.[429] Im Zusammenhang mit der Zweitberufs-Entscheidung des BVerfG äußerte er die Ansicht, es hinterließe einen „schalen Beigeschmack", dass das Gericht zwar einerseits die (historische) Gesetzesbegründung ganz in den Vordergrund rücke, andererseits aber zu Recht den tiefgreifenden Wandlungsprozess hervorhebe, dem das Berufsbild des Anwalts unterliege, so dass das der Gesetzesbegründung zugrunde liegende Berufsbild heute doch nicht mehr in jeder Beziehung maßgeblich sein solle.[430]

Auch *Rick* hat jüngst die Auffassung vertreten, dass Berufsbildargumente und insbesondere der Terminus des Freien Berufes keine verfassungsrechtliche Relevanz entfalte. Zudem existiere angesichts der Bandbreite anwaltlicher Betätigungsmöglichkeiten kein einheitliches Berufsbild des Rechtsanwalts mehr.[431]

---

[427] Uber, Freiheit des Berufs, S. 91; krit. Zuck in: FS für K. Geiß, S. 324.
[428] Vgl. BVerfGE 21, 173/180 f.; s. dazu Zuck in: K. Geiß, S. 325 f.
[429] Taupitz, EWiR Art. 12 GG 1/1993, S. 261/262; vgl. auch ders., NJW 1996, 3033/3037; ihm folgend Bachmann, NJW 2001, 3385 f. in Bezug auf die Ärzte-GmbH.
[430] Taupitz, EWiR Art. 12 GG 1/1993, S. 261/262.
[431] Rick, Die verfassungsrechtliche Stellung des Rechtsanwalts, S. 163, 193

Zuck möchte indes die rechtliche Bedeutung der Berufsbildlehre davon abhängig machen, dass dem Selbstverständnis der Berufsangehörigen und der Öffentlichkeit ein objektiviertes Tatsachenfundament unterlegt werden könne.[432]
Auf dieser Basis fordert er berufsrechtliche Regelungen wie die der Anwalts-GmbH genauer an der Verfassung zu messen, da Berufsbildargumente langfristig nur durchsetzbar seien, wenn sie auch im Bereich der Erforderlichkeit fundiert werden könnten.[433]
Wie *Zuck* hat auch schon Bundesverfassungsrichterin *Jaeger* im Zusammenhang mit der verfassungsrechtlichen Bewertung der Regelungen für Freiberufler darauf hingewiesen, dass hier die Gemeinwohlbelange aufgearbeitet werden müssten. Hinsichtlich des Anwaltsberufs seien dabei in erster Linie der Schutz der Rechtssuchenden und der Schutz der Rechtspflege anzuerkennen. Dabei werde zu kontrollieren sein, ob die vertrauten Argumente, was denn der gesellschaftlichen Anschauung vom Anwaltsberuf entspreche, nicht in Wahrheit dem Schutz der Berufsangehörigen oder den allgemein verbindlichen Standesinteressen zu dienen bestimmt sei.[434]

Hier lohnt sich auch im Hinblick auf die anwaltliche Kapitalgesellschaft m. E. wohl in der Tat eine nähere Prüfung. Denn noch heute wird etwa im Hinblick auf die Anwalts-AG pauschal argumentiert, dass Organstellung, Freiberuflichkeit (Nichtgewerblichkeit) und anwaltliche Unabhängigkeit zwingende Sachgründe darstellten, die eine weitgehende Modifizierung der gesellschafts- und firmenrechtlichen Vorgaben auch verfassungsrechtlich rechtfertigten und damit „dem Grundsatz der Verhältnismäßigkeit regelmäßig genügten".[435]

2. BVerfG

a.) Alte Rechtsprechung

Die Frage, *ob* dem Berufsbild verfassungsrechtliche Relevanz zukommt, wird durch das BVerfG indes nicht in Frage gestellt. Das BVerfG gesteht dem Gesetzgeber vielmehr seit jeher das Recht zu, Erscheinungsformen

---

432 Zuck in: FS für K. Geiß, S. 330.
433 Zuck in: FS für K. Geiß, S. 335.
434 Jaeger, StBg 1997, 211 f.; vgl. auch Zuck in: FS für K. Geiß, S. 333 f.
435 Kempter/Kopp, NJW 2001, 777 ff.; dies., NJW 2000, 3449 ff.

und Ausübungsmodalitäten eines Berufes durch rechtliche Fixierung von Berufsbildern zu regeln.[436] Dies hat zweierlei Konsequenzen: Zum Einen wird der betreffende Beruf „monopolisiert", d.h. nurmehr für Aspiranten zugänglich, welche die normierten Anforderungen – z. B. subjektive Voraussetzungen der Berufsaufnahme erfüllen (Berufswahlaspekt). Zum Anderen wird er „typisiert", d. h., dass die betreffenden Tätigkeitsfelder nurmehr entsprechend den normativ formalisierten personellen und inhaltlichen Vorgaben wahrgenommen werden können (Berufsausübungsaspekt).[437]

Entgegen allgemeiner Grundsätze war die rechtliche Fixierung des Berufsbildes – im Rahmen der Verhältnismäßigkeit[438] - sogar allein ausreichend, um Eingriffe in die Berufsfreiheit zu rechtfertigen.[439] Nicht erforderlich war also eine ausdrückliche gesetzliche Regelung.
Beispielhaft sei hier zunächst auf eine bereits mehrfach angeführte Entscheidung verwiesen, in der das BVerfG das Berufsbild des Steuerberaters als Freiberufler sogar als Berufswahlschranke herangezogen hat und dabei betonte, dass die Zulassung einer Steuerberater-Kapitalgesellschaft wegen des höchstpersönlichen Charakters des Steuerberaterberufs nur als "begründete Ausnahme" in Betracht komme.[440]

In einer weiteren Entscheidung hat das BVerfG es gebilligt, aus dem Berufsbild des „Apothekers in seiner Apotheke" das im Gesetz nicht ausdrücklich genannte Fremd- und Mehrbesitzverbot herzuleiten.[441]

In einer anderen Entscheidung vom 1.8.1980 hat das BVerfG des weiteren das von der Rechtsprechung aufgestellte Sozietätsverbot von Anwaltsnotaren und Wirtschaftsprüfern für verfassungsgemäß erklärt. In der Begründung wies das BVerfG zwar darauf hin, dass die Bundesnotarordnung keine ausdrückliche Regelung zu dieser Frage enthalte. „Aus

---

[436] BVerfGE 7, 377/406; 13, 97/106 u. 117; 59, 302/315; 75, 246/265 f.; 78, 179/193; 80, 1/24; Vgl. auch Tettinger in: Sachs, GG, Art. 12, Rn. 52; Fröhler/Mörtel, GewArch 1978, 249 ff.
[437] Vgl. Tettinger in: Sachs, GG, Art. 12, Rn 52 m. w. N.
[438] BVerfGE 21, 173/180 f.
[439] Vgl. auch Fröhler/Mörtel, GewArch 1978, 249/258.
[440] BVerfGE 21, 227/323
[441] BVerfGE 17, 232/238 ff.; vgl. Zuck/Lenz, Der Apotheker in seiner Apotheke, Rn. 15 ff.; ablehnend Taupitz/Schelling, NJW 1999, 1751 ff.; vgl. auch Henssler, ZIP 1994, 844/851 f. zum Verbot einer Apotheker-GmbH.

der Gesamtregelung der Bundesnotarordnung und des Beurkundungsgesetzes unter Berücksichtigung ihrer Auslegung in Rechtsprechung und Schrifttum" ergebe sich jedoch „eine hinreichend erkennbare und bestimmte, den Anforderungen des Gesetzesvorbehalts genügende Regelung der Berufsausübung."[442]

Auch in einer Entscheidung vom 4.7.1989, in der es um die Frage der Zulässigkeit einer Sozietät eines Anwaltsnotar mit einem Steuerberater, der zugleich Rechtsanwalt ist, ging, äußerte sich das BVerfG ähnlich zur Rolle des Berufsbildes. Der Bundesgerichtshof bewege sich „im Rahmen herkömmlicher Rechtsfindung", wenn er die Verbote im Anschluss an Grundsätze, die das Bundesverfassungsgericht entwickelt habe, aus dem Regelungszusammenhang der Bundesnotarordnung und des Beurkundungsgesetzes ableite. Indem er insbesondere § 1, § 3 I, § 9 I, und § 14 BNotO entnehme, dass der Gesetzgeber die Unabhängigkeit des Notaramtes „soweit wie irgend möglich sichern" und „jeder Beeinflussung der Unparteilichkeit durch wirtschaftliche Interessen entgegentreten wollte", und daraus schließe, dass für den Anwaltsnotar grundsätzlich keine anderen Sozietätsmöglichkeiten als mit einem Rechtsanwalt in Betracht kommen könne, „gewinne er einen Rechtssatz", der „mit diesem Inhalt bereits im geschrieben Recht angelegt sei". Es handele sich dabei um keine vom Gesetz so weit losgelöste Rechtsfindung, dass sie nicht mehr mit dem Vorbehalt des Art. 12 I S. 1 vereinbar wäre.[443]

In der mehrfach erwähnten Zweitberufsentscheidung vom 4.11.1992 hatte das BVerfG über die Zulassung zur Rechtsanwaltschaft bei gleichzeitiger Ausübung eines Zweitberufes zu entscheiden. Hier war das Gericht der Auffassung, das Berufsbild des Rechtsanwaltes werde in den §§ 1 bis 3 BRAO zwar nur sehr allgemein umschrieben.[444] Dennoch finde aber die bisherige Auslegung der Zulassungsregelungen ihre Stütze in den Berufsbildbestimmungen der §§ 1-3 BRAO. Die Herausarbeitung derjenigen Merkmale, die die mit dem Anwaltsberuf unvereinbaren Tätigkeiten kennzeichnen, dürfe der Gesetzgeber daher auch der Rechtsprechung überlassen.[445] Diese gelte auch, obwohl dieses traditionelle

[442] BVerfGE 54, 237/247.
[443] BVerfGE 80, 269/278.
[444] BVerfGE 87, 287/296.
[445] BVerfGE 87, 287/319 f.

Berufsbild in der Folge starker gesellschaftlicher Veränderungen einem tiefgreifenden Wandlungsprozess unterliege.[446] Die Auslegung durch die Rechtsprechung finde jedoch ihre Grenzen im Grundsatz der Verhältnismäßigkeit.[447]

Das Bundesverfassungsgericht ging also insoweit jeweils davon aus, dass die in der Gesetzessystematik und der historischen Gesetzesbegründung getroffenen Berufsbildbestimmungen der jeweiligen Berufsgesetze alleine geeignet seien, in gewissem Umfang Vorgaben an die Berufsausübung und bisweilen auch an die Berufswahl zu statuieren, soweit diese nur dem Grundsatz der Verhältnismäßigkeit genügten. Hintergrund dieser Vorgaben war dabei wohl aber nicht zuletzt der Umstand, dass die jeweiligen Berufsgesetze und die ihnen zugrunde liegenden Berufsbilder historisch geprägt sind und im Detail stark auslegungsbedürftig sind. Unberücksichtigt wurde weitgehend, dass das jeweilige Berufsbild – wie etwa das des Anwalts - starken faktischen Veränderungen ausgesetzt ist.

b.) Neue Rechtsprechungstendenzen

In jüngeren Entscheidungen des BVerfG zeichnet sich indes ein deutlicher Rechtsprechungswandel zur verfassungsrechtlichen Behandlung von „Berufsbildern" ab.

So weist das BVerfG in einer Entscheidung vom 22.5.1996 zum Werberecht von Apotheken darauf hin, dass die Berufsgerichte mit ihrer Auslegung „die durch Art. 12 I S. 1 GG gebotene berufs- und wettbewerbsfreundliche Auslegung der Berufsordnung verfehlten". Sie hätten nicht beachtet, „dass Erwägungen zum Berufsbild an Gewicht verlierten, soweit Apotheker mit ihrem Warenangebot in Konkurrenz zu sonstigen Berufen stehen".[448] Das BVerfG lässt somit also bereits eine Neugewichtung aktueller Gegebenheiten gegenüber traditionell-historischen Argumentationen erkennen.

[446] BVerfGE 87, 287/320.
[447] BVerfGE 87, 287/322 ff.
[448] BVerfGE 94, 351.

Eine ähnliche Tendenz lässt sich auch aus einer Entscheidung zum Werberecht der Notare vom 24.7.1997[449] ablesen. Hierin hielt das BVerfG es für unverhältnismäßig, Notaren eine farbliche Gestaltung ihrer Briefbögen zu verwehren. Das Gericht sah es dabei allerdings nach wie vor für zulässig an, „aus dem Regelungszusammenhang der §§ 1, 2 Satz 3, § 4 Satz 1, §§ 8 und 14 Abs. 4 BNotO" ein Werbeverbot für Notare abzuleiten, zumal „der derzeit im Gesetzgebungsverfahren befindliche Entwurf zur Änderung der Bundesnotarordnung in § 29 Abs. 1 ein Werbeverbot vorsehe".

In einer Entscheidung des BVerfG zur Patentüberwachung durch Patentüberwachungsgesellschaften vom 29.10.1997 hat das Gericht sogar ausdrücklich darauf hingewiesen, dass die Rechtsprechung bei Auslegung und Anwendung der berufsregelnden Normen „dem zu regelnden Sachverhalt und seinen Veränderungen" gerecht werde müsse.[450] Der *Schutz der Rechtssuchenden und der Schutz der Rechtspflege* rechtfertigten es insofern nicht, die Patentüberwachung unter den Anwaltsvorbehalt zu stellen.[451] Das BVerfG hat damit deutlich die nach heutiger Auffassung zu beachtenden Gemeinwohlbelange in Bezug auf den Anwaltsberuf herausgestrichen und zugleich auch tatsächlichen Veränderungen bei der verfassungsrechtlichen Beurteilung berufsrechtlicher Regelungen stärkere Bedeutung beigemessen.

Auch in einer Entscheidung vom 8.4.1998, in der sich das BVerfG erneut mit der Frage der Verfassungsmäßigkeit eines Verbots einer Sozietät zwischen Anwaltsnotaren und Wirtschaftsprüfern auseinandergesetzt hat, lässt das Gericht deutlich eine Neugewichtung faktischer Entwicklungen bei der verfassungsrechtlichen Bewertung berufsrechtlicher Regelungen erkennen, wenngleich es die Herleitung der Regelungen aus dem Gesamtzusammenhang nicht gänzlich verwirft. Dort heißt es: „Das Fehlen einer ausdrücklichen Regelung bedeutet (...) nicht notwendig, dass eine die Berufsausübung einschränkende Gerichtsentscheidung den Anforderungen des Art. 12 I S. 2 GG widersprechen müsste. (...) Die verfassungsrechtliche Zulässigkeit der Schließung einer festgestellten Gesetzeslücke findet ihre Rechtfertigung unter anderem darin, dass

[449] BVerfG, MDR 1997, 984.
[450] BVerfGE 97, 12/27 („Masterpat").
[451] BVerfGE 97, 12/30 ff. („Masterpat").

Gesetze altern und dass sie in einem veränderlichen Umfeld sozialer Verhältnisse, gesellschaftspolitischer Anschauungen und rechtlicher Rahmenbedingungen stehen, das Auswirkungen auf ihr Verständnis haben kann. Umgekehrt kann sich aus derartigen Veränderungen auch ergeben, dass einer bisherigen Gesetzesinterpretation oder Rechtsfortbildung die Grundlage entzogen wird. (...) Die Erwägungen, mit denen der BGH das Sozietätsverbot begründet, genügen nicht (mehr) den Anforderungen, die sich aus dem Gesetzesvorbehalt in Art. 12 I S. 2 GG ergeben. Aus dem jetzt geltenden Regelwerk des Gesetzgebers lässt sich nicht entnehmen, dass die Unabhängigkeit des Notars, der im Hauptberuf Rechtsanwalt ist, mit dem Mittel des Sozietätsverbots gesichert werden soll. Allerdings hat das BVerfG in den Jahren 1980 und 1989 der Rechtsprechung noch zugestanden, Sozietätsverbote aus dem Gesamtzusammenhang des notariellen Berufsrechts und aus den hergebrachten Berufsbildern abzuleiten. Daran ist aus heutiger Sicht im Ergebnis nicht mehr festzuhalten. Seit den Entscheidungen zu den anwaltlichen Standesrichtlinien ist zunehmend die gesetzgeberische Verantwortung für empfindliche Einschränkungen der Berufsfreiheit (...) eingefordert worden. "[452]

In einer Entscheidung des BVerfG vom 9.8.2000 zum Verbot der Beurkundung von Notaren außerhalb der Geschäftsstelle bestätigt das Gericht schließlich noch einmal diese Linie. Für ein solches Verbot der Beurkundung fehle es zum Zeitpunkt des dem Beschwerdeführer zur Last gelegten Verhaltens an einer gesetzlichen Grundlage, die den formellen Anforderungen des Art. 12 I S. 2 GG genüge. Das streitgegenständliche Verbot lasse sich auch nicht aus dem Regelungszusammenhang der §§ 1, 4, 10 und 14 I S. 2 BNotO a. F. gewinnen. Seit den Entscheidungen zu den anwaltlichen Standesrichtlinien habe das BVerfG zunehmend die gesetzgeberische Verantwortung für empfindliche Einschränkungen der Berufsfreiheit eingefordert. Je stärker in grundrechtlich geschützte Bereiche eingegriffen werde, desto deutlicher müsse der gesetzgeberische Wille zum Ausdruck kommen. Da es dem Gesetzgeber obliege, die Gefährdung von Rechtsgütern einzuschätzen, ihre Schutzwürdigkeit zu

---

[452] BVerfGE 98, 49/59 f. = BVerfG, JZ 1998, 1063/1063 m. Anm. Henssler; vgl. dazu auch Römermann, MDR 1998, 821; schon zuvor Sachs, MDR 1996, 1197; die Rechtmäßigkeit der Sozietät von Anwaltsnotar und Wirtschaftsprüfer ist nunmehr in § 9 II BNotO n. F. ausdrücklich niedergelegt.

bewerten und die Mittel zu ihrem Schutz zu bestimmen, lege Art. 12 I S. 2 GG dem Richter besondere Zurückhaltung auf, wenn dieser vornehmlich aus bloßen gesetzgeberischen Zielsetzungen die Wahl des geeigneten und erforderlichen Mittels abzuleiten suche. Dabei könnten Veränderungen der sozialen Verhältnisse, gewandelte gesellschaftspolitische Anschauungen und neue rechtliche Rahmenbedingungen einer bisherigen Gesetzesinterpretation die Grundlage entziehen.[453]

3. BGH

Die Rechtsprechung zur Bedeutung von Berufsbildern ist, insbesondere in Fragen der Zulassung zur Rechtsanwaltschaft recht umfangreich und wurde insbesondere im Bereich des Anwaltsrechts auch durch grundlegende Entscheidungen des BVerfG neu beeinflusst.
Dennoch lassen die verschiedenen Senate beim BGH noch heute eine recht uneinheitliche verfassungsrechtliche Handhabung von Berufsbildbestimmungen erkennen.
Verwiesen sei hier zunächst erneut auf die Entscheidung des I. Zivilsenats des BGH vom 25.11. 1993 zur Zulässigkeit einer Zahnbehandlungs-GmbH. In dieser Entscheidung hat der BGH herausgestellt, dass die Fachgerichte ohne gesetzliche Regelung oder vorkonstitutionelle gewohnheitsrechtliche Normen nicht befugt seien, Regelungen, „auch wenn sie diese für wünschenswert oder für notwendig halten", selbst durch Entwicklung eigener Rechtssätze vorzunehmen, wenn letztere – wie vorliegend – das Recht der freien Berufswahl beschränken würden.[454]

Auch der Anwaltssenat beim BGH hat in seiner Entscheidung zum Verbot der Sternsozietät unter Einbeziehung nicht anwaltlicher Mitglieder den Umfang des Gesetzesvorbehalts herausgestrichen. Dort heißt es: „Bei der Überantwortung der Regelungskompetenz an den Satzungsgeber muss der Gesetzgeber die Einschränkungen der Assoziierungsfreiheit um so deutlicher vorgeben, je empfindlicher die Anwaltschaft in dieser Assoziierungsfreiheit beeinträchtigt ist."[455]

---

[453] BVerfG, NJW 2000, 3486/3487.
[454] BGHZ 124, 224/229 f.; vgl. dazu auch die Anmerkung von Goette, DStR 1994, 470.
[455] BGH, AnwBl 1999, 553/554 m. Anm. Römermann.

Im deutlichen Gegensatz, insbesondere zur erstgenannten Entscheidung, steht indes eine jüngere Entscheidung des IX. Senats beim BGH zum Verbot der Maklertätigkeit für mit Notaren in Sozietät verbundene Rechtsanwälte. Der BGH hat in dieser Entscheidung den mit dem Rechtsanwalt geschlossenen Maklervertrag als verbotswidrig und damit unwirksam i. S. d. § 134 BGB eingestuft. Zwar existiere ein solches Verbotsgesetz für den Rechtsanwalt nicht. Nach § 14 IV S. 1 BNotO sei es aber dem Notar verboten, Grundstücksgeschäfte zu vermitteln und sich an jeder Art der Vermittlung von Urkundsgeschäften zu beteiligen. Jedoch folge „aus dem Gesamtzusammenhang der in der Bundesnotarordnung enthaltenen Regeln", dass der Gesetzgeber in Hinblick auf Inhalt und Aufgabe des dem Notar übertragenen Amtes eine solche Ausdehnung des Tätigkeitsverbots für notwendig gehalten habe. Die Unabhängigkeit des Notars werde auch in §§ 1, 3 I, § 9 I, § 16 BNotO besonders herausgestellt. (...) Somit entspreche es dem Willen des Gesetzgebers, die für den Notar geltenden Mitwirkungsverbote auf dessen Geschäftsbereich auszudehnen.[456] Die Gesetzesauslegung stehe auch nicht im Widerspruch zu dem Regelungsvorbehalt des Art. 12 I S. 2 GG; denn eine hinreichend bestimmte gesetzliche Regelung im Sinne dieser Vorschrift liege auch dann vor, wenn zwar eine ausdrückliche Vorschrift fehle, das entsprechende Ergebnis sich jedoch im Wege „herkömmlicher Rechtsfindung" gewinnen lasse.[457]

Die nach wie vor unvollständigen Berufsgesetze zwingen folglich den BGH teilweise noch, auf das jeweilige Berufsbild zurückzugreifen. Die Entscheidung mag im Ergebnis richtig sein, sie lässt jedoch die genannten, nunmehr strengeren verfassungsgerichtlichen Vorgaben unberücksichtigt. Die bestehenden Defizite des Berufsrechts sollten die Fachgerichte nicht dazu veranlassen, durch Herleitung von Regelungen aus allgemeinen Postulaten die Grenzen richterlicher Rechtsfortbildung zu verlassen.

4. Zusammenfassung und Schlussfolgerungen

Das BVerfG hat in den letzten Jahren eine Trendwende in der Rechtsprechung vollzogen, wie sie sich schon seit den Entscheidungen zu den

---

[456] BGH, ZIP 2001, 616/618.

[457] BGH, ZIP 2001, 616/619 mit Hinweis auf BVerfGE 80, 269/279, also die „alte Rechtsprechung" des BVerfG (vgl. oben Kap. 3 § 1 II 1).

Standesrichtlinien von 1987 abzeichnete. Einschränkungen der Berufsfreiheit lassen sich danach nicht mehr allein auf Berufsbildbestimmungen stützen, sei es aus einem traditionellen Rechtsverständnis oder aus dem Kontext der sonstigen berufsrechtlichen Regelungen heraus. Sie bedürfen vielmehr einer ausdrücklichen gesetzlichen Grundlage. Der Verweis auf „die anwaltliche Unabhängigkeit" oder die „Freiberuflichkeit" ohne gesetzliche Grundlage rechtfertigen berufsregelnde Eingriffe also nicht mehr.
Damit sind diese den Rechtsanwaltsberuf prägenden Merkmale allerdings nicht gegenstandslos geworden. Nach wie vor hängt die Zulassung zur Rechtsanwaltschaft bei Ausübung eines Zweitberufes trotz bestehender gesetzlicher Regelung nach wie vor vom Berufsbild und dessen Auslegung ab. Insofern bleibt es der Rechtsprechung überlassen, die unbestimmten Rechtsbegriffe „Beruf des Rechtsanwalts" und „unabhängiges Organ der Rechtspflege" inhaltlich auszufüllen.

Aber auch bei Bestehen einer gesetzlichen Regelungen sind die Grenzen der Verhältnismäßigkeit zu beachten. Das BVerfG räumt dem Gesetzgeber diesbezüglich eine weite Gestaltungsfreiheit auf dem Gebiet der Arbeitsmarkt-, Sozial- und Wirtschaftsordnung, sowie einen weiten Prognose- und Typisierungsspielraum, ein.[458] Es genügen insofern sachgerechte und vernünftige Erwägungen des Gemeinwohls, um einen Eingriff zu rechtfertigen.[459] Hierbei kann sich der Gesetzgeber zunächst auf das tradierte anwaltliche Berufsbild berufen, da der Rechtsanwalt unverändert eine zentrale, gemeinschaftswichtige Schlüsselrolle im rechtsstaatlichen System der Bundesrepublik einnimmt. Das BVerfG hat in diesem Zusammenhang *den Schutz der Rechtspflege und der Rechtssuchenden* als zulässige Gemeinwohlbelange herausgestellt. Unter Beachtung dieser Vorgaben entfällt m. E. auch der Vorwurf, das Merkmal der „Freiberuflichkeit" verkomme zum Selbstzweck.[460]
Der Gesetzgeber muss im Rahmen der Erforderlichkeit dabei allerdings verstärkt auch auf die aktuelle Berufswirklichkeit mit ihren – zum Teil auch gemeinschaftsrechtlich oder durch internationale Entwicklungen

[458] Vgl. BVerfGE 13, 97/107; 75, 246/265.
[459] BVerfGE 7, 377/405 f.
[460] Zur Kritik s. Bachmann, NJW 2001, 3385 f.

induzierten – Veränderungen Bedacht nehmen.[461] Im Hinblick auf den Anwaltsberuf ist zu beobachten, dass Anwälte trotz des Rechtsberatungsmonopols längst in den Wettbewerb mit anderen Anbietern getreten sind. Folgt man der Auffassung des BVerfG, so verlieren unter diesen Umständen Erwägungen zum Berufsbild teilweise an Gewicht.[462] Zudem könnte der Gestaltungsspielraum des Gesetzgebers durch Art. 3 I GG eingeschränkt sein, der Art. 12 I GG insofern ergänzt.[463]
Die Prüfung eines milderen Mittels im Sinne der Erforderlichkeit einer Maßnahme setzt regelmäßig einen Vergleich mit einer anderen gedachten Regelung voraus, was um so leichter möglich ist, wenn eine solche Regelung für vergleichbare Personengruppen gilt bzw. nicht gilt.[464] Im Hinblick auf die anwaltliche Kapitalgesellschaft wird daher ein Vergleich zu den Regelungen zu ziehen sein, wie sie für Steuerberatungs- und Wirtschaftsprüfungsgesellschaften gelten.

III. Zur Relevanz des Grundrechts der Vereinigungsfreiheit gem. Art. 9 I GG für die Beurteilung von Ausgestaltungsregelungen der anwaltlichen Kapitalgesellschaft

Neben Art. 12 I GG könnte jedoch auch Art. 9 I GG im vorliegenden Zusammenhang von Interesse sein. Hiernach haben alle Deutschen das Recht, Vereine und Gesellschaften zu bilden. Angesichts der ausdrücklichen Erwähnung von „Gesellschaften" liegt eine grundsätzliche Anwendbarkeit auf anwaltliche Kapitalgesellschaften eigentlich auf der Hand. Dennoch finden sich im Rahmen der Diskussion insbesondere um die Anwalts-GmbH nur vereinzelte und oberflächliche Ansätze einer an Art. 9 I GG orientierten Prüfung. Es verbleibt in den meisten Fällen praktisch bei der bloßen Benennung dieses Grundrechts.[465] Die marginale Behandlung des Art. 9 I GG beruht dabei wesentlich auf einer Fixierung anwaltsrechtlicher Verfassungsfragen auf Art. 12 I GG.[466] So ist auch in den Entscheidungen des BVerfG zu den sog. Inkompatibilitäten bislang auf eine Prüfung von Art. 9 I GG verzichtet worden, obwohl die Verlet-

---

[461] BVerfGE 97, 12/32; BayVerfGH, NJW 2000, 3418/3419; Tettinger in: Sachs, GG, Art. 12, Rn. 54.
[462] Vgl. BVerfGE 94, 351.
[463] Vgl. auch Henssler, JZ 2001, 337 und 341 f.
[464] Jaeger, StBg 1997, 211/214.
[465] Rick, Die verfassungsrechtliche Stellung des Rechtsanwalts, S. 186 m. w. N.; zur Anwalts-AG vgl. nur Heublein, AnwBl 1999, 304.
[466] Rick, Die verfassungsrechtliche Stellung des Rechtsanwalts, S. 186.

zung dieses Grundrechts durch die Beschwerdeführer ausdrücklich gerügt wurde.[467]
Dennoch lässt sich – mit Ausnahme der Einmann-GmbH (bzw. – AG) – konstatieren, dass auch die anwaltliche Kapitalgesellschaft dem Schutzbereich des Art. 9 I GG unterliegt.[468] Geschützt ist damit jedenfalls auch die autonome Wahl der Rechtsform durch die Gründer[469] im Rahmen des vom Gesetzgeber vorgegebenen numerus clausus der Gesellschaftsformen.[470]
Deren Ausgestaltung, so das BVerfG im sog. Mitbestimmungsurteil, darf der Gesetzgeber hingegen nicht nach seinem Belieben vornehmen. Diese habe sich vielmehr an dem Schutzgut des Art. 9 I GG zu orientieren; sie müsse auf einen Ausgleich gerichtet sein, der geeignet ist, die freie Assoziation und Selbstbestimmung der Vereinigungen unter Berücksichtigung der Notwendigkeit eines geordneten Vereinslebens und der schutzbedürftigen sonstigen Belange zu ermöglichen und zu erhalten. Er habe die Grundlagen für das Leben in diesen Rechtsformen so zu gestalten, dass seine Regelung die Funktionsfähigkeit der Vereinigungen, im besonderen ihrer Organe gewährleistet. Was darüber hinaus ausgestaltender gesetzlicher Regelung zugänglich sei, lasse sich nicht abschließend und generell festlegen. Insofern seien für den Umfang und die Dichte einer erforderlichen Regelung der jeweilige Sachbereich sowie die Ordnungs- und Schutznotwendigkeiten, die sich aus ihm ergäben, maßgebend. In jedem Fall müsse jedoch das Prinzip freier Assoziation und Selbstbestimmung gewahrt bleiben.[471]

Unter diesen – nicht sehr engen - Vorgaben ist ein Verfassungsverstoß der bislang in den §§ 59c ff. BRAO getroffenen, das Gesellschaftsrecht tangierenden Regelungen nicht ersichtlich. Die grundsätzliche Funktionsfähigkeit der Anwalts-GmbH wird trotz bestehender Restriktionen gegenüber den Regelungen des GmbH-Rechts nicht beeinträchtigt.

---

[467] Vgl. BVerfGE 54, 237 ff.; 80, 269 ff.; 98, 49 ff.
[468] Rick, Die verfassungsrechtliche Stellung des Rechtsanwalts, S. 186 f.
[469] Höfling in: Sachs, GG, Art. 9, Rn. 16.
[470] Kraft/Kreutz, Gesellschaftsrecht, S.11; vgl. nur zuletzt zur „GbR mbH" BGH NJW 1999, 3483 ff.
[471] BVerfGE 50, 290/355 (Mitbestimmung).

IV. Zur Harmonisierung des Rechts der rechts- und wirtschaftsberatenden Freien Berufe im Lichte des Art. 3 I GG

Ein bedeutender Angriffspunkt der bisher für die Anwalts-GmbH getroffenen Regelungen könnte indes – wie bereits angedeutet - darin bestehen, dass diese im Verhältnis zu den für Steuerberatungs- und Wirtschaftsprüfungsgesellschaften geltenden Regelungen (§§ 49 ff. StBerG, 27 ff. WPO) teilweise nicht unerheblich divergieren.[472]

Zu untersuchen ist daher zunächst, ob und inwiefern die eng verwandten[473] Berufsgruppen der Steuerberater und Wirtschaftsprüfer eine taugliche Vergleichsgruppe i. S. d. Art. 3 I GG bilden. Ist sodann eine Vergleichbarkeit zu bejahen, so gilt der Grundsatz, das wesentlich Gleiches nicht willkürlich ungleich behandelt werden darf.[474] Willkürlich ist eine Ungleichbehandlung, wenn keine sachlichen Gründe vorliegen, die sie rechtfertigen können.[475]

1.) Vergleichbarkeit der Berufsbilder

a.) Schrifttum

Seitens des Schrifttums wird eine Vergleichbarkeit der Berufsbilder von Steuerberatern, Wirtschaftsprüfern und Rechtsanwälten mittlerweile als selbstverständlich vorausgesetzt.[476] Und in der Tat lassen sich schnell Gemeinsamkeiten zwischen diesen drei Berufsgruppen herausstellen, die teilweise im Wettbewerb zueinander stehen und zugleich auch zunehmend miteinander kooperieren.[477] Gerade in der Praxis gibt es hier große Überschneidungen.[478] Noch relativ vereinzelt, jedoch in wachsender Zahl üben einzelne Personen gleich mehrere dieser Berufe aus (sog. Mehrfachbänder oder Mehrfachberufler).[479]

---

[472] Vgl. Zuck, Anwalts-GmbH, Einl., Rn. 33.

[473] Vgl. bereits oben (2. Kap. § 5 I 2 f) zur Unabhängigkeit der Steuerberater und Wirtschaftsprüfer.

[474] vgl. BVerfGE 4, 144/155; 27, 364/371; 78, 104/121.

[475] BVerfGE 71, 39/53; 80, 109/118.

[476] Dauner-Lieb, GmbHR 1995, 259/260; Henssler in: Henssler/Streck, Kap. A Rn. 17; ders., NJW 1999, 241 /244; ders., JZ 1998, 1965/1067; ders., ZIP 1997, 1481/1482 f.; Kilian, NZG 2001, 150/156; wohl auch Gerlt, MDR 1998, 259/261; Sachs, MDR 1996, 1197/1202.

[477] Vgl. Henssler in: Henssler/Streck, Kap. A Rn. 8 f.

[478] Zuck, Anwalts-GmbH, Einl., Rn. 32.

[479] Die Anzahl der RA/StB/WP lag zum 1.1.2001 bei etwa 445 Personen, der RA/StB bei 1475 (ohne Mehrfachnennung), jeweils mit steigender Tendenz, vgl. Statistik der Bundessteuerberaterkammer 2001.

Auch rein rechtlich betrachtet, gibt es hier einige Überschneidungen. So dürfen alle drei wirtschafts- und steuerberatenden Berufe gleichermaßen Steuerberatung, Wirtschaftsberatung und treuhänderisch-verwaltende Tätigkeiten ausführen.[480] Der zulässige Tätigkeitsbereich der Steuerberater bildet rechtlich einen Ausschnitt der zulässigen Tätigkeitsfelder der Rechtsanwälte und Wirtschaftsprüfer (vgl. § 3 Nr. 2 StBerG). Für Rechtsanwälte und Wirtschaftsprüfer ergibt sich dabei jeweils die Besonderheit, dass ihnen Aufgaben zugewiesen sind, die allein ihnen vorbehalten sind (Vorbehaltsaufgaben). Für Rechtsanwälte ist dies die geschäftsmäßige Hilfeleistung in Rechtsangelegenheiten, soweit sie über die Steuerberatung hinausgeht. Den Wirtschaftsprüfern ist die Durchführung handelsrechtlicher Pflichtprüfungen und die Erteilung entsprechender Bestätigungsvermerke vorbehalten.[481]

Zuck weist diesbezüglich zudem darauf hin, dass zwischen diesen drei Berufsgruppen sogar ein tatsächlicher Angleichungsvorgang stattfinde, dem formell unterschiedlich gewachsene Berufsbilder gegenüberstünden. Es sei daher im Rahmen der Vergleichsprüfung ein „differenzierter, aber in die selbe Richtung weisender Hintergrund zu beachten".[482]

b.) Judikatur des BVerfG

Die allgemeine Literaturmeinung wurde mittlerweile auch durch die Entscheidung des BVerfG vom 8.4.1998 zum Verbot der Sozietät zwischen Anwaltsnotar und Wirtschaftsprüfer bestätigt.[483] Das BVerfG hat sich hier, obwohl es die Verfassungswidrigkeit des Sozietätsverbots schon anhand einer fehlenden Eingriffsgrundlage i. S. d. Art. 12 I S. 2 GG festgestellt hat, die drei in Rede stehenden Berufsgruppen (und den Beruf des Notars) einer umfassenden Vergleichsprüfung unterzogen. Dort heißt es: „Beratungsleistungen können Notare, Rechtsanwälte, Steuerberater und Wirtschaftsprüfer erbringen, wobei Notare und Rechtsanwälte auf allen Gebieten beraten dürfen, die auch dem Steuerberater und dem Wirtschaftsprüfer erlaubt sind; Steuerberater und Wirtschaftsprüfer

---

[480] Für Wirtschaftsprüfer und Steuerberater wurde im Jahr 1963 sogar erwogen, einen einheitlichen Beruf „Wirtschaftsprüfer und Steuerberater" zu entwickeln, vgl. Markus, Der Wirtschaftsprüfer, S. 136.

[481] S. nur Droste, Gemeinschaftliche Berufsausübung, S. 62.

[482] Zuck, Anwalts-GmbH, Einl., Rn. 31 ff.

[483] S. auch oben Kap. 3 § 1 II 1 b.

dürfen nur in begrenztem Umfang Rechtsberatung betreiben (§ 4 III, § 5 Nr. 2 RBerG). Die Steuerberatung ist allen drei Berufsgruppen und auch den Notaren uneingeschränkt erlaubt (§ 3 StBerG, § 2 II WPO, § 3 BRAO, § 24 BNotO, § 4 Nr. 1 StBerG), ebenso wie die Beratung auf wirtschaftlichem Gebiet. Auch die einseitige Interessenwahrnehmung, die den Wirtschaftsprüfern außerhalb der Vorbehaltsaufgaben erlaubt ist, unterscheidet sie nicht von Steuerberatern oder Anwaltsnotaren. Sie alle nehmen rechtliche, wirtschaftliche und steuerliche Interessen ihrer Mandanten wahr. Die Grenze zwischen rechtlicher und steuerlicher Beratung ist oft fließend; die wirtschaftliche Beratung muss die rechtlichen Rahmenbedingungen beachten und die Rechtsberatung hat auf die wirtschaftlichen Folgen Bedacht zu nehmen. Mit Rücksicht hierauf ist Steuerberatern und Wirtschaftsprüfern auch die Rechtsberatung erlaubt (§ 4 III, § 5 Nr. 2 RBerG). (...)
Auch die Stellung und Organisation der Steuerberater und der Wirtschaftsprüfer gleichen sich. (...) Das verbindet sie zusätzlich mit Rechtsanwälten und Notaren, die ebenfalls nicht gewerblich tätig werden dürfen (vgl. § 43a BRAO; § 8 BNotO)."[484]

c.) Judikatur des BGH

Auch in der Judikatur des BGH finden sich Ansätze für eine Vergleichbarkeit, wenngleich eine vollständige Gleichstellung der drei in Rede stehenden Berufe nicht erfolgt.

Noch in einer Entscheidung vom 4.3.1996, in der es um die Vereinbarkeit des Steuerberaterberufs mit der Tätigkeit im Vorstand einer unternehmensberatenden Aktiengesellschaft ging,[485] räumte der BGH beispielsweise etwa eine weitgehende Wesensgleichheit von Steuerberatern und Rechtsanwälten ein. Zugleich sah er allerdings die Ungleichbehandlung in den spezifischen Besonderheiten der jeweiligen Berufe begründet.[486]

---

[484] BVerfGE 98, 49/63 f.

[485] Hintergrund des Vergleichs war es, dass das Verbot gewerblicher Zweittätigkeit bei Steuerberatern (§ 57 IV Nr. 1 StBerG) noch umfassender gilt als bei Rechtsanwälten [s. auch die Regelung für Wirtschaftsprüfer (§ 43a III Nr. 1 WPO)].

[486] BGH, JZ 1996, 1183/1184 m. krit. Anm. Henssler.

Auch in seiner durch das BVerfG aufgehobenen[487] Entscheidung vom 24.6.1996 zum Verbot der Sozietät von Anwaltsnotar und Wirtschaftsprüfer sah der BGH eine Verletzung von Art. 3 I GG nicht gegeben, „denn die Tätigkeit des Wirtschaftsprüfers, dessen beruflicher Wirkungskreis im wesentlichen auf dem Gebiet betriebswirtschaftlicher Unternehmensprüfung liegt, unterscheide sich von der beratenden Tätigkeit des Rechtsanwalts wie auch von der des Steuerberaters grundlegend."[488]
Bereits in einer Entscheidung vom 1.9.1999, in der es um die Bemessung des Kammerbeitrags eines gleichzeitig als Steuerberater zugelassenen Rechtsanwalts ging, stellte der BGH fest, dass „für den Steuerberater heute eine dem anwaltlichen Berufsrecht vergleichbare rechtliche Ordnung" bestehe. Zugleich unterscheide sich aber „die typische Tätigkeit" beider Berufe voneinander, so dass eine Gleichbehandlung (bei der Bemessung der Kammerbeiträge) mit der typischen anwaltlichen Tätigkeit nicht gerechtfertigt sei.[489]

Anders allerdings eine Entscheidung des BGH vom 9.7.2001, in der es um die Zulässigkeit der Beteiligung einer GbR an einer Patentanwalts-GmbH ging: Das Gericht war hier der Ansicht, „es würde durchgreifenden verfassungsrechtlichen Bedenken - sowohl im Hinblick auf Art. 12 Abs. 1 GG als auch auf Art. 3 Abs. 1 GG - begegnen, wollte man die Beteiligung von Patentanwälten an einer Patentanwaltsgesellschaft generell untersagen, wenn sie hinsichtlich der Geschäftsanteile untereinander in gesamthänderischer Verbundenheit stehen." Eine diesbezügliche Ungleichbehandlung würde „durchgreifenden Bedenken hinsichtlich des Gleichheitsgrundsatzes nach Art. 3 I GG begegnen, und zwar im Hinblick auf die gesetzliche Handhabung einerseits bei den Wirtschaftsprüfer- und Steuerberatungsgesellschaften, andererseits bei den Rechtsanwalts- und Patentanwaltsgesellschaften." Art. 3 Abs. 1 GG verbiete es dem Gesetzgeber, ohne hinreichenden sachlichen Grund bei den Regelungen über die gemeinsame Berufsausübung zwischen Angehörigen unterschiedlicher freier Berufe zu differenzieren.[490]

---

[487] BVerfGE 98, 49.
[488] BGH, DNotZ 1996, 916.
[489] BGH, NJW 1999, 1402/1403.
[490] BGH, DB 2001, 1876/1878 f.; vgl. auch schon vorgehend OLG München, NZG 2001, 26/27.

d.) Zwischenergebnis

Nach aktueller Rechtsprechung des BVerfG wie auch des BGH sind nunmehr zumindest die drei rechts- und wirtschaftsberatenden Berufsgruppen in vielen Punkten eine taugliche Vergleichsgruppe. Damit ist verfassungsrechtlich der Weg für eine Harmonisierung der drei hier in Rede stehenden Berufsrechte weitgehend eröffnet. Ausnahmen kann es hier nur geben, soweit hier gerade die Unterschiede der jeweiligen Berufsgruppen, etwa im Hinblick auf die jeweiligen Vorbehaltsaufgaben, zum Tragen kommen.

2.) Beispiele für Ungleichbehandlungen

Im Zusammenhang mit der Berufsausübung in Kapitalgesellschaften ergeben sich dabei vor allem zahlreiche das Gesellschaftsrecht (einschließlich des Firmenrechts) tangierende Ungleichbehandlungen, die im Folgenden aufgelistet werden sollen. Die Darstellung beschränkt sich dabei - wie bisher - auf einen Vergleich von Steuerberatern, Wirtschaftsprüfern und Rechtsanwälten; die Sonderproblematik insbesondere des Anwaltsnotars wird nicht berücksichtigt.

a.) Gesellschafter

aa.) Berufsangehörige

Gesellschafter der jeweiligen Berufsausübungsgesellschaften können freilich zunächst die jeweiligen Berufsangehörigen sein.[491] Daneben können auch jeweils Angehörige der anderen zwei Berufsgruppen eine Gesellschafterstellung einnehmen (§ 59e I BRAO, § 50a I Nr. 1 StBerG, § 28 IV Nr. 1 WPO).

aaa.) Mehrheitserfordernisse

Besonderheiten ergeben sich jedoch zunächst – anders als bei der Zusammenarbeit in einer Sozietät als GbR oder Partnerschaft [492] – hinsichtlich der Stimmen- und Anteilsmehrheit.

Gem. § 59e III BRAO muss die Mehrheit der Geschäftsanteile und Stimmrechte in der Rechtsanwalts-GmbH Rechtsanwälten zustehen.

---

[491] Im Erbfall ist dieser Zustand nach angemessener Frist wiederherzustellen, vgl. § 59h III S. 2 BRAO; die nicht sozietätsfähigen Erben haben kein Stimmrecht, § 59e III S. 2 BRAO.

[492] Vgl. § 59a BRAO, § 56 StBerG, 44 b WPO; krit. daher Henssler, AnwBl, Sonderheft 2/2000, S. 77/80.

Ähnliches gilt gem. § 28 IV Nr. 3 und 5 WPO auch für Wirtschaftsprüfungskapitalgesellschaften, wobei die Mehrheit der Anteile und Stimmrechte neben Wirtschaftsprüfern auch Wirtschaftsprüfungsgesellschaften zustehen kann.[493]

Gem. § 50a I Nr. 5 StBerG wird indes nur verlangt, dass Steuerberatern, Rechtsanwälten, niedergelassenen europäischen Rechtsanwälten, Wirtschaftsprüfern, vereidigten Buchprüfern oder Steuerbevollmächtigten zusammen die Mehrheit der Stimmrechte zustehen muss. Insofern wird also sogar eine unterparitätische Steuerberatungsgesellschaft toleriert.[494] Verzichtet wird auch auf ein Mehrheitserfordernis hinsichtlich der Gesellschaftsanteile.
Damit ist beispielsweise auch die Einmann-Steuerberatungsgesellschaft mbH, deren einziger Gesellschafter ein Rechtsanwalt ist, zulässig.[495]

In der Konsequenz dieser divergierenden Regelungen wird dennoch eine gleichberechtigte und effektive Zusammenarbeit der sozietätsfähigen Berufe in Teilen erheblich erschwert. Während die Zulassung als Steuerberatungsgesellschaft allen drei Berufen offen steht, kann sich beispielsweise ein Nur-Rechtsanwalt und ein Nur-Wirtschaftsprüfer nicht in einer (Wirtschaftprüfungs- oder Rechtsanwalts-) GmbH zusammenschließen.[496] Anders liegt der Fall nur bei einer Mehrfachqualifikation einer der beiden Gesellschafter.[497]

Der Zweck dieser Bestimmungen ist vor allem aber vor dem Hintergrund fraglich, dass derartige Restriktionen für die Zusammenarbeit in einer GbR oder Partnerschaft nicht gelten.[498] Dabei kann auch in der GbR der Gesellschaftsvertrag Mehrheitsentscheidungen vorsehen (§ 709 II BGB), wobei die Mehrheit sich abweichend von § 709 II BGB auch nach der

---

[493] Diese Regelung folgt europarechtlichen Anforderungen, vgl. Art. 2 I b ii) der achten gesellschaftsrechtlichen Richtlinie 84/253/EWG vom 12.5.1984, ABl. EG Nr. L 126, S. 21 f.
[494] Unzutreffend daher Hartung/Holl-Römermann, 2. Aufl., BRAO, § 59e, Rn. 19.
[495] Nach BFHE 172, 266 darf der Anwalt sogar selbst als einzelvertretungsberechtigter Geschäftsführer fungieren, solange nur ein weiterer angestellter Steuerberater ebenfalls zum Geschäftsführer bestellt ist, vgl. auch BFHE 177, 175; ausführlich Hettler/Götz, INF 1996, 150.
[496] Vgl. Henssler, AnwBl, Sonderheft 2/2000, S. 77/80.
[497] Römermann, NZG 1998, 81/82.
[498] Vgl. Henssler, AnwBl, Sonderheft 2/2000, S. 77/80.

Mehrheit der Kapitalanteile richten kann.[499] Ähnliches gilt für die Partnerschaft (vgl. § 6 III S. 1 PartGG).

bbb.) Stiftungen und Vereine als Gesellschafter

Stiftungen und eingetragene Vereine gelten gem. § 50a II S. 2 StBerG als Berufsangehörige, wenn sie ausschließlich der Altersversorgung in der Steuerberatungsgesellschaft tätiger Personen und ihrer Hinterbliebenen dienen. Es gelten auch in diesem Fall entsprechende Mehrheitserfordernisse.

Gleiches gilt gem. § 28 IV S. 3 WPO für Wirtschaftsprüfungsgesellschaften; hier ist zudem die Förderung der Berufsausübung, Berufsfortbildung oder der Wissenschaft als Gesellschaftszweck der Stiftung oder des Vereins zulässig.[500]

Für Rechtsanwaltsgesellschaften, die als reine Berufsausübungsgesellschaften konzipiert sind, ist demgegenüber keine derartige Regelung vorgesehen. Hier gilt das sog. Tätigkeitsgebot ohne Ausnahme.[501] Fraglich sind daher auch hier die Gründe für diese unterschiedliche rechtliche Behandlung.

bb.) Innen-GbR von Gesellschaftern

Wirtschaftsprüfungs- und Steuerberatungsgesellschaften ist es ausdrücklich gestattet, Anteile an der Gesellschaft in einer GbR zu bündeln, deren Zweck ausschließlich das Halten von Anteilen an der Kapitalgesellschaft ist (§ 28 IV S. 2 WPO bzw. § 50a II S. 1 StBerG). Diese Regelungen haben sich bei insbesondere größeren Steuerberatungs- und Wirtschaftsprüfungsgesellschaften bewährt.[502] Vorteil einer solchen Beteiligungsgesellschaft ist, dass auf diese Weise Gesellschafterrechte organisatorisch gebündelt werden können und insbesondere, dass die Anteile an der GmbH auf diese Weise ohne weiteren Aufwand von Notarkosten (vgl. § 15 III, IV GmbHG) übertragen werden können.[503]

Für die Rechtsanwalts-GmbH wurde eine dahingehende Regelung indes nicht getroffen. Fraglich ist daher, ob diese Option damit für Rechtsan-

---

[499] Vgl. Grunewald, Gesellschaftsrecht, 1 A 1. Teil, Rn. 83; Kraft/Kreutz, Gesellschaftsrecht, C II 6.

[500] Vgl. hierzu auch Haibt, Kapitalbeteiligung Berufsfremder, S. 144 ff.

[501] S. dazu unten Kap. 3 2 a ee.

[502] Henssler, NJW 1999, 241/246; vgl. auch schon ders., ZHR 161 (1997), 305/316.

[503] Für eine Anwalts-AG wäre eine solche Vorgehensweise wegen der Fungibilität der Aktien indes entbehrlich.

waltsgesellschaften ausgeschlossen ist. In der Literatur gibt es diesbezüglich einige Stimmen, die die Zulassung der Beteiligung von in der Rechtsform der GbR untereinander verbundenen Berufsangehörigen auch an der Anwalts-GmbH – teils *de lege lata*, teils *de lege ferenda* – befürworten.[504]
Es ist daher vorliegend zunächst durch Auslegung zu ermitteln, ob eine derartige Ausgestaltung nach geltender Rechtslage überhaupt berufsrechtlich untersagt ist.

aaa.) Die Entscheidung des BGH zur Patentanwalts-GmbH
In einer jüngst ergangenen Entscheidung vom 31.8.2001 hatte der BGH durch den Senat für Patentanwaltssachen eben diese Fragestellung im Zusammenhang mit einer Patentanwalts-GmbH zu befinden.[505] Der BGH äußerte dabei zugleich die Auffassung, dass die zu behandelnde Frage bei Patentanwälten nicht anders entschieden werde könne als bei Rechtsanwälten, da die gesetzliche Regelung der Anwalts-GmbH und der Patentanwalts-GmbH – was angesichts der Nähe dieser beiden Berufe auch zwingend erscheine – in allen wesentlichen Punkten übereinstimme.[506] Der BGH hat damit bereits angedeutet, dass die für die Patentanwalts-GmbH getroffenen Entscheidung auch Auswirkungen auf die Auslegung der Vorschriften der Anwalts-GmbH haben wird.[507]

Im Kern geht es in beiden Fällen darum, die Frage zu beantworten, ob man der in § 52e I PAO und § 59e I BRAO anzutreffende Formulierung „Gesellschafter (...) können nur Rechtsanwälte und Angehörige der (sozietätsfähigen) Berufe sein" das Verbot des Haltens von Anteilen an der GmbH in einer GbR entnehmen kann.
Der Wortlaut treffe nach Auffassung des BGH diesbezüglich keine eindeutige Aussage.[508] Für ein Verbot spreche indes ausdrücklich die Begründung zum Regierungsentwurf,[509] wo es heißt:

---

[504] Dafür: Henssler, NJW 1999, 241/246; Kilian, NZG 2001, 150/153f.; ders., NZG 2001, 986 f.; Kraus/Senft, Sozietätsrecht, S. 392; Römermann, GmbHR 1999, 526/528; ebenso DAV (Sozietätsrechtsausschuß), AnwBl 1999, 332; dagegen: Feurich/Braun, BRAO, § 59c, Rn. 8; Funke, AnwBl 1998, 6/7; Kazele, INF 2001, 335/338; Kempter/Kopp, BRAK-Mitt. 1998, 254/256.
[505] BGH, DB 2001, 1876 im Anschluss an OLG München, NZG 2001, 26.
[506] BGH, DB 2001, 1876/1877.
[507] So auch Kilian, NZG 2001, 150/153.
[508] BGH, DB 2001, 1876/1877; s. auch OLG München, NZG 2001, 26.
[509] BGH, DB 2001, 1876; s. auch OLG München, NZG 2001, 26/27.

„Der Entwurf geht davon aus, dass die Geschäftsanteile den Gesellschaftern ungeteilt zustehen müssen und daher Berufsangehörige in einer BGB-Gesellschaft in ihrer gesamthänderischen Verbundenheit nicht Gesellschafter sein können. Diese Einschränkung dient der Transparenz von Rechtsanwaltsgesellschaften, da es abträglich wäre, wenn beispielsweise Geschäftsanteile außerhalb der Vorschrift des § 15 I GmbHG nach den für BGB-Gesellschaften geltenden Grundsätzen übertragen werden könnten."[510] Die Gesetzesmaterialien seien als Auslegungshilfe jedoch nur verwertbar, wenn sie auch im Gesetz in irgendeiner Weise einen Niederschlag gefunden haben.[511] Die historische Auslegung sei also insoweit nicht bindend.

Auch nach systematischer Auslegung lasse sich ein Verbot einer Beteiligungsgesellschaft nicht etwa allein daraus herleiten, dass eine entsprechende ausdrückliche Regelung nur in § 28 IV S. 2 WPO und § 50a II S. 1 StBerG vorgesehen sind. Denn diese Regelungen begründeten ihrerseits nicht eine Zulässigkeit einer Gesellschafterstellung derartiger GbR, sondern setzten sie gerade voraus, „und zwar ohne Rücksicht auf die der GbR zukommende - beschränkte - Rechtsfähigkeit".[512]

Der BGH ist dabei also davon ausgegangen, dass die in Rede stehende Beteiligungsgesellschaft nur beschränkt rechtsfähig ist und damit keine von den Gesellschaftern als natürliche Personen unterscheidbare Rechtspersönlichkeit besitzt.[513] Dass der BGH erst wenige Monate zuvor die Außen-GbR für rechtsfähig erkannt hat, soweit sie durch Teilnahme am Rechtsverkehr eigene Rechten und Pflichten begründet,[514] sei nämlich, so der Senat, im vorliegenden Zusammenhang „nicht von maßgeblicher Bedeutung". Es sei bereits fraglich, ob eine auf das Halten von GmbH-Anteilen beschränkte GbR überhaupt die Voraussetzung für eine derartige Rechtsfähigkeit erfülle.

Entscheidend sei jedoch, dass die Anerkennung einer beschränkten Rechtssubjektivität dieser Gesellschaftsform – wie dem Urteil des II. Senats mit Deutlichkeit zu entnehmen sei - weiterhin keine Gleichset-

---

[510] BT-Drucks. 13/9820, S. 14.

[511] So ausdrücklich auch OLG München, NZG 2001, 26/27; vgl. dazu auch Larenz/Canaris, Methodenlehre, S. 150.

[512] BGH, DB 2001, 1876/1877; OLG München, NZG 2001, 26/27.

[513] Ausdrücklich auch OLG München, NZG 2001, 26; Vgl. auch Kilian, NZG 2001, 150/153 f.; Zuck, Anwalts-GmbH, § 59e, Rn. 4.

[514] BGH, NJW 2001, 1056 = DB 2001, 424 = DStR 2001, 310.

zung mit der Rechtsfähigkeit juristischer Personen bedeute, die als Träger von Rechten und Pflichten aufgrund eigener Rechtspersönlichkeit und damit „als solche" und nicht als Gruppe ihrer gesamthänderisch verbundenen Mitglieder anerkannt seien. Vielmehr ändere – bezogen auf die im vorliegenden Fall allein zu beurteilenden Verhältnisse und Rechtsfragen – auch die Rechtssubjektivität und beschränkte Rechtsfähigkeit der GbR nichts daran, dass, soweit sich eine solche Gesellschaft an einer Patentanwaltsgesellschaft mbH beteilige, der für die Beurteilung der Mitgliedschaft nach § 52e PAO entscheidende Gesichtspunkt darin liege, ob die in gesamthänderischer Verbundenheit in der Gestalt der GbR in Erscheinung tretenden Personen ausschließlich Angehörige der in § 59e I PAO genannten Berufsgruppen seien.[515] Der Senat sieht also keinen Widerspruch zwischen der grundlegenden Entscheidung des II. Senats zur Rechtsfähigkeit auf der einen Seite und der berufsrechtlichen Behandlung als Rechtssubjekt auf der anderen. Der erkennende Senat gelangt damit zu der Auffassung, dass die reine Beteiligungsgesellschaft insofern keine von den in § 59e I PAO bzw. § 59e I BRAO aufgeführten natürlichen Personen unterscheidbare Rechtspersönlichkeit besitzt.[516]

Es käme daher darauf an, ob eine dahingehende Auslegung unter Berücksichtigung der Gesetzmaterialien der Zwecksetzung des § 59e PAO widerspreche. Durch die Regelung solle erreicht werden, dass die Rechtsform der Patentanwaltsgesellschaft nur zur gemeinsamen Berufsausübung von Rechtsanwälten und Patentanwälten – gegebenenfalls auch aus anderen Staaten – genutzt werde, hingegen nicht zwecks reiner Kapitalbeteiligung.[517] Das entscheidende Gewicht bei der Willensbildung der GmbH solle daher stets den Patentanwälten (bzw. Rechtsanwälten) selbst zukommen, deren Anteils- und Stimmenmehrheit daher gesichert werden müsse; berufsfremde Einflüsse Dritter sollen auf diese Weise verhindert werden. Das Gesetz ziele auch darauf ab, eine angemessene Kontrolle dieser rechtlichen Anforderungen und zu deren Erleichterung eine hinreichende Transparenz der gesellschaftsrechtlichen Verhältnisse zu gewährleisten.[518] Der BGH wie auch schon zuvor das OLG waren jedoch der Auffassung, dass es diesen Intentionen der ge-

---

[515] BGH, DB 2001, 1876/1877.
[516] Vgl. auch Kilian, NZG 2001, 150/154.
[517] Vgl. BGH, DB 2001, 1876/1878.
[518] BGH, DB 2001, 1876/1878.

setzlichen Regelung nicht zuwiderlaufe, wenn Patentanwälte in einer gesamthänderischen Verbundenheit als Mitglieder einer GbR an der GmbH beteiligt seien. Die erforderliche Transparenz sei schon dadurch gewährleistet, dass gem. § 40 I GmbHG nach jeder Veränderung in der Person der Gesellschafter eine Gesellschafterliste zum Handelsregister einzureichen ist.[519]

Der BGH fügt an, dass aus der Gesellschafterliste i. S. d. § 40 I GmbHG, die vorrangig den Interessen des Wirtschaftsverkehrs und nicht berufsständischen Belangen diene, allerdings nur die Höhe der von der GbR gesamthänderisch gehaltenen Stammeinlage als solche zu ersehen sein müsse, nicht die Verteilung der Anteile innerhalb der GbR. Indessen lege jedoch § 59m PAO der Patentanwaltsgesellschaft weitergehende Mitteilungspflichten gegenüber dem Präsidenten des Patentamtes und der Antragsgegnerin (Patentanwaltskammer bzw. Landesjustizverwaltung) auf, die gerade der Sicherung der berufsrechtlichen Regelungen gelten würden und ihrerseits so auszulegen seien, dass sie den Anforderungen genügen könnten.[520]

Die Auslegung von § 52e I PAO (bzw. § 59e I BRAO) ergibt nach Ansicht des Senats insoweit also bereits, dass diesen Vorschriften kein Verbot entnommen werden kann, Gesellschaftsanteile an der GmbH in einer Innengesellschaft zu bündeln. Zudem hat der BGH jedoch noch einmal darauf verwiesen, dass eine anderweitige Auslegung verfassungsrechtlichen Bedenken ausgesetzt sein würde. So seien nicht nur keine hinreichenden Gründe des Gemeinwohls ersichtlich, die eine solche Beschränkung im Hinblick auf Art. 12 I GG rechtfertigen würden.[521] Zumindest käme aber als milderes Mittel eine Regelung in Betracht, wie sie in § 28 IV S. 2 WPO und in § 50a II StBerG normiert sei. Insbesondere aber seien „keine hinreichenden Gründe ersichtlich, die hier eine Ungleichbehandlung der Rechtsanwalts- und der Patentanwaltsgesellschaft gegenüber der Situation bei Wirtschaftsprüfern und Steuerberatern tragen könnten".[522]

---

[519] BGH, DB 2001, 1876/1878, OLG München, NZG 2001, 26/27.
[520] BGH, DB 2001, 1876/1878.
[521] Vgl. auch schon OLG München, NZG 2001, 26/27.
[522] BGH, DB 2001, 1876/1878 f.; so auch Kilian, NZG 2001, 986/987; ders.; NZG 2001, 150/154; vgl. auch Hartung/Holl-Römermann, 2. Aufl., § 59e BRAO, Rn. 7.

bbb.) Stellungnahme

Der Auffassung des BGH ist - auch in Bezug auf die Rechtsanwalts-GmbH - zu folgen. Der Gesetzgeber hat hier schlicht seinen gesetzgeberischen Willen nicht normativ zum Ausdruck gebracht. Selbst wenn er aber diesbezüglich ein Verbot ausgesprochen hätte, so wäre kein Grund ersichtlich gewesen, mit dem sich insofern eine unterschiedliche Behandlung gegenüber Steuerberatungs- und Wirtschaftsprüfungsgesellschaften hätte rechtfertigen können. Bereits nach verfassungskonformer Auslegung ergibt sich somit weder für die Patentanwalts-GmbH noch für die Rechtsanwalts-GmbH ein Verbot, Gesellschaftsanteile in einer GbR zu bündeln. Ergänzend empfiehlt sich jedoch eine § 28 IV S. 2 WPO und § 50a II StBerG entsprechende, klarstellende Regelung.[523]

cc.) Außen-GbR als Gesellschafter

Des weiteren stellt sich die Frage, ob es auch einer Außen-GbR, also etwa einer Sozietät, gestattet sein muss, sich an einer Rechtsanwaltsgesellschaft oder einer anderen Berufsausübungsgesellschaft zu beteiligen.

Im Gegensatz zur genannten Innen-GbR, deren Zweck ausschließlich im Halten von Anteilen besteht, besitzt die GbR allerdings eine von den Gesellschaftern unterscheidbare Rechtspersönlichkeit, so dass eine verfassungskonforme Auslegung jedenfalls nicht zum Ziel führt.

Im Übrigen stellt sich auch hier die Frage einer Ungleichbehandlung gegenüber dem Recht der Wirtschaftsprüfer und Steuerberater nicht. Denn die Außen-GbR kann nach allen drei Berufsrechten nicht Gesellschafter einer Berufsausübungskapitalgesellschaft sein (vgl. § 59c I BRAO, § 27 I WPO, § 49 I StBerG).[524]

Bei der Rechtsanwalts-GmbH tritt zwar noch hinzu, dass hier eine mehrstöckige Gesellschaft allgemein unzulässig ist (§§ 59c II, 59e I S. 1 BRAO). Dies betrifft jedoch nur Rechtsanwaltsgesellschaften, also Gesellschaften, die ihrerseits eine berufsrechtliche Zulassung erfahren haben.

---

[523] S. den Formulierungsvorschlag bei Henssler, NJW 1999, 241/246.

[524] Unzutreffend folglich Jawansky, DB 2002, 2699/2704.

dd.) Partnerschaftsgesellschaft als Gesellschafter

Wiederum anders gestaltet sich die Situation für die Partnerschaftsgesellschaft. Für sie ist - anders als nach dem Recht der Wirtschaftsprüfer und Steuerberater - keine berufsrechtliche Zulassung vorgesehen. Daher unterfällt sie zunächst nicht dem Verbot mehrstöckiger Gesellschaften nach § 59c II BRAO). Andererseits ist sie teilrechtsfähig, besitzt daher wie die Außen-GbR eine von den Gesellschaftern unterscheidbare Rechtspersönlichkeit und unterfällt daher nicht § 59e I S. 1 BRAO.

Es sind somit zwei Ungleichbehandlungen zu konstatieren:
Erstens haben Wirtschaftsprüfer- und Steuerberaterpartnerschaften anders als anwaltliche Partnerschaftsgesellschaften die Möglichkeit einer berufsrechtlichen Zulassung (§ 27 I WPO, § 49 I StBerG). Diese Frage muss jedoch nicht weiter verfolgt werden. Denn zweitens und vor allem ist ihnen im Gegensatz zu Rechtsanwaltsgesellschaften die Möglichkeit eröffnet, sich an berufseigenen Kapitalgesellschaften beteiligen (§ 28 IV Nr. 1 WPO, § 50a I Nr. 1 StBerG).

ee.) Kapitalgesellschaft als Gesellschafter

aaa.) ...einer Kapitalgesellschaft

Wie schon erwähnt steht es Wirtschaftsprüfungsgesellschaften und seit dem jüngst ergangenen 7. Gesetz zur Änderung von Vorschriften über die Tätigkeit von Steuerberatern (7. StBerÄndG)[525] auch Steuerberatungsgesellschaften offen, Gesellschafter berufseigener Gesellschaften zu sein. Rechtsanwaltsgesellschaften ist dies hingegen ausdrücklich untersagt (§§ 59e I S. 1, 59c II BRAO). Laut der Regierungsbegründung dient diese Vorschrift dazu „mehrstöckige Gesellschaften und die damit verbundene Gefahr von Abhängigkeiten und Einflussnahmen zu vermeiden."[526] Insofern liegt auch diesbezüglich eine, dennoch auf den ersten Blick schwer begründbare,[527] Ungleichbehandlung zwischen Steuerberatungs- und Wirtschaftsprüfungsgesellschaften einerseits und Rechtsanwaltsgesellschaften andererseits vor.[528]

---

[525] BGBl. I , S. 884 vom 29.6.2000; BT-Drucks. 14/2667, S. 33; Vgl. auch Eversloh, StB 2001, 23/25.
[526] BT-Drucks. 13/89820, S. 13.
[527] S. oben Kap. 1 § 5 I 2 f bb
[528] vgl. auch Zuck, Anwalts-GmbH, Einl., 40.

bbb.) ...einer Sozietät

Uneinheitlich gestaltet ist auch die Möglichkeit des Zusammenschlusses einer Berufsausübungsgesellschaft mit berufsangehörigen natürlichen Personen des jeweiligen Berufs.

So darf sich gem. § 59c II BRAO eine Rechtsanwalts-GmbH nicht mit einem Rechtsanwalt zu einer Sozietät zusammenfinden. Die Vorschrift untersagt hier allgemein „die Beteiligung an Zusammenschlüssen zur gemeinschaftlichen Berufsausübung".[529]
Ebenfalls untersagt ist auch der Zusammenschluss einer Steuerberatungsgesellschaft mit einem Steuerberater in einer Sozietät (vgl. § 56 I S. 1 StBerG). Erlaubt ist hier nur eine Bürogemeinschaft (§ 56 III S. 1 i.V.m. § 3 Nr. 3 StBerG).
Eine Sozietät einer Wirtschaftsprüfungsgesellschaft mit einem Wirtschaftsprüfer ist demgegenüber gestattet. § 44b I WPO erlaubt Wirtschaftsprüfern die Berufsausübung „mit natürlichen und juristischen Personen sowie mit Personengesellschaften".
Etwas komplizierter wird dies noch, wenn es um interprofessionelle Zusammenschlüsse, etwa einer Steuerberatungsgesellschaft oder einer Wirtschaftsprüfungsgesellschaft mit einem Rechtsanwalt in einer Sozietät geht, da hier die verschiedenen Berufsrechte kumulativ zu beachten sind. Seitens des anwaltlichen Berufsrechts ist zudem § 59a I S. 1 BRAO insofern nicht eindeutig, wenn er einerseits von „Mitgliedern einer Rechtsanwaltskammer und der Patentanwaltskammer" und andererseits von Steuerberatern und Wirtschaftsprüfern als möglichen Gesellschaftern einer Sozietät spricht.[530]
Überwiegend wird hier jedoch angenommen, dass eine solche Sozietät auch nach Einführung des § 59a I S. 1 BRAO – wie nach vorheriger Rechtslage[531] - in Bezug auf das anwaltliche Berufsrecht möglich sei.[532]

---

529 S. auch BT-Drucks. 13/9820, S. 13.
530 Henssler, AnwBl, Sonderheft 2/2000, 77/78.
531 Vgl. EGH BW, AnwBl 1988, 245.
532 Droste, Gemeinschaftliche Berufsausübung, S. 83 ff.; Henssler, AnwBl, Sonderheft 2/2000, 77/78; vgl. auch ders., NJW 1993, 2137/2144; Kamps, Der Rechtsanwalt in Steuerberatungsgesellschaft, S. 229 f.; Kaiser/Bellstedt, Anwaltssozietät, Rn. 35; a. A. Gail/Overlack, Anwaltsgesellschaften, Rn. 33; Schurr, Anwaltsgesellschaften, S: 100; vgl. auch BT-Drucks. 13/9820, S. 13, wonach § 59c II BRAO ausdrücklich eine Einschränkung gegenüber § 59a I S. 1 BRAO, § 56 I S. 1 StBerG und § 44b I WPO darstellt.

Auch das Berufsrecht der Wirtschaftsprüfer steht dem nicht entgegen, möglicherweise aber das der Steuerberater.[533]
Folgt man dieser Ansicht, so würde dies also zu dem bemerkenswerten Ergebnis führen, dass etwa eine Wirtschaftsprüfungsgesellschaft nicht aber eine Rechtsanwaltsgesellschaft Sozietätspartner eines Rechtsanwalts sein kann.

ccc.) ...einer Partnerschaftsgesellschaft

Anders gestaltet sich die Rechtslage bei der Partnerschaftsgesellschaft. Angehörige einer Partnerschaft können hier kraft Gesellschaftsrechts nur natürliche Personen sein (§ 1 I S. 3 PartGG). Berufsausübungskapitalgesellschaften kommen damit allgemein nicht als Partner in Frage.[534]
Damit hat der Gesetzgeber etwa die Konstruktion einer GmbH & Co. Partnerschaft verhindert.[535]
Umgekehrt kann rein gesellschaftsrechtlich gesehen die Partnerschaftsgesellschaft aber Gesellschafter einer Berufsausübungskapitalgesellschaft sein.[536] Dem steht für die Anwalts-GmbH berufsrechtlich jedoch entgegen, dass die Partnerschaft nicht unter den Gesellschafterkreis des § 59e I BRAO fällt.
Wirtschaftsprüfer-Partnerschaften, die als Wirtschaftsprüfungsgesellschaften anerkannt sind, können indes Gesellschafter einer Wirtschaftsprüfungskapitalgesellschaft sein (§§ 28 IV Nr. 1, 27 I WPO). Gleiches gilt für Steuerberater-Partnerschaften (§§ 50a I Nr. 1, 49 I StBerG).
Auch hier besteht demnach eine Ungleichbehandlung hinsichtlich der Beteiligungsmöglichkeiten.

ff.) Das Gebot aktiver Berufsausübung

Ein Spezifikum der Rechtsanwaltskapitalgesellschaft ist auch das ausdrückliche Gebot aktiver Berufsausübung (§ 59e I S. 2 BRAO). Zugrunde liegt diesem Gebot das gesetzgeberische Konzept der Rechtsanwaltsgesellschaft als reiner Berufsausübungsgesellschaft, die nicht der Kapitalanlage dient.[537]

---

[533] Vgl. zu § 56 I S. 2 StBerG a. F. Henssler, AnwBl, Sonderheft 2/2000, 77/78.
[534] Zu den Motiven vgl. Michalski/Römermann, PartGG, § 1, Rn. 24; zur Kritik vgl. Gail/Overlack, Anwaltsgesellschaften, Rn. 93 m. w. N.
[535] Vgl. Kempter, BRAK-Mitt. 1994, 122/123.
[536] Vgl. Henssler, PartGG, § 1, Rn. 25.
[537] Vgl. BT-Drucks. 13/9820, S. 14.

Der Umfang der beruflichen Aktivität wird gesetzlich nicht festgelegt; gefordert sei laut amtlicher Begründung aber „ein Mindestmaß an beruflicher Aktivität".[538] Seitens der Literatur wird diesbezüglich im Hinblick auf die Zweitberufsentscheidung des BVerfG vorgeschlagen, berufliche Aktivität in „irgendwie nennenswertem Umfang" zu fordern.[539] *Henssler* vermutet insofern jedoch auch im Hinblick auf Sozietäten ein erhebliches Dunkelfeld reiner Kapitalbeteiligungen.[540]
Wirtschaftsprüfungsgesellschaften kennen ein derartiges Tätigkeitsgebot nur im Hinblick auf Nicht-Wirtschaftsprüfer als Gesellschafter. Im Übrigen dürfen nur „in der Gesellschaft tätige" Rechtsanwälte u.a. Gesellschafter einer Wirtschaftsprüfungsgesellschaft sein, § 28 IV Nr.1 WPO).
Bei Steuerberatungsgesellschaften beschränkt sich nach dem Wortlaut des § 50a I Nr. 1 StBerG das Tätigkeitsgebot auf sonstige Personen, deren Tätigkeit als Mitglied des Leitungsorgans nach § 50 III StBerG genehmigt wurde. Auch diesbezüglich besteht also möglicherweise gesetzlicher Harmonisierungsbedarf.

b.) Vorstand/Geschäftsführung

Des weiteren bestehen zwischen den verschiedenen Berufsausübungsgesellschaften verschiedene Vorgaben bezüglich des Anteils der Berufsangehörigen unter den Vorstandsmitgliedern bzw. Geschäftsführern:
In der Rechtsanwaltsgesellschaft müssen die Geschäftsführer mehrheitlich Rechtsanwälte sein (§ 59f I S. 2 BRAO).
Ähnliches gilt in der Wirtschaftsprüfungsgesellschaft (§ 28 II S. 3). Allerdings ist bei nur zwei Geschäftsführern lediglich eine paritätische Besetzung erforderlich. Im Übrigen ist eine gleichzeitige Zulassung als Wirtschaftsprüfungs- und Rechtsanwaltsgesellschaft nur bei einer Doppelqualifikation mindestens eines der Geschäftsführer möglich.[541]
In der Steuerberatungsgesellschaft ist indes nur vorgesehen, dass die Zahl der Nicht-Steuerberater als Geschäftsführer bzw. Vorstandsmitglied die Zahl der Steuerberater nicht übersteigen darf (§ 50 IV StBerG). Insoweit genügt also bereits Parität.

---

[538] BT-Drucks. 13/9820, S. 14.
[539] Zuck, Anwalts-GmbH, § 59e, Rn. 16.
[540] Henssler, Vortrag auf dem Handelsblatt Anwaltskongress 2001 in Köln (unveröffentlicht), S. 4.
[541] Vgl. nur Hellwig, ZHR 161 (1997), 337/352.

Fraglich ist der Sinn auch dieser Ungleichbehandlung der Rechtsanwaltsgesellschaft, zumal die Sozietät und die Partnerschaft ein derartiges Erfordernis nicht kennen.[542]

c.) (Fakultativer) Aufsichtsrat/Beirat

Das einzige Organ der Anwalts-GmbH, das bemerkenswerterweise keiner Vorgaben hinsichtlich der Zusammensetzung oder der Mehrheitserfordernisse unterliegt, ist der fakultative Aufsichtsrat. Für seine Mitglieder ist lediglich in § 59m III BRAO eine Pflicht zur Verschwiegenheit vorgesehen.[543] Vergleichbares gilt indes auch für die Steuerberatungs- und Wirtschaftsprüfungsgesellschaften. Auch hier gilt jeweils nur eine Regelung zur Verschwiegenheitspflicht (§ 72 II StBerG, § 56 II WPO).

d.) Firma

Erhebliche Unstimmigkeiten bestehen derzeit im Firmenrecht der Berufsausübungskapitalgesellschaften.

Für alle anwaltlichen Zusammenschlüsse, einschließlich der Kapitalgesellschaften[544] gilt zunächst gem. § 9 I BORA (mittelbar i. V. m. § 33 II BORA und ggf. unmittelbar i.V.m. § 33 I BORA.), dass statt Nennung aller Gesellschafter auch eine Kurzbezeichnung geführt werden darf.
Gem. § 9 III BORA a. F. war zudem festgelegt, dass die Kurzbezeichnung im Übrigen „nur einen auf die gemeinschaftliche Berufsausübung hinweisenden Zusatz enthalten“ darf.
Vor diesem Hintergrund wurden bislang in der Rechtsprechung – mit Ausnahme der Entscheidung des BayObLG zur Anwalts-AG[545] - nur Sach- bzw. Fantasiezusätze als zulässig anerkannt.[546]

---

542 Vgl. Henssler, NJW 1999, 241/245; vgl. auch ders. in: Max Hachenburg, 2. Gedächtnisvorlesung, S. 44.

543 S. dazu auch BT-Drucks. 13/9820, S. 19.

544 Zuck, AnwBl 1999, 297/302; Kempter/Kopp, NJW 2000, 3449/3451 f.; aber auch Römermann, MDR 2000, 734/734, der § 9 I BORA allerdings für „kartell- oder verfassungswidrig“ hält.

545 BayObLG, NJW 2000, 1647.

546 Vgl. BGH, NJW 2002, 608 („CMS“); AnwG Hamburg, NJW 2000, 2827 („Telekanzlei L. & Partner“); a. A. LG Leipzig NJW 2001, 1732 („KPMG“); LG Waldshut-Tiengen, BRAK-Mitt. 2000, 260 („artax“); aufgehoben durch OLG Karlsruhe, NJW 2001, 1584 (nicht rechtskräftig); zur Unzulässigkeit einer reinen Sachfirma vgl. indes OLG Nürnberg, NJW-RR 2000, 440 ff. („Pro-Videntia GbR“); krit. Huff, EWiR § 9 BORA 1/1999, S. 695; a. A. LG Hannover, INF 2001, 191 („Novatax GbR“), s. auch Römermann, INF 2001, 181.

Seitens der *BRAK* ist indes erst kürzlich der Anlauf unternommen worden, Sach- und Fantasiebezeichnungen, ebenso wie entsprechende Zusätze gänzlich und ausdrücklich zu verbieten (§ 9 II BORA n. F.).[547] Das Bundesministerium der Justiz (BMJ) hat diese Entscheidung im Hinblick auf Sachzusätze für verfassungswidrig erklärt und daher aufgehoben.[548] Hinsichtlich der Regelung für die Anwalts-GmbH in § 59k BRAO wurde zudem inzidenter festgestellt, dass diese Vorschrift bei verfassungskonformer Auslegung einem Sachzusatz nicht entgegenstünde.[549]

Die dargelegte Auffassung des BMJ lässt sich mit dem Wortlaut dieser Vorschrift in Einklang bringen.
Für die Anwalts-GmbH besteht gem. § 59k I S. 1 BRAO nämlich grundsätzlich nur die Vorgabe, dass die Firma der Gesellschaft wenigstens den Namen eines Gesellschafters, der Rechtsanwalt ist, und die Bezeichnung „Rechtsanwaltsgesellschaft" enthalten muss.

Weitaus liberaler war bislang das Firmenrecht der Anwalts-AG: Hier hatte das BayObLG nämlich entschieden, dass die Regelung des § 59k BRAO mangels Möglichkeiten der Analogie nicht auf die Anwalts-AG übertragbar sei. Das Gericht gestattete daher die Firmierung als reine Fantasiefirma („Pro-Videntia Rechtsanwalts-AG").[550] Das OLG Nürnberg hat dies nun jüngst allerdings wettbewerbsrechtlich unterbunden.[551] Der gleiche Senat hatte auch schon die Firmierung einer gleichnamigen Anwaltskanzlei als Sozietät im Hinblick auf § 9 I BORA wettbewerbsrechtlich für unzulässig erklärt.[552]

Im Hinblick auf die Entscheidung des BayObLG zur Fantasiefirma bei der Anwalts-AG ist das anwaltliche Firmenrecht stark in die Kritik geraten. So plädieren *Henssler* und andere Autoren für eine allgemeine Öff-

---

[547] Beschluss der Satzungsversammlung vom 07.11.2002, BRAK-Mitt. 2002, 219.
[548] Bescheid des BMJ vom 18.02.2003, BRAK-Mitt. 2003, 67.
[549] BRAK-Mitt. 2003, 67/69.
[550] BayObLG, NJW 2000, 1647 ff.
[551] OLG Nürnberg, NJW 2003, 2245; krit. A. Hoffmann, EWiR § 9 BORA 1/2003, S. 813.
[552] OLG Nürnberg, NJW-RR 2000, 440 ff; krit. Huff, EWiR § 9 BORA 1/1999, S. 695; zust. Ammon in: Röhricht/v. Westphalen, HGB, § 18, Rn. 31.

nung des Rechts der Kurzbezeichnungen und Firmierungen von Anwaltsgesellschaften.[553]

Eine gesellschaftsrechtliche Besonderheit weist das Partnerschaftsgesellschaftsgesetz auf, welches berufsunabhängig gem. § 2 I vorschreibt, dass der Name der Partnerschaft den Namen mindestens eines Partners, den Zusatz „und Partner“ oder „Partnerschaft“ sowie die Berufsbezeichnungen aller in der Partnerschaft vertretenen Berufe enthalten muss. Hier gilt zwar der Berufsrechtsvorbehalt des § 1 III PartGG; dieser sieht jedoch lediglich vor, dass die Berufsausübung in der Partnerschaft von „weiteren“ Voraussetzungen abhängig gemacht werden kann.[554] Eine reine Sachfirma ist insoweit also bereits seitens des Gesellschaftsrechts unzulässig. Allenfalls Sachzusätze sind nunmehr wohl Sachzusätze erlaubt.

Die Vorgaben des anwaltlichen Firmensrechts sind deutlich angreifbar im Hinblick auf das berufsrechtliche Firmenrecht bei Steuerberatungs- und Wirtschaftsprüfungsgesellschaften. Diese dürfen nämlich grundsätzlich frei firmieren und sind sogar von der Vorgabe nach § 2 I PartGG befreit (§ 53 StBerG, § 31 WPO). Sie müssen lediglich den Zusatz „Steuerberatungsgesellschaft“ bzw. „Wirtschaftsprüfungsgesellschaft“ aufnehmen.

Es bedarf hier dringender Klärung, inwiefern Art. 3 I GG hier nicht eine Harmonisierung erforderlich macht.

e.) Zwischenergebnis

Die Bestandsaufnahme der das Gesellschaftsrecht und das Firmenrecht modifizierenden berufsrechtlichen Regelungen ergibt somit eine Vielzahl von uneinheitlichen rechtlichen Behandlungen:

- Rechtsanwalts- und Wirtschaftsprüfungsgesellschaften sehen ein Mehrheitserfordernis hinsichtlich des Kapital- und Stimmenanteils,

---

[553] Henssler, NZG 2000, 875/876; ders., JZ 2001, 337/341 f.; Schumacher, AnwBl 2000, 409/410 m. w. N.; a. A. Kempter/Kopp, NJW 2000, 3449/3450 ff.

[554] Vgl. dazu BT-Drucks. 12/6152, S. 10; einschränkend gilt allerdings gem. § 53 S.2 StBerG, § 31 S.2 WPO für die Steuerberater- bzw. Wirtschaftsprüfer-Partnerschaft, dass diese nicht verpflichtet sind, zusätzlich die Berufsbezeichnungen aller in der Partnerschaft vertretenen Berufe in den Namen aufzunehmen.

sowie der Geschäftsführer bzw. Vorstandsmitglieder vor. In Steuerberatungsgesellschaft hingegen genügt eine paritätische Anzahl von Geschäftsführern/Vorstandsmitgliedern, die Steuerberater sind. Für die Berufsausübung im Rahmen einer Sozietät oder Partnerschaft gibt es gar keine vergleichbaren Regelungen.

- Stiftungen und Vereine, die der Altersversorgung o. ä. dienen, sind nur bei der Rechtsanwaltsgesellschaft als Gesellschafter ausgeschlossen.

- Im Gegensatz zu Wirtschaftsprüfungs- oder Steuerberatungsgesellschaften sind außerdem ihrerseits Partnerschaftsgesellschaften und Kapitalgesellschaften des gleichen Berufes als Gesellschafter ausgeschlossen (Verbot mehrstöckiger Beteiligung).

- Ebenfalls unzulässig ist der Zusammenschluss von Rechtsanwälten mit einer Rechtsanwaltsgesellschaft zu einer Sozietät, während dies im Parallelfall jedenfalls für Wirtschaftsprüfer nicht gilt.

- Demgegenüber ist es bereits nach verfassungsgemäßer Auslegung auch bei der Rechtsanwaltsgesellschaft zulässig, eine Beteiligungsgesellschaft bürgerlichen Rechts zu gründen, deren Zweck ausschließlich im Halten von Gesellschaftsanteilen Berufsangehöriger besteht. Es fehlt hier gegenüber Wirtschaftsprüfungs- oder Steuerberatungsgesellschaften lediglich an einer klarstellenden Regelung.

- Ausschließlich in der Rechtsanwaltsgesellschaft besteht zudem ein Gebot aktiver Berufausübung.

- Unstimmig geregelt ist derzeit auch das Namens- bzw. Firmenrecht. Neben Steuerberatungs- und Wirtschaftsprüfungsgesellschaften steht bislang nur der Anwalts-AG die Möglichkeit offen, eine reine Sach- bzw. Fantasiefirma zu wählen.

3.) Rechtfertigung der Ungleichbehandlungen

Die Rechtfertigung dieser Ungleichbehandlungen hat sich an den bestehenden Unterschieden zwischen den drei Beratungsberufen zu orientieren. Hierauf ist im jeweiligen Kontext des folgenden 4. Kapitels einzugehen.

§ 2 Europarecht

Zunächst ist zu untersuchen, welche europarechtlichen Vorgaben außerdem an das Recht der anwaltlichen Kapitalgesellschaft zu stellen sind.

I. Die Niederlassungsfreiheit

Für die Regelung der anwaltlichen Kapitalgesellschaft könnte insbesondere die Richtlinie 98/5/EG[555] von Bedeutung sein. Diese Richtlinie geht über die Regelung der Niederlassung des einzelnen Anwaltes hinaus und legt in Art. 11 wichtige Grundsätze für die gemeinsame Berufsausübung fest. Regelungszweck dieser gesellschaftsrechtlichen Vorschriften ist es, Anwälten, die in ihrem Herkunftsstaat im Rahmen einer Anwaltsgesellschaft praktizieren, die gemeinsame Berufsausübung auch in allen anderen Mitgliedstaaten zu ermöglichen. Anwendung findet diese Vorschrift daher nur, soweit der Anwalt nicht bereits im Aufnahmestaat vollintegriert ist (vgl. Art. 10).[556] Voraussetzung der Anwendbarkeit dieser Vorschrift in einem Mitgliedstaat ist es ferner, dass eine Assoziierung von Anwälten nach dem Recht des Mitgliedsstaates überhaupt gestattet ist (Art. 11 Eingangssatz).
Da zudem die Rechtsformen, in denen sich Anwälte in den verschiedenen Mitgliedstaaten assoziieren können, stark variieren und es für bestimmte Gesellschaftsformen in einzelnen Mitgliedstaaten keine Entsprechung gibt, bedient sich die Richtlinie des neutralen Begriffs der „Gruppe".[557] Hierunter versteht man gem. Art. 1 II lit. e „jeden nach dem Recht eines Mitgliedstaates errichteten Zusammenschluss mit oder ohne Rechtspersönlichkeit, in dem Rechtsanwälte ihre Berufstätigkeit gemeinsam oder unter einem gemeinsamen Namen führen". Die Regelung des Art. 11 ist folglich auch auf die anwaltliche Kapitalgesellschaft anwendbar.[558]

1.) Regelungsgegenstand des Art. 11 der Richtlinie 98/5/EG

Art. 11 Nr. 1 bis 3 der Richtlinie sehen zunächst vor, dass ein oder mehrere Anwälte, die Mitglied ein und derselben Gruppe im Heimatstaat sind und unter ihrer ursprünglichen Berufsbezeichnung im Aufnahmestaat

[555] ABl. EG Nr. L 77 vom 14.3.1999, S. 36.
[556] Vgl. Henssler, ZEuP 1999, 689/705 f.
[557] Henssler, ZEuP 1999, 689/706.
[558] Vgl. auch Henssler, ZEuP 1999, 689/706.

tätig werden wollen, diese beabsichtigte Tätigkeit in den nach dem Aufnahmestaat zugängigen Rechtsformen (Nr.2) oder (ebenfalls unter Vorbehalt entgegenstehender Regelungen im Aufnahmestaat)[559] auch in einer Zweigstelle oder Agentur (Nr. 1) ausüben können. Gleichfalls ermöglicht werden soll dies für die gemeinsame Berufsausübung von Anwälten aus verschiedenen Herkunftsstaaten untereinander und mit einzelnen oder mehreren Anwälten des Aufnahmestaates (Nr. 3).
Der Rechtsanwalt, der im Aufnahmestaat unter seiner ursprünglichen Berufsbezeichnung tätig sein möchte, ist dazu verpflichtet, die zuständige Stelle des Aufnahmestaats davon in Kenntnis zu setzen, dass er Mitglied einer Gruppe in seinem Herkunftsstaat ist sowie alle zweckdienlichen Auskünfte über diese Gruppe zu erteilen (Nr. 4).

2.) Insbesondere: Art. 11 Nr. 5
Im vorliegenden Zusammenhang ist im Hinblick auf die interprofessionelle Zusammenarbeit in der anwaltlichen Kapitalgesellschaft jedoch vor allem Art. 11 Nr. 5 der Richtlinie von Interesse.

Dort heißt es: „Abweichend von den Nummern 1 bis 4 kann der Aufnahmestaat in jenem Ausmaß, in dem er Rechtsanwälten, die unter ihrer jeweiligen Berufsbezeichnung tätig sind, die Ausübung des Rechtsanwaltsberufs in einer Gruppe untersagt, der standesfremde Personen angehören, einem unter seiner ursprünglichen Berufsbezeichnung eingetragenen Rechtsanwalt das Recht verweigern, sich im Aufnahmestaat als Mitglied seiner Gruppe zu betätigen. Eine Gruppe gilt als Gruppe, der standesfremde Personen angehören, wenn Personen, die nicht die Qualifikation eines Rechtsanwalts gemäß Artikel 1 Absatz 2 besitzen,
- ganz oder teilweise das Kapital dieser Gruppe halten oder
- die Bezeichnung, unter der die Gruppe tätig ist, benutzen oder
- de facto oder de jure die Entscheidungsbefugnis darin ausüben. (...)“

Mit anderen Worten kann also die Assoziierung (oder die Eröffnung einer Zweigstelle) im Aufnahmestaat versagt werden, wenn die registrierten Anwälte in ihrem Heimatstaat Assoziierungen mit „standesfremden“ Berufsangehörigen unterhalten, die in diesem Zusammenschluss de facto oder de jure Einflussbefugnis ausüben.

---

[559] Krit. Henssler, ZEuP 1999, 689/707.

Dies kann sich darin manifestieren, dass die berufsfremden Personen ganz oder teilweise das Kapital dieser Gruppe halten oder die Bezeichnung, unter der die Gruppe tätig ist, benutzen. Durch diese Regelung soll verhindert werden, dass nationale Assoziierungsverbote auf dem Umweg über das Europarecht unterlaufen werden.[560] Sie wird augenscheinlich durch die Sorge um die anwaltliche Unabhängigkeit motiviert.[561] Die meisten ausländischen Rechtsordnungen verbieten nämlich interprofessionelle Kooperation auch mit Wirtschaftsprüfern und Steuerberatern, da sie hier die Gefahr der Gewinnabführung an Nicht-Anwälte sehen (Problem des „sharing of fees with non-lawyers").[562] Daher ist - neben Deutschland - nur in den Niederlanden eine Assoziierung mit Berufsfremden möglich (sog. „Multi-Disciplinary Partnership").[563]
Art. 11 der Richtlinie erzwingt folglich keine Vereinheitlichung des Berufsrechts der Mitgliedstaaten im Bezug auf die gesellschaftsrechtlichen Assoziierungsmöglichkeiten, sondern stellt gemäß seiner Intention nur sicher, dass den sog. „europäischen Rechtsanwälten" des jeweiligen Ausgangsstaates die gleichen Assoziierungsmöglichkeiten zustehen wie den Rechtsanwälten des Aufnahmestaates. Nationale berufsrechtliche Modifizierungen des Gesellschaftsrechts bleiben hiervon also weitgehend unberührt.[564] In der Literatur wird jedoch im Hinblick auf Art. 11 der Richtlinie die Frage diskutiert, ob es dem Rechtsanwalt nach deutschem Berufsrecht verboten werden kann, gleichzeitig Mitglied verschiedener „Gruppen" im Inland und im EU-Ausland zu sein (sog. „Verbot der Sternsozietät", § 31 S. 2 BORA).

3.) Das Verbot der Sternsozietät im Lichte des Europarechts

a.) Problemstellung

Für international ausgerichtete, multiprofessionelle deutsche Sozietäten und Rechtsanwaltsgesellschaften ergibt sich derzeit das Problem, dass mit der Umsetzung der Richtlinie in anderen Mitgliedstaaten eine ge-

---

[560] Vgl. auch Nr. 2 und 7 der Einleitungsbegründung; krit. Henssler, ZEuP 1999, 689/708.
[561] Nerlich, Internationale Kooperationsmöglichkeiten, S. 92; ders., MDR 1996, 874/876; krit. Henssler, ZEuP 1999, 689/708.
[562] Vgl. Kilian, NJW 2001, 326/329.
[563] Aufgrund der Samenwerkingsverordening von 1993 der Nederlandse Orde van Avocaten ist der Zusammenschluß nur mit Steuerberatern gestattet; nach einer neueren Entscheidung des EuGH ist das hiernach geltende Assoziierungsverbot mit Wirtschaftsprüfern europarechtskonform, ausführlich dazu unter Kap. 3 § 2 II.
[564] Erforderlich war hier zunächst nur eine Erweiterung des möglichen Gesellschafterkreises auf „europäische Rechtsanwälte", vgl. § 59e I S. 1 i.V.m. § 59a III Nr. 1 BRAO.

meinsame Gesellschaft mit ausländischen Rechtsanwälten ausgeschlossen ist, weil - wie etwa beim britischen *Solicitor* - eine Vergesellschaftung nur monoprofessionell möglich ist.[565] Die Option der Bildung einer Auslandsgesellschaft bleibt ihnen jedoch aufgrund des Verbots der Sternsozietät ebenfalls verschlossen.[566] § 31 BORA zieht damit, wie *Henssler* betont, den Möglichkeiten, die sich am internationalen Beratungshorizont bieten, enge Grenzen. Hier zeichnet sich nämlich eine Entwicklung von konzernähnlichen Verbindungen ab, zusammengehalten meist nur durch die Personalunion von Seniorpartnern in mehreren Gesellschaften von Rechtsanwälten, Steuerberatern und Wirtschaftsprüfern.[567] Da derartige Restriktionen für Steuerberater und Wirtschaftsprüfer nicht bestehen, stellt sich hierdurch bereits die Frage der Verfassungsmäßigkeit nach Art. 3 I GG.[568]

Henssler und *Kilian* sind darüber hinaus aber auch der Auffassung, das Verbot der Sternsozietät sei europarechtswidrig.

Henssler verweist hierbei auf Art. 11 Nr. 2 der Richtlinie 98/5/EG, wonach zwei ausländischen, in Deutschland niedergelassenen und hier tätigen Rechtsanwälten ausdrücklich das Recht gewährt sei, gemeinsam in Deutschland eine Sozietät oder eine Berufsausübungsgesellschaft zu gründen. Ob sie außerdem in ihrem Herkunftsstaat selbst unterschiedlichen Sozietäten angehörten oder dort als Einzelanwalt tätig seien, beeinflusse diese Rechtsposition nicht. Nach dem eindeutigen Wortlaut müssten sie jedenfalls nicht der gleichen Gruppe angehören. Nur die Modalitäten der gemeinsamen Berufsausübung, nicht aber deren grundsätzliche Zulässigkeit dürften durch die Rechts- und Verwaltungsvorschriften des Aufnahmestaates beschränkt werden.[569]

Kilian vertritt des weiteren die Ansicht, dass das Verbot der Sternsozietät auch im Bezug auf die umgekehrte Konstellation eines deutschen

---

[565] Kilian, NJW 2001, 326/329.

[566] Kilian, NJW 2001, 326 ff.; vgl. auch Henssler, ZEuP 1999, 689/707, ders., ZIP 1998, 2121/2122.

[567] Henssler, ZIP 1998, 2121/2122; vgl. auch Hartung/Holl-Römermann, 2. Aufl., BRAO, § 59a, Rn. 13.

[568] Vgl. nur Edelmann, DStRE 1999, 776; Kilian, WuB VIII B., § 59a BRAO 1.99., 1425/1428; s. ferner Henssler, NZG 1999, 1095; ders., ZIP 1998, 2121/2124 f.; Kilian, NZG 2001, 150/155; Römermann, AnwBl 1999, 553 zu Art. 12 I GG; Becker-Eberhard, JZ 2000, 418/420 zu Art. 80 I GG.

[569] Henssler, ZEuP 1999, 689/707, vgl. auch ders., ZIP 1998, 2121/2127 f.; dem folgend Kilian, NJW 2001, 326/328.

Rechtsanwaltes europarechtswidrig sei.[570] Das Verbot der Sternsozietät verstoße diesbezüglich gegen die Grundfreiheit des Art. 43 EG (Niederlassungsfreiheit), denn das nach ausländischem Recht unter Umständen vorgesehene Verbot der Zweigniederlassung interprofessioneller Zusammenschlüsse könne nicht durch die Gründung einer Außengesellschaft mit (teil-) personenidentischen Gesellschaftern umgangen werden. Zwar sei es betroffenen Anwälten dennoch nicht völlig unmöglich, im Ausland tätig zu werden, da sie sich immer noch außerhalb jeder Form von Verbindung niederlassen könnten. Allerdings sei eine solche Form der Niederlassung unter wirtschaftlichen Gesichtspunkten aufgrund des vollständigen Verlusts des der Heimatgesellschaft innewohnenden „*Goodwills*" kommerziell wertlos.[571]
Für die anwaltliche Kapitalgesellschaft gibt es vergleichbare Restriktionen wie für die Sozietät, denn § 59e II BRAO (bzw. §§ 31 i.V.m. 33 BORA) enthält ebenfalls ein Verbot, den in der Rechtsanwaltsgesellschaft ausgeübten Beruf in einem weiteren beruflichen Zusammenschluss auszuüben. Die reine Kapitalbeteiligung an einer weiteren Gesellschaft ist, soweit nach dem jeweiligen ausländischen Berufsrecht erlaubt,[572] hingegen allenfalls nach § 31 BORA untersagt.[573]

b.) Stellungnahme

aa.) Zur Niederlassung deutscher Rechtsanwälte im EU-Ausland

Fraglich ist also, ob es gegen die Niederlassungsfreiheit verstößt, wenn es einem deutschen Rechtsanwalt nach hiesigem Recht verboten ist, im EU-Ausland einer anderen Gesellschaft zur anwaltlichen Berufsausübung anzugehören.
Festzustellen ist zunächst, dass die Niederlassungsfreiheit auch gegenüber dem Heimatstaat Anwendung findet. Obwohl sich zwar nach dem Wortlaut des Art. 43 EG nur Angehörige eines anderen Mitgliedstaates auf die Vorschrift berufen können, ist es anerkannt, dass sich Inländer, die einen gemeinschaftsrechtlich relevanten, also grenzüberschreitenden Sachverhalt erfüllen, ihrem Heimatstaat gegenüber auf die durch

---

[570] Kilian, NJW 2001, 326 ff.
[571] Kilian, NJW 2001, 326/330.
[572] Vgl. z. B. nach französischem Recht Schmuck, RIW 1993, 983, nach englischem Recht Bakker, AnwBl 1993, 245 , s. auch nach amerikanischem Recht Henssler, RIW 2001, 572/574.
[573] Vgl. Kilian, NZG 2001, 150/155; zur Anwendbarkeit des § 31 BORA über § 33 II BORA vor Erlass des § 59e II BRAO vgl. Henssler, ZIP 1998, 2121.

das Gemeinschaftsrecht gewährten Vorteile berufen können.[574] Damit können sich deutsche Rechtsanwälte auch gegenüber der Bundesrepublik Deutschland auf die Niederlassungsfreiheit berufen, soweit – wie hier - ein grenzüberschreitender Sachverhalt in Rede steht.
Die Niederlassungsfreiheit deutscher Rechtsanwälte wird des weiteren dadurch eingeschränkt, dass diese sich nur unter Aufgabe der Gesellschaftszugehörigkeit in Deutschland einer anderen ausländischen „Gruppe" anschließen dürfen.
Die Niederlassungsfreiheit wird jedoch nicht schrankenlos gewährleistet.[575] Es steht zwar zunächst in der Kompetenz des Aufnahmestaates, hierfür Schranken festzulegen.[576] Daher heißt es auch in Art. 11 Nr. 2 und 3 der Richtlinie: „Die Modalitäten, nach denen diese Rechtsanwälte ihre Tätigkeiten im Aufnahmestaat gemeinsam ausüben, richten sich nach den Rechts- und Verwaltungsvorschriften dieses Mitgliedstaats." Art. 6 I der Richtlinie stellt aber zugleich klar, dass bei grenzüberschreitender Tätigkeit des Rechtsanwalts die Berufs- und Standesregeln des Herkunftsstaates und des Aufnahmestaates kumulativ Anwendung finden.
Nach einer Entscheidung des EuGH vom 30.11.1995 zum Fall *Gebhardt* sind jedoch an die die Niederlassungsfreiheit beschränkenden staatlichen Maßnahmen folgende vier Voraussetzungen zu stellen:[577]

- Sie müssen in nicht diskriminierender Weise angewandt werden;
- Sie müssen aus zwingenden Gründen des Allgemeininteresses gerechtfertigt sein;
- Sie müssen geeignet sein, die Verwirklichung des mit ihnen verfolgten Zwecks zu gewährleisten;
- Sie dürfen nicht über das hinausgehen, was zur Erreichung dieses Zwecks erforderlich ist.

Eine Diskriminierung liegt hier nicht vor, da das Verbot der Sternsozietät unterschiedslos für deutsche und andere europäische Rechtsanwälte gilt.

---

[574] Lenz-Scheuer, EGV, Art. 43, Rn.6; so auch Kilian, NJW 2001, 326/329.
[575] Vgl. Nerlich, Internationale Kooperationsmöglichkeiten, S. 72; EuGH, EuZW 1996, 92 („Gebhardt").
[576] Vgl. Nerlich, Internationale Kooperationsmöglichkeiten, S. 79.
[577] EuGH, EuZW 1996, 92/95 („Gebhardt"); vgl. auch Henssler, ZIP 1998, 2121/2127 f.

Die Regelung müsste ferner aus zwingenden Gründen des Allgemeinwohls gerechtfertigt sein. Diesbezüglich hat der EuGH in ständiger Rechtsprechung entschieden, dass die Anwendung von Berufsregeln auf Rechtsanwälte – insbesondere von Vorschriften über Organisation, Befähigung, Standespflichten, Kontrolle und Haftung – ein im Allgemeininteresse liegendes Ziel verfolge. Dem Empfänger rechtlicher Dienstleistungen biete dies die erforderliche Gewähr für die Integrität und Erfahrung des Rechtsanwalts und trage damit zu einer geordneten Rechtspflege bei.[578]

Der Regierungsentwurf zu § 59a I BRAO, auf den auch der Regierungsentwurf zur Anwalts-GmbH verweist,[579] belässt es hinsichtlich der Zwecksetzung der Regelung allgemein bei der Aussage, die Sozietät biete die Möglichkeit zur gemeinschaftlichen Berufsausübung, „vermehrbar oder teilbar wird die anwaltliche Berufsausübung dadurch nicht".[580]

Diese Aussage ist indes argumentativ eher unergiebig .[581] Sie ist zudem unzutreffend. Dem Rechtsanwalt bleibt es gleichwohl nicht verwehrt, zugleich als Einzelanwalt tätig zu werden.[582]

Nur wenig konkreter sind auch die Begründungen der Satzungsversammlung zu § 31 BORA, die auf die Notwendigkeit des Schutzes des Mandanten vor der Ungewissheit über den Vertragspartner verweisen.[583]

Angeführt wurde ferner – ohne dass dies allerdings in den Protokollen der Satzungsversammlung erwähnt wird - die Sicherung der anwaltlichen Verschwiegenheitspflicht und des Verbots der Vertretung widerstreitender Interessen.[584]

In der Satzungsversammlung wurde dabei allerdings erwogen, einzelne Sachverhalte mit Auslandsbezug aus dem Anwendungsbereich der Norm herauszunehmen. Die Beschränkung auf inländische Sozietäten unterblieb allerdings unter anderem aus der Befürchtung, dass sich im Ausland Angehörige einer Sozietät nicht nur mit Mitgliedern einer aus-

---

578 EuGH, Slg. 1996, I-6511, Rn. 38 (Reisebüro Broede).

579 BT-Drucks. 13/9820, S. 14.

580 BT-Drucks. 12/4993, S. 33.

581 Deichfuß, AnwBl 2001, 645/646.

582 Deichfuß, AnwBl 2001, 645/646, vgl. auch BT-Drucks. 13/9820, S. 14.

583 Prot. der Satzungsversammlung der BRAK, 4. Sitzung vom 13.-15.6.1996, S. 27 ff.; vgl. auch Feurich/Braun, BORA, § 31, Rn. 2.

584 Vgl. Henssler, ZIP 1998, 2121/2122.

ländischen Berufsausübungsgesellschaft assoziieren könnten, sondern auch mit solchen anderer deutscher Gesellschaften.[585]
Das Verbot der Sternsozietät dient folglich zumindest dazu, für den Rechtssuchenden nicht erkennbare personelle Verflechtungen zu verhindern, in deren Folge es dazu kommen kann, dass etwa ein Gesellschafter zwei Gesellschaften angehört, die jeweils auf der Gegenseite in einem Rechtsstreit oder Bieterwettbewerb vertreten. Die daraus resultierenden Interessenkonflikte bestehen auch dann, wenn der Gesellschafter nicht auf beiden Seiten mit dem Fall unmittelbar befasst ist. Ein Wissenstransfer innerhalb der gleichen Gesellschaft wird in diesen Fällen grundsätzlich vermutet.[586]
Zwar mag man einwenden, die Gefahr von Interessenkollisionen sei bei grenzüberschreitenden Sachverhalten geringer einzuschätzen als etwa bei rein innerstaatlichen Sachverhalten. Dies würde aber verkennen, dass gerade hochspezialisierte Anwaltskanzleien in ihrem Beratungssegment auch international immer wieder aufeinander treffen.
Das Verbot der Sternsozietät ist insofern auch aus zwingenden Gründen des Allgemeininteresses gerechtfertigt.

Das Verbot der Sternsozietät ist auch nicht ungeeignet, derartige Gefahren zu unterbinden.
Fraglich ist indes, ob das Verbot nicht über das hinausgeht, was zur Erreichung dieses Zwecks erforderlich ist. Das Verbot der Sternsozietät bringt – wie bereits erläutert - etwa für interprofessionelle Gesellschaften einschneidende Konsequenzen mit sich. Gleiches gilt für Rechtsanwälte, die sich nur unter Aufgabe ihrer bisherigen Sozietätszugehörigkeit einer Gesellschaft im EU-Ausland anschließen dürfen. Denkbar wären hier aber einige weniger einschneidende Maßnahmen, die der Gefahr von Interessenkollisionen ebenso effektiv entgegenwirkt. So könnte es grundsätzlich als ausreichend angesehen werden, wenn ein Sternsozius – wie auch für die Problematik des Sozietätswechsels diskutiert[587] - grundsätzlich alle Sozietäten bzw. Rechtsanwaltsgesellschaften „infiziert", an denen er beteiligt ist, mit der Folge, dass der Gesamtkomplex aller durch einen oder mehrere Sternsozii verbundenen Gesellschaften

[585] Materialien der Satzungsversammlung der BRAK, 4/96, S. 2 ff.
[586] Vgl. Henssler, NJW 2001, 1521/1525.
[587] Vgl. Henssler, NJW 2001, 1521/1526; hier für den angestellten Anwalt jedoch zurecht jüngst abgelehnt: BVerfG, Beschl. vom 03.07.2003, I BvR 238/01 (noch unveröffentlicht).

keine widerstreitenden Interessen vertreten darf (§ 43a IV BRAO).[588] Allein dieses Resultat würde daneben auch dazu führen, dass von der Möglichkeit einer Sternsozietät in Konstellationen, in denen es verstärkt zu Kollisionsfällen kommen würde,[589] wohl nur sehr zurückhaltend Gebrauch gemacht werden würde.

In seltenen Ausnahmefällen könnte es zudem als ausreichend erachtet werden, wenn entsprechende Vorkehrungen gegen einen Wissenstransfer vorgenommen werden und eine Zustimmung aller betroffenen Mandanten eingeholt wird.[590] *Henssler* hat dies bereits für Kollisionsmandate innerhalb einer Gesellschaft mit verschiedenen Kanzleistandorten angeregt.[591] Folgt man dem, so muss dies aber erst recht bei verschiedenen Gesellschaften möglich sein.

In der praktischen Umsetzung könnte sich allerdings der kontinuierliche Abgleich der Mandatsbeziehungen zwischen allen Gesellschaften erweisen, an denen Sternsozii beteiligt sind. Hierbei kann es wiederum zu Kollisionen mit der anwaltlichen Verschwiegenheitspflicht kommen,[592] denn bereits der Name des Mandanten fällt unter das Anwaltsgeheimnis.[593] Der Sternsozius kann für einen Datenabgleich aber die Einwilligung aller betroffenen Mandanten einholen, welche diese, soweit sie unter diesen Umständen das Mandat aufrechterhalten wollen, im eigenen Interesse auch nicht versagen werden.

Gerade aber bei mehrfachen Sternverbindungen kann sich ein solcher Abgleich als zeitaufwendiges Prozedere darstellen, mit der Folge, dass es zum Schaden der Mandanten bereits zu einem Wissenstransfer gekommen ist. Zu bedenken ist zudem, dass in verschiedenen Rechtsbereichen dem Mandanten nur eine kleine Zahl hochspezialisierter Anwaltsgesellschaften zur Verfügung steht. Kommt der Datenabgleich zu dem Ergebnis, dass alle potentiellen Anwaltsgesellschaften durch mehrere Sternverbindungen in der Angelegenheit des Mandanten bereits

---

588 Vgl. Henssler, ZIP 1998, 2121/2123; einschränkend zum Verbot der Vertretung widerstreitender Interessen beim Sozietätswechsel und bei der überörtlichen Sozietäten allerdings ders., NJW 2001, 1521/1525 f.

589 So etwa bei Großsozietäten, die in dem von ihnen auf dem Beratungsmarkt versorgten Segment immer wieder als Vertreter gegenläufiger Interessen auf einander treffen.

590 S. dazu auch Schlosser, NJW 2002, 1376/1378 f.

591 Vgl. Henssler, NJW 2001, 1521/1525 f.

592 Deichfuß, AnwBl 2001, 645/646.

593 Streck, NJW 2001, 3605.

interessenbefangen sind, wäre dem Mandanten ein hinreichender rechtlicher Schutz gänzlich verwehrt.
Das Verbot der Sternsozietät ist damit zum Schutz der Mandanten und auch der Rechtspflege allgemein dringend erforderlich. Die Beschränkung der Niederlassungsfreiheit deutscher Rechtsanwälte durch das Verbot der Sternsozietät verstößt somit nicht gegen Art. 43 EG.

bb.) Zur Niederlassung „europäischer Rechtsanwälte“ in Deutschland

Auch der umgekehrte Fall des Verbots der Sternsozietät, bei dem ein „europäischer Rechtsanwalt“ einer deutschen Gesellschaft sich nur unter Aufgabe der Gesellschaftszugehörigkeit im Herkunftsstaat anschließen kann, verstößt aus gleichen Gründen nicht gegen die Niederlassungsfreiheit.

4.) Ergebnis

Das Verbot der Sternsozietät ist folglich bei grenzüberschreitenden Sachverhalten gemeinschaftsrechtskonform.

II. Das europäische Wettbewerbsrecht

Eine jüngst ergangene Entscheidung des EuGH wirft des weiteren die Frage auf, inwiefern europäisches Wettbewerbsrecht Auswirkungen auf nationales Berufsrecht entfaltet.

1.) Die Entscheidung „Wouters“

In einer jüngst ergangenen Entscheidung vom 19.2.2002 hatte sich der EuGH mit der Frage zu befassen, inwiefern das in den Niederlanden aufgrund von Satzungsrecht ergangene Verbot der Zusammenarbeit von Rechtsanwälten mit Wirtschaftsprüfern gegen die Wettbewerbsregeln des EG-Vertrag verstößt.[594]
Der EuGH bejahte dabei grundsätzlich die Anwendbarkeit dieser Regeln auch auf Rechtsanwälte. Die in den Niederlanden eingetragenen Rechtsanwälte übten eine wirtschaftliche Tätigkeit aus und seien daher „Unternehmen“ im Sinne der Art. 85, 86 und 90 des EG-Vertrages. Auch dass ihre Dienstleistungen komplex und fachspezifisch seien und dass ihre Berufsausübung Regeln unterliege, könne an diesem Ergebnis

---

[594] EuGH, NJW 2002, 877 ff. (Wouters et al. vs. Nederlandse Orde van Avocaten).

nichts ändern. Mit anderen Worten sind auch die Freien Berufe insoweit von der Anwendbarkeit des europäischen Wettbewerbsrechts nicht ausgenommen.

Darüber hinaus war der EuGH überraschenderweise[595] auch der Auffassung, die Niederländische Rechtsanwaltskammer sei als „Unternehmensvereinigung" i. S. d. Art. 85 EG einzustufen. Dabei spiele es, so der EuGH, auch keine Rolle, dass die Niederländische Rechtsanwaltskammer eine öffentlich-rechtliche Einrichtung sei.

Allerdings gelte dies nicht für alle Berufsverbände. In Antwort auf Einwände der deutschen Regierung fügt der EuGH vielmehr an, es seien diesbezüglich zwei Fälle zu unterscheiden:

In einem Fall lege der Mitgliedstaat bei der Übertragung von Rechtssetzungsbefugnissen an einen Berufsverband Kriterien des Allgemeininteresses und wesentliche Grundsätze fest, die bei der Satzungsgebung zu beachten seien und behalte die Letztentscheidungsbefugnis. Die vom Berufsverband aufgestellten Regeln blieben staatliche Regeln unterlägen nicht den für Unternehmen geltenden Bestimmungen des EG-Vertrages.

Im anderen Fall, wie etwa dem der Niederländischen Rechtsanwaltskammer, seien die von dem Berufsverband erlassenen Regeln allein diesem zuzurechnen.

Die streitige nationale Regelung beschränke des weiteren auch den Wettbewerb und sei zur Beeinträchtigung des innergemeinschaftlichen Handels geeignet.

Hinsichtlich der Wettbewerbsbeschränkung sei zunächst zu berücksichtigen, dass die Sachkunde der Rechtsanwälte und die der Wirtschaftsprüfer einander ergänzen könnten. Juristische Dienstleistungen vor allem im Bereich des Wirtschaftsrechts erforderten immer häufiger die Beiziehung eines Wirtschaftsprüfers, so dass durch eine gemischte Sozietät zwischen Rechtsanwälten und Wirtschaftsprüfern ein erweitertes Leistungsspektrum und sogar innovative Leistungen angeboten werden könnten. Auf diese Weise hätte der Mandant die Möglichkeit, sich für einen großen Teil der Leistungen, die er für die Organisation, die Verwaltung und den Betrieb seines Unternehmens benötigt, an einen einheitlichen Anbieter zu wenden (Vorteil des so genannten one-stop-shopping). Außerdem könnten gemischte Sozietäten zwischen Rechtsanwälten und Wirtschaftsprüfern einen Bedarf decken, der durch die zunehmende

[595] S. auch Weil, BRAK-Mitt. 2002, 50/51.

Verflechtung der nationalen Märkte und die dadurch erforderlich werdende ständige Anpassung an nationale und internationale Vorschriften entstehe. Schließlich könne nicht ausgeschlossen werden, dass sich die mit solchen Sozietäten verbundenen Größenvorteile positiv auf die Kosten der Leistungen auswirke. Ein Verbot gemischter Sozietäten zwischen Rechtsanwälten und Wirtschaftsprüfern, wie es in der Samenwerkingsverordening (Zusammenarbeitsverordnung) 1993 vorgesehen ist, könne daher im Sinne von Art. 85 I lit. b EG-Vertrag die Erzeugung und die technische Entwicklung einschränken.

Das Verbot von Interessenkonflikten, das für Rechtsanwälte in allen Mitgliedstaaten gelte, könne aber eine strukturelle Grenze für eine verstärkte Konzentration von Anwaltskanzleien darstellen und folglich deren Möglichkeiten bei der Nutzung von Größenvorteilen oder bei der Begründung von Zusammenarbeitsstrukturen mit Angehörigen von Berufsgruppen einschränken, bei denen eine starke Konzentration bestehe. Unter diesen Umständen könne bei einer vorbehaltlosen und unbeschränkten Zulassung gemischter Sozietäten zwischen Angehörigen des Rechtsanwaltsberufs, dessen weitgehend dezentraler Charakter eng mit bestimmten grundlegenden Berufsmerkmalen zusammenhänge, und Angehörigen eines Berufes mit so starker Konzentration wie dem der Wirtschaftsprüfer das Ausmaß des Wettbewerbs auf dem Markt für juristische Dienstleistungen infolge einer erheblichen Verringerung der Zahl der auf diesem Markt tätigen Anbieter insgesamt zurückgehen.

Soweit allerdings die Erhaltung eines ausreichenden Wettbewerbs auf dem Markt für juristische Dienstleistungen auch durch weniger einschneidende Maßnahmen als eine nationale Regelung wie die Samenwerkingsverordening 1993 gesichert werden könne, die gemischte Sozietäten in jeder Form und unabhängig von der Größe der beteiligten Anwaltskanzleien und Wirtschaftsprüferunternehmen verbiete, schränke eine solche Verordnung den Wettbewerb ein.

Es sei ferner aber auch zu berücksichtigen, dass nicht jede Vereinbarung zwischen Unternehmen oder jeder Beschluss einer Unternehmensvereinigung, durch die die Handlungsfreiheit der Parteien oder einer der Parteien beschränkt wird, automatisch vom Verbot des Art. 85 I EG-Vertrag erfasst würden. Bei der Anwendung dieser Vorschrift im Einzelfall seien nämlich der Gesamtzusammenhang, in dem der fragliche Beschluss zustande gekommen ist oder seine Wirkungen entfaltet, und insbesondere dessen Zielsetzung zu würdigen, die hier mit der Notwendigkeit der Schaffung von Vorschriften über Organisation, Befähigung, Standespflichten, Kontrolle und Verantwortlichkeit zusammenhänge, die den Empfängern juristischer Dienstleistungen und der Rechtspflege die erforderliche Gewähr für Integrität und Erfahrung bieten würden. Was die Rechtsanwälte angehe, so stehe es nach ständiger Rechtsprechung jedem Mitgliedstaat in Ermangelung besonderer gemeinschaftsrechtlicher Vorschriften in diesem Bereich grundsätzlich frei, die Ausübung des Rechtsanwaltsberufes für sein Hoheitsgebiet zu regeln.

In den Niederlanden, wo die nationale Rechtsanwaltskammer nach Art. 28 der Advocatenwet[596] mit dem Erlass von Verordnungen im Interesse der ordnungsgemäßen Berufsausübung betraut sei, beträfen die wesentlichen hierzu erlassenen Vorschriften insbesondere die Verpflichtung, den Mandanten in voller Unabhängigkeit und unter ausschließlicher Wahrnehmung seiner Interessen zu vertreten, die bereits genannte Pflicht, jedes Risiko eines Interessenkonflikts zu vermeiden, und die Pflicht zur Einhaltung eines strengen Berufsgeheimnisses.

Diese Standespflichten hätten erhebliche Auswirkungen auf die Struktur des Marktes für juristische Dienstleistungen und insbesondere auf die Möglichkeiten der gemeinsamen Ausübung des Anwaltsberufes und anderer freier Berufe auf diesem Markt.

So verlangten sie, dass der Rechtsanwalt sich in einer Position der Unabhängigkeit gegenüber staatlichen Stellen, anderen Wirtschaftsteilnehmern und Dritten befinde, von denen er sich zu keiner Zeit beeinflussen lassen darf. Er müsse insoweit die Gewähr dafür bieten, dass sämtliche Handlungen, die er in einer Angelegenheit vornehme, ausschließlich vom Interesse seines Mandanten bestimmt seien. Für den Beruf der Wirtschaftsprüfer würden dagegen allgemein und insbesondere in den Niederlanden keine vergleichbaren standesrechtlichen Erfordernisse gelten.

Damit sei festzustellen, dass die Samenwerkingsverordening 1993 in dem betreffenden Mitgliedstaat die Einhaltung des dort geltenden Standesrechts der Rechtsanwälte sichern solle, und dass die Niederländische Rechtsanwaltskammer in Anbetracht der dortigen berufsständischen Grundsätze annehmen konnte, dass ein Rechtsanwalt möglicherweise nicht mehr in der Lage sei, seinen Mandanten unabhängig und unter Wahrung eines strengen Berufsgeheimnisses zu vertreten, wenn er einer Struktur angehöre, die auch die Aufgabe hat, die finanziellen

---

[596] Gesetz zur Gründung der Niederländischen Rechtsanwaltskammer und zur Festlegung der Satzung und der Disziplinarordnung für Rechtsanwälte und Rechtsbeistände vom 23.6,1952.

Ergebnisse der Vorgänge, bezüglich deren er tätig geworden sei, im Rahmen der Rechnungslegung zu erfassen und zu prüfen. Die streitigen Regelungen der Samenwerkingsverordening gingen damit nicht über das hinaus, was erforderlich sei, um die ordnungsgemäße Ausübung des Rechtsanwaltsberufs sicherzustellen
Der EuGH fügt hier einschränkend aber wiederum an: Dass in einem anderen Mitgliedstaat möglicherweise andere Vorschriften gelten, würde im Übrigen aber nicht bedeuten, dass die in einem Mitgliedstaat anwendbaren Vorschriften gegen das Gemeinschaftsrecht verstoßen würden.

2.) Folgen für das anwaltliche Gesellschaftsrecht in Deutschland

Das Urteil des EuGH bleibt auf den ersten Blick ohne Auswirkungen auf das deutsche anwaltliche Gesellschaftsrecht. Zum Einen nimmt der EuGH ausdrücklich jene Berufsverbände aus dem Anwendungsbereich des Art. 85 I EG, bei denen die Letztentscheidungsbefugnis beim Mitgliedstaat verbleibt und sich die Satzungsgebung an Allgemeininteressen orientiert. Dies trifft wohl auf die deutsche Berufsordnung der Bundesrechtsanwaltskammer zu, deren Satzungskompetenz auf § 59b BRAO fußt. Durch diese Verordnungsermächtigung sind in Deutschland die wesentlichen Regelungen über die berufliche Zusammenarbeit, anders als in den Niederlanden, bereits im Gesetz festgelegt (§ 59a, § 59e I BRAO).[597]

Des weiteren fügt der EuGH an, dass der Umstand, dass in anderen Mitgliedstaaten die Zusammenarbeit von Rechtsanwälten und Wirtschaftsprüfern gestattet sei (und dies ist nur in Deutschland der Fall), nicht dazu führe, dass die in einem Mitgliedstaat anwendbaren Vorschriften gegen das Gemeinschaftsrecht verstoßen würden. Die Feststellung, dass diese beiden Berufe inkompatibel seien, träfe vielmehr zunächst nur auf die Niederlande zu. Bereits insoweit stehen aufgrund dieses Urteils also keine Einschränkungen für die in Deutschland bestehenden Möglichkeiten der Zusammenarbeit zu erwarten.[598]

---

[597] Vgl. auch Lörcher, NJW 2002, 1092/1093.

[598] Die interprofessionelle Zusammenarbeit mit Wirtschaftsprüfern ist dennoch auch in der EU erst jüngst unter dem Stichwort „Rat und Testat" aus einer Hand auf den Prüfstand geraten; vgl. KOM (2003) 286 endg. (21.05.2003), S. 13.

Das Urteil ist jedoch in anderer Hinsicht von Bedeutung, als dass es auch in Bezug auf das europäische Wettbewerbsrecht die Sonderstellung der Rechtsanwälte und der Freien Berufe allgemein in Bezug auf ihre Berufsmerkmale hervorhebt und als Schranken des europäischen Gemeinschaftsrechts heranzieht. Der EuGH unterstreicht dabei die Bedeutung der Standes- bzw. Berufsregeln, wonach „der Rechtsanwalt sich in einer Position der Unabhängigkeit gegenüber staatlichen Stellen, anderen Wirtschaftsteilnehmern und Dritten befindet, von denen er sich zu keiner Zeit beeinflussen lassen darf." Er müsse insoweit die Gewähr dafür bieten, „dass sämtliche Handlungen, die er in einer Angelegenheit vornimmt, ausschließlich vom Interesse seines Mandanten bestimmt sind."

Der EuGH bejaht somit eine Vereinbarkeit berufsrechtlicher Regelungen mit europäischem Wettbewerbsrecht, wenn diese *der Allgemeinheit und den Interessen des Mandanten* und nicht nur den Interessen der Mitglieder des Berufsstandes dienen.[599] Es gelten insofern also vergleichbare Kriterien wie im deutschen Verfassungsrecht.

§ 3 Zusammenfassung und Stellungnahme

Sowohl der EuGH als auch das BVerfG weisen dem Berufsbild und hier insbesondere der anwaltlichen Unabhängigkeit einen hohen Stellenwert zu. Im Rahmen der Verhältnismäßigkeitsprüfung berufsrechtlicher Eingriffe stellen beide Gerichte den Schutz der Rechtspflege und den Schutz der Rechtssuchenden als zulässige gesetzgeberische Ziele heraus, die sodann im Rahmen der Erforderlichkeitsprüfung näher zu fundieren sind. Vor dem Hintergrund, dass der EuGH es als zulässig erachtet, „jedes Risiko eines Interessenkonflikts zu vermeiden",[600] gewährt der EuGH dem Gesetzgeber hier eine weitgehende Eingriffsbefugnis.
Das BVerfG verfolgt einen ähnlichen Ansatz, lässt aber ausdrücklich rein wirtschaftliche Einflussmöglichkeiten außer Betracht.[601]

Im weiteren Unterschied zum BVerfG geht der EuGH nicht von einer Vergleichbarkeit des Rechtsanwaltsberufes mit dem des Wirtschaftsprü-

---

[599] Diesem Ansatz folgt auch die europäische Kommission, vgl. Lörcher, NJW 2002, 1092/1093; Schaub, AnwBl 2002, 18/19.
[600] EuGH, NJW 2002, 877/881.
[601] Vgl. BVerfG, NJW 2002, 503/504.

fers aus. So würden für den Beruf der Wirtschaftsprüfer „allgemein und insbesondere in den Niederlanden" keine vergleichbaren standesrechtlichen Erfordernisse (an die Unabhängigkeit) gelten.[602] Der EuGH fügt aber an, dass für Wirtschaftsprüfer in den Niederlanden, „anders als etwa im deutschen Recht", außerdem kein Berufsgeheimnis gelte.[603] Auch im Übrigen ist diese Feststellung für das deutsche Recht ohne Belang, da hier die Kompatibilität des Wirtschaftsprüferberufes mit dem Anwaltsberuf, um die es in der zitierten Entscheidung ging, längst gesetzlich geregelt ist und es hier außerdem nicht um eine Vergleichbarkeitsprüfung im Sinne des Gleichbehandlungsgrundsatzes ging.

Für die verfassungsrechtliche Beurteilung berufsrechtlicher Regelungen bleibt es jedenfalls dabei, dass sich die Regelungen für Rechtsanwälte, Steuerberater und Wirtschaftsprüfer grundsätzlich aneinander messen lassen müssen, soweit die verbleibenden Unterschiede dieser Berufe eine unterschiedliche Behandlung rechtfertigen.

[602] EuGH, NJW 2002, 877/881.
[603] EuGH, NJW 2002, 877/881.

4. Kapitel: Die gesetzlichen Regelungen der Anwalts-GmbH

Im Folgenden sind nun die bestehenden gesetzlichen Regelungen der Anwalts-GmbH, soweit sie gesellschaftsrechtliche Regelungen modifizieren, anhand der verfassungsrechtlichen Vorgaben zu überprüfen.
Dabei stellt sich jeweils die Frage, ob diese Regelungen aus den hier zuvor herausgestellten, nunmehr allein zulässigen Gründen des Schutzes der Rechtssuchenden oder der Rechtspflege gerechtfertigt sind.[604]
Soweit hier gegenüber dem Recht der Wirtschaftsprüfungs- und Steuerberatungsgesellschaften abweichende Regelungen getroffen wurden,[605] ist dabei insbesondere zu untersuchen, inwiefern hier ein verfassungsrechtlicher Harmonisierungsanspruch gegenüber diesen Regelungen besteht.
Den Ausgangspunkt der Betrachtung bildet jeweils ein Blick auf die gesellschaftsrechtlichen Ausgangsregelungen des GmbH-Gesetzes, ohne die der Sinn der jeweiligen berufsrechtlichen Modifikation nicht verstanden werden kann.

§ 1 Gesellschafterversammlung

I. Die Rechte der Gesellschafter in der Gesellschafterversammlung nach dem GmbHG

Der Aufgabenkreis der Gesellschafter bestimmt sich grundsätzlich nach § 46 GmbHG. Von besonderer Wichtigkeit ist dabei die Kompetenz zur Bestellung und Abberufung von Geschäftsführern sowie zur Überprüfung und Überwachung der Geschäftsführung (§ 46 Nr. 5, 6 GmbHG). In Verbindung mit dem nach § 37 I GmbHG bestehenden Weisungsrecht wird der Gesellschafterversammlung so ein maßgeblicher Einfluss auf die Führung der Geschäfte der GmbH gesichert.[606] Die Gesellschafterversammlung ist daher das maßgebliche Organ der GmbH.[607]

---

[604] S. dazu oben Kap. 3 § 3.
[605] S. dazu zusammenfassend oben 3. Kap. § 1 IV 2 e.
[606] Vgl. Lutter/Hommelhoff, GmbHG, § 37, Rn. 1; Scholz- K. Schmidt, GmbHG, § 45, Rn. 6; ausführlich Konzen, NJW 1989, 2977 ff.
[607] Hachenburg-Hüffer, GmbHG, § 45, Rn. 15, Scholz- K. Schmidt, § 45, Rn. 5; K. Schmidt, Gesellschaftsrecht, § 36 I 2.

Die von den Gesellschaftern in Angelegenheiten der Gesellschaft zu treffenden Bestimmungen erfolgen durch Beschlussfassung nach der Mehrheit der abgegebenen Stimmen (§ 47 I GmbHG). Grundsätzlich gewähren jede fünfzig Euro eines Geschäftsanteils eine Stimme (§ 47 II GmbHG). Hier können aber auch abweichende Bestimmungen getroffen werden.

II. Die berufsrechtlichen Regelungen

Die Gesellschafterstellung steht in der Rechtsanwalts-GmbH (§ 59e I S. 1 BRAO) wie auch in der Wirtschaftsprüfungs- oder Steuerberatungs-GmbH[608] (§ 24 IV Nr. 1 WPO; § 50a I Nr. 1 StBerG) grundsätzlich nur Berufsangehörigen sowie verwandten Berufen offen. Unterschiede bestehen zwischen den drei verwandten Berufsausübungsgesellschaften hinsichtlich der Beteiligungsmöglichkeiten von anderen Berufsausübungsgesellschaften, dem Gebot aktiver Berufsausübung und den jeweiligen Mehrheitserfordernissen.[609]

III. Einzelfragen

1. Nicht sozietätsfähige Berufe als Gesellschafter?

a.) Problemstellung

In der Literatur ist, zunächst von *Römermann*[610], die Auffassung vertreten worden, auch Angehörige anderer als der nach § 59a BRAO sozietätsfähigen Berufe sollten sich an einer Rechtsanwalts-GmbH beteiligen können. Es komme für die Rechtsanwalts-GmbH nur darauf an, dass die bei ihr angestellten bzw. als Geschäftsführer tätigen Rechtsanwälte eigenverantwortlich und unabhängig ihren Beruf ausüben könnten. Dies sei bereits durch § 1 BRAO sichergestellt, der berufsbezogene Weisungen der Gesellschafterversammlung untersage. Die berufsrechtliche Befugnis zur Vornahme der zur ordnungsgemäßen Mandatswahrnehmung erforderlichen Akte der Geschäftsführung und Vertretung der Gesellschaft könne den bei ihr tätigen Rechtsanwälten nicht, auch nicht durch die Mehrheit der Kapitaleigner, genommen werden. Eine weitergehende Schutzbedürftigkeit der Rechtsanwälte vor den Beschlüssen der Gesellschaftermehrheit sei nicht erkennbar. Der Syndikusanwalt befinde sich im übrigen in einem Anstellungsverhältnis mit einem Unter-

---

[608] Hier jeweils mit Ausnahme der „Altgesellschaften“, vgl. Kap. 2 § 5 I 2 f aa.

[609] S. dazu Kap. 3 § 1 IV 2 a.

[610] Römermann, Entwicklungen und Tendenzen, S. 157.

nehmen, deren Kapitaleigner sogar ausschließlich Kaufleute sein könnten; § 46 BRAO enthielte insoweit keine Beschränkung. Dann müsse aber eine GmbH, deren Unternehmensgegenstand sich auf die Rechtsberatung erstrecke, von etwaigen Restriktionen frei bleiben.
Dieser Auffassung angeschlossen haben sich gewissermaßen auch *Prütting* und *Kleine-Cosack*, die dafür plädieren, es insbesondere größeren Unternehmen zu ermöglichen, ihre Rechtsabteilungen in einer Rechtsanwalts-GmbH kostengünstig „outsourcen" zu können.[611] Dies aber würde freilich voraussetzen, dass der Kreis der möglichen Gesellschafter einer Rechtsanwalts-GmbH nicht an eine berufsrechtliche Qualifikation und Zulassung geknüpft wird und zumindest auch auf gewerbliche Unternehmen erweitert wird.
Insbesondere *Henssler* hält demgegenüber eine Entwicklung, bei der etwa Banken und Versicherungsgesellschaften ihre Rechtsabteilung verselbstständigen und als im Konzernverband abhängige Rechtsanwalts-GmbH gestalten können, im Sinne der Anwaltschaft[612], aber auch des Mandantenschutzes[613] für höchst bedenklich. Es sei vielmehr erforderlich, das Kapital an die Berufszugehörigkeit zu binden, um so jeglicher Beeinträchtigung der für die freie Advokatur unverzichtbaren Unabhängigkeit von vorne herein entgegenzuwirken.[614]

b.) Stellungnahme

Die bestehende Bindung des Kapitals der Rechtsanwalts-GmbH an Rechtsanwälte und andere sozietätsfähige Personen ist inhaltlich geboten und auch verfassungsrechtlich unbedenklich.
Die Regelung verfolgt den zulässigen Zweck des Schutzes der Mandanten[615] vor der Gefahr sachfremd beeinflusster Rechtsberatung und -vertretung.

Das Postulat der anwaltlichen Unabhängigkeit und das damit verbundene Gebot der verantwortlichen Führung der Gesellschaft durch Rechts-

---

[611] Prütting, AnwBl 2001, 313/317; ders. in: Hommerich/Prütting, Syndikusanwalt, S. 46 f.; vgl. auch Kleine-Cosack, NJW 2000, 1593/1598 f.
[612] Henssler, JZ 1992, 697/703 f.
[613] Henssler, ZIP 1996, 485/490.
[614] Henssler, JZ 1992, 697/703.
[615] Vgl. auch Henssler, ZIP 1996, 485/490.

anwälte (§ 59f I S. 1 BRAO) als Merkmal der Freiberuflichkeit[616] machen es im Übrigen auch erforderlich, dass die Möglichkeit gesellschaftsrechtlicher Einflussnahmen durch Berufsfremde, die ihrerseits nicht zumindest an ein vergleichbares Berufsrecht gebunden sind, ausgeschlossen wird. Rechtsanwaltsgesellschaften, die etwa in der Hand gewerblicher Unternehmen sind, bieten schlicht nicht die Gewähr für eine unabhängige und zugleich an den Interessen des Mandanten orientierte Rechtsberatung und -vertretung. Gerade das Vertrauen des Mandanten, aber auch Dritter[617] in die Unabhängigkeit des Anwalts ist es, die den Anwalt von vielen fachkompetenten Stellen, die Beratungsdienste anbieten oder gewähren, unterscheidet.[618] Mitarbeiter etwa von Rechtsschutzversicherungen oder von Versicherungen überhaupt müssen dagegen immer auch die Interessen ihres Unternehmens berücksichtigen.[619] Dies ist – entgegen *Römermann* – auch im Hinblick auf den Syndikusanwalt nicht ohne entsprechende rechtliche Konsequenz. Das Gesetz sieht hier vielmehr vor, dass der für einen nichtanwaltlichen Arbeitgeber tätige Rechtsanwalt in dieser Eigenschaft Dritten keinen Rechtsrat erteilen darf (Art. 1 § 6 RBerG) und seinen Arbeitgeber nicht in seiner Eigenschaft als Rechtsanwalt gerichtlich vertreten darf (§ 46 BRAO). Diese Regelungen zeigen, dass die anwaltlichen Befugnisse insoweit mit der Pflicht zur anwaltlichen Unabhängigkeit korrespondieren.

Die gesellschaftsrechtliche Möglichkeit der Einflussnahme hingegen würde entsprechend dazu führen, dass der in der GmbH tätige Rechtsanwalt nicht allein den Mandanteninteressen, sondern auch den möglicherweise sachfremden Interessen berufsfremder Kapitaleigner verpflichtet ist. Dies birgt eine erhebliche Gefahr der Interessenkollision zu Ungunsten des Mandanten. Denkbar ist hier eine Unzahl verschiedener Gefahrenkonstellationen. Ist etwa der Rechtsschutzversicherer des Mandanten an der Gesellschaft beteiligt, so könnte er darauf hinwirken, auch einen aussichtsreichen Prozess aus Kostenersparnis nicht zu füh-

---

[616] Vgl. Kaminski, WP-Handbuch, Kap. A, Rn. 101 im Hinblick auf Wirtschaftsprüfungsgesellschaften.

[617] Vgl. den Fall BGH, NJW 1999, 1715, in dem ein Unternehmen eine Vergabeentscheidung dadurch zu beeinflussen versuchte, dass es die betriebsinterne Stellungnahme ihres Syndikusanwaltes als die eines unabhängigen Rechtsanwaltes ausgab.

[618] Busse, AnwBl 2001, 130/135.

[619] Busse, AnwBl 2001, 130/135; zur Unabhängigkeit als Wettbewerbsvorteil, vgl. auch Hommerich, AnwBl, Sonderheft 2/2000, S. 17/20 f.

ren. Beteiligt sich eine Bank, so steht etwa zu befürchten, dass der Rechtsanwalt sich verpflichtet fühlt, ihm anvertraute Informationen über die Liquidität oder die Geschäftsbeziehungen des Mandanten zu offenbaren.
Vergleichbare Gründe lagen nicht zuletzt auch der Einführung der Kapitalbindung, insbesondere bei Steuerberatungsgesellschaften zu Grunde.[620]

Der Einfluss berufsfremder Kapitaleigner ließe sich auch nicht durch eine Beschränkung der Gesellschafterrechte ausschließen. Nach ungeschriebenen Prinzipien des GmbH-Rechts darf die Stellung der Gesellschafterversammlung als oberstes Organ nicht beseitigt werden.[621] *Römermann* geht daher auch selbst davon aus, dass die Geschäftspolitik in Händen der Kapitaleigner bleiben müsse.[622] Auch trotz der Begrenzung des Weisungsrechts nach § 59f IV BRAO verbleiben damit bei der Gesellschafterversammlung wesentliche Einflussmöglichkeiten auf die Geschäfte der GmbH. Zu nennen ist hier vor allem das Recht auf Bestellung und Abberufung der Geschäftsführer.

2. Mehrheitserfordernisse

a.) Problemstellung

Auch wenn durch die Zulässigkeit interprofessioneller Kooperation nach § 59e I S. 1 BRAO grundsätzlich eine im Vergleich zum EU-Ausland und anderen Staaten liberale Basis für eine umfassende Rechts- und Wirtschaftsberatung geschaffen wurde, so stellen die divergierenden Mehrheitserfordernisse hinsichtlich der Kapital- und Stimmanteile dann ein Hindernis dar, wenn es um die gleichzeitige Zulassung als Rechtsanwalts- und Wirtschaftsprüfungskapitalgesellschaft geht.[623] Eine gleichzeitige Zulassung kann in einer solchen Konstellation nur erreicht werden, wenn zumindest ein „Doppelbänder" als Gesellschafter vorhanden ist, der seinerseits die gleichzeitige Zulassung als Rechtsanwalt und als Wirtschaftsprüfer besitzt.

---

[620] Vgl. Gehre, StBerG, § 50a, Rn. 1 m. w. N.
[621] Baumbach/Hueck-Zöllner, GmbHG, § 45, Rn. 5.
[622] Hartung/Holl-Römermann, 2. Aufl., BRAO, § 59f, Rn. 9; ähnl. Zuck, Anwalts-GmbH, § 59f, Rn. 39.
[623] Vgl. oben Kap. 3 § 1 IV 2 a aa aaa.

Es stellt sich daher die Frage, ob auf dieses Mehrheitserfordernis zur Erleichterung der interprofessionellen Kooperation nicht gänzlich verzichtet werden sollte bzw. im Hinblick auf eine nicht gerechtfertigte Ungleichbehandlung gegenüber Steuerberatungsgesellschaften und Wirtschaftsprüfungsgesellschaften sogar verzichtet werden muss.
Seitens der Literatur wird das Mehrheitserfordernis zudem vor dem Hintergrund kritisiert, dass es für GbR oder Partnerschaft an einer vergleichbaren Regelung fehle.[624] Zumindest könnten aber, so der Vorschlag von *Henssler*, paritätisch besetzte Gesellschaften gleichzeitig als Rechtsanwalts- und Wirtschaftsprüfungsgesellschaften zugelassen werden. Es würde also genügen, ein Mehrheitserfordernis zugunsten der Rechtsanwälte nur für jene Gesellschaften vorzuschlagen, die ausschließlich als Rechtsanwalts-GmbH firmieren. Die eigenständigen Interessen der einzelnen Berufsgruppen könnten auch dann gewahrt sein, wenn die berufsspezifischen Aufgaben der Gesellschaft nur von den berufsrechtlich hierzu befugten Gesellschaftern übernommen werden.[625]

b.) Stellungnahme

Zu unterscheiden sind folglich zwei Problemstellungen: zum Einen erscheint es fraglich, warum es bei den drei verwandten rechts- und steuerberatenden Berufen verschiedene Mehrheitserfordernisse gibt. Zum Anderen ist zu fragen, warum dies von Rechtsform zu Rechtsform divergiert.
Die unterschiedliche Behandlung der verschiedenen Berufe lässt sich jedoch bereits daraus erklären, dass der Steuerberaterberuf normativ jeweils nur einen Ausschnitt des Wirtschaftsprüfer- oder Rechtsanwaltsberufes darstellt.[626] Es kann insofern genügen, wenn ein Rechtsanwalt oder ein Wirtschaftsprüfer Alleingesellschafter einer Steuerberatungsgesellschaft ist. Um dennoch den Charakter als Steuerberatungsgesellschaft zu wahren, ist es nach Ansicht des BFH in diesem Fall nur erfor-

---

[624] Henssler, AnwBl, Sonderheft 2/2000, S. 77/80; ders., NJW 1999, 241/244 f.; ders., ZIP 1997, 1481/1485 f.; vgl. auch ders. in: Henssler/Streck, Sozietätsrecht, Kap. E, Rn. 201; Römermann, GmbHR 1999, 526/527; NZG 1998, 81; ders., GmbHR 1997, 530/534.

[625] So Henssler, ZHR 161 (1997), 305/319; a. A. Haibt, Kapitalbeteiligung Berufsfremder, S. 190.

[626] Vgl. nur Kamps, Der Rechtsanwalt in der Steuerberatungsgesellschaft, S. 274.

derlich, dass zumindest ein (angestellter) Steuerberater als Geschäftsführer bestellt ist.[627]

Anders muss sich die Rechtslage indes bei Rechtsanwalts- und Wirtschaftsprüfungsgesellschaften darstellen, da dem Wirtschaftsprüfer und dem Rechtsanwalt jeweils bestimmte Aufgaben gesetzlich vorbehalten sind.

Hieraus resultiert zwangsläufig, dass ein Nur-Wirtschaftsprüfer alleine keine Rechtsanwaltsgesellschaft gründen darf, da er die rechtberatenden Tätigkeiten nicht umfassend wahrnehmen darf.[628] Vergleichbares gilt umgekehrt.

Bei interprofessionellen Zusammenschlüssen ist daher zumindest eine dominierende Stellung des namensgebenden Berufes erforderlich, um sicherzustellen, dass diejenige Berufsgruppe, die mit entsprechenden rechtlichen Kompetenzen ausgestattet ist, den maßgeblichen Einfluss in dieser Gesellschaft ausübt.

Erwägenswert wäre es unter vorstehenden Voraussetzungen allenfalls, bei einem Zusammenschluss eines Nur-Wirtschaftsprüfers und eines Nur-Rechtsanwalts auf das Mehrheitserfordernis zu verzichten, soweit die Gesellschaft gleichzeitig als Rechtsanwalts- und als Wirtschaftsprüfungsgesellschaft zugelassen wird.

Eine dahingehende Änderung der bestehenden berufsrechtlichen Regelungen würde indes gegen europarechtliche Vorgaben verstoßen.[629] Gem. Art. 2 I b ii) und iii) der Richtlinie 84/253/EWG[630] muss zum Einen die Mehrheit der Stimmrechte im Besitz von Wirtschaftsprüfern (oder Wirtschaftsprüfungsgesellschaften) sein. Zum Anderen muss die Mehrheit der Mitglieder des Verwaltungs- und Leitungsorgans aus Wirtschaftsprüfern bestehen. Eine Aufhebung dieser Regelung steht derzeit wohl nicht zu erwarten, zumal die EU derzeit bestrebt ist, die Unabhängigkeit der Wirtschaftsprüfer durch eine Trennung von Prüfung und Beratung zu sichern.[631]

---

[627] BFHE 172, 266; weitergehend Kamps, Der Rechtsanwalt in der Steuerberatungsgesellschaft, S. 279 ff., der einen Fachanwalt für Steuerrecht als Geschäftsführer insofern genügen lassen will.

[628] Vgl. Rennen/Caliebe, RBerG, Art. 1 § 5, Rn. 50.

[629] Vgl. auch Haibt, Kapitalbeteiligung Berufsfremder, S. 191 ff.

[630] ABl. EG Nr. L 126 vom 12.5.1984, S. 21 f.

[631] Vgl. KOM (2003) 286 endg. (21.05.2003), S. 13.

Die Frage, warum es bei der Berufsausübungskapitalgesellschaft, anders als bei anderen Rechtsformen, überhaupt derartiger Mehrheitserfordernisse bedarf, erklärt sich m. E. aus der Überlegung, dass eine Rechtsanwalts- oder eine Wirtschaftsprüfungsgesellschaft auch im *berufsrechtlichen Sinne* rechtsfähig ist. Durch das Zulassungsverfahren[632] wird sie selbst zum Berufsträger, der mit gleichen Rechten und Pflichten wie eine natürliche Person mit entsprechender Zulassung ausgestattet ist. Eine solche berufsrechtliche Gleichstellung von natürlicher und juristischer Person kann aber nur dann gerechtfertigt sein, wenn die Berufsausübungsgesellschaft von natürlichen Personen mit entsprechender Zulassung verantwortlich geführt wird (vgl. auch § 1 III S. 2 WPO).[633]
Die Sozietät als GbR erfährt eine solche berufsrechtliche Gleichstellung nicht. Sie ist, obwohl im Übrigen rechtsfähig[634], im berufsrechtlichen Sinne nicht mit den Rechten und Pflichten eines Rechtsanwalts (oder Wirtschaftsprüfers) ausgestattet (§ 59l S. 3 BRAO) und steht – anders als die Rechtsanwaltsgesellschaft[635] - damit nicht einem Rechtsanwalt als natürliche Person gleich. Die Sozietät ist also im berufsrechtlichen Sinne nach wie vor *nicht* rechtsfähig.[636]
Gleiches gilt für die Partnerschaft, deren berufsrechtliche Rechtsfähigkeit als Steuerberatungs- oder Wirtschaftsprüfungsgesellschaft[637] von eben dieser berufsrechtlichen Zulassung abhängig gemacht wird.[638]

3. Beteiligungsmöglichkeiten an Rechtsanwaltsgesellschaften

a.) Rechtsanwaltsgesellschaften als Gesellschafter

aa.) Problemstellung

Neben natürlichen Personen können sich seit jeher an Wirtschaftsprüfungsgesellschaften auch ihrerseits Wirtschaftsprüfungsgesellschaften

---

[632] Nicht bereits mit der Gründung der juristischen Person; so aber wohl Pluskat, AnwBl 2003, 311/312.
[633] Vgl. Haibt, Kapitalbeteiligung Berufsfremder, S. 193 f.
[634] BGH, NJW 2001, 1056.
[635] S. dazu auch § 1 I S.2 BRAGO.
[636] Hierin liegt kein Widerspruch zur Entscheidung des II. Senats zur Rechtsfähigkeit im gesellschaftsrechtlichen Sinne, vgl. BGH, NJW 2002, 1207.
[637] Für die Rechtsanwalts-Partnerschaft ist dies indes unverständlicherweise nicht vorgesehen.
[638] Vgl. BFHE 187, 153, wonach eine Steuerberater-Partnerschaft ohne berufsrechtliche Zulassung nicht dem Steuerberater als natürliche Person gleichgestellt ist, also selbst auch keine Steuerberatung durchführen darf.

beteiligen, die die entsprechenden Voraussetzungen erfüllen. Der Gesetzgeber hat erst kürzlich – ohne auf die berufliche Unabhängigkeit auch nur einzugehen – diese Möglichkeit auch Steuerberatungsgesellschaften eröffnet.[639] Den Gesetzesmaterialien ist dabei als Begründung lediglich zu entnehmen, hierdurch werde eine „Angleichung" der Regelungen für Steuerberatungsgesellschaften an die für Wirtschaftsprüfungsgesellschaften vorgenommen.[640] Für die Rechtsanwaltsgesellschaft ist dies indes gem. § 59c II bzw. § 59e I S. 1 BRAO ausgeschlossen. Laut Gesetzesbegründung hier solle damit die Gefahr von Abhängigkeiten und Einflussnahmen vermieden werden.[641]
Die insoweit bestehende Ungleichbehandlung wird in der Literatur teilweise als nicht gerechtfertigt empfunden.[642]

bb.) Stellungnahme
Ein Grund für die Ungleichbehandlung von Rechtsanwaltsgesellschaften einerseits und Wirtschaftsprüfungsgesellschaften und jetzt auch Steuerberatungsgesellschaften andererseits in Bezug auf die Bildung mehrstöckiger Gesellschaften scheint auf den ersten Blick nicht erkennbar. Dabei erscheint es insbesondere unklar, warum bei Rechtsanwaltsgesellschaften die Gefahr von Abhängigkeiten und Einflussnahmen insoweit größer einzuschätzen sein soll. Auch wird die Möglichkeit sachfremder Einflüsse durch Berufsfremde ja gerade dadurch ausgeschlossen, dass die berufsrechtlichen Anforderungen auf jeder Ebene gleichfalls eingehalten werden müssen.

Zu bedenken ist jedoch, dass bei einer kapitalmäßigen Überschneidung von zwei oder mehr Rechtsanwaltsgesellschaften, wie auch bei einer personenbezogenen Überschneidung (Sternsozietät) eine gesteigerte Gefahr von Interessenkonflikten besteht.
Dies wäre etwa der Fall, wenn eine Rechtsanwaltsgesellschaft Anteile an einer anderen Rechtsanwaltsgesellschaft hält, die in einem Rechtsstreit die Gegenpartei vertritt. Die Gesellschaft wäre damit gewissermaßen auf beiden Seiten des Rechtsstreits vertreten. Dies wäre ein unhalt-

---

[639] 7. StBerÄndG vom 29.6.2000, BGBl. I , S. 884.
[640] BT-Drucks. 14/2667, S. 33.
[641] BT-Drucks. 13/9820, S. 13.
[642] Zuck, Anwalts-GmbH, Einl., Rn. 40 und § 59c, Rn. 36.

barer Zustand im Sinne der Mandanteninteressen und auch der Rechtspflege.
Derartige Interessenkonfliktlagen entstehen im Unterschied hierzu bei mehrstöckigen Wirtschaftsprüfungsgesellschaften oder Steuerberatungsgesellschaften in der Regel nicht, da diese in einem Rechtsstreit allenfalls dem Staat gegenübertreten. Insofern bestehen hier durchaus tragbare Gründe für eine differenzierte Behandlung.

b.) Partnerschaftsgesellschaften als Gesellschafter

aa.) Problemstellung

Auch anwaltlichen Partnerschaftsgesellschaften ist eine Beteiligung an Rechtsanwaltsgesellschaften verwehrt. Dies beruht bereits schon darauf, dass diese nach anwaltlichem Berufsrecht keine Zulassung erlangen können.

bb.) Stellungnahme

Hinsichtlich der Beteiligungsmöglichkeit von Partnerschaftsgesellschaften an Rechtsanwaltsgesellschaften gelten die gleichen grundlegenden Bedenken wie bei der Beteiligung von Kapitalgesellschaften. Insofern ist also auch hier eine gegenüber dem Recht der Steuerberater und Wirtschaftsprüfer bestehende Ungleichbehandlung gerechtfertigt, als dass sie kapitalmäßige Verflechtungen mit den daraus möglicherweise resultierenden Interessenkonflikten verhindert.
Nicht erklärbar ist hierdurch allerdings der Umstand, dass anwaltlichen Partnerschaftsgesellschaften die berufsrechtliche Zulassung verwehrt wird. Dies kann vorliegend jedoch nicht weiter behandelt werden.

c.) Stiftungen und eingetragene Vereine als Gesellschafter

aa.) Problemstellung

Das Recht der Wirtschaftsprüfungs- und Steuerberatungsgesellschaften sieht jeweils ausdrücklich die Möglichkeit vor, auch Stiftungen und Vereine als Gesellschafter zuzulassen, soweit sie der Altersversorgung der in der Gesellschaft tätigen Personen und ihrer Hinterbliebenen dienen oder – bei Wirtschaftsprüfungsgesellschaften – ausschließlich die Berufsausübung, Berufsfortbildung oder die Wissenschaft fördern. Gem. § 28 IV S. 3 WPO bzw. § 50a II S. 2 StBerG gelten diese Stiftungen und Vereine als Berufsangehörige. Zu beachten bleiben auch hier die für die jeweilige Berufsausübungsgesellschaft geltenden Mehrheitserfordernisse. Rechtsanwaltsgesellschaften kennen diese Option indes nicht. Sie wird nach geltendem Recht unterbunden durch die Voraussetzungen, die an die Gesellschafter gem. § 59e I S. 1 BRAO zu stellen sind sowie durch das Gebot aktiver Berufsausübung (§ 59e I S. 2 BRAO).

bb.) Stellungnahme

Die vorgenannte Ungleichbehandlung steht im Hinblick auf Art. 3 I GG im Rechtfertigungszwang gegenüber den anderslautenden Regelungen für Wirtschaftsprüfer und Steuerberater.[643] Der Gesetzgeber wollte mit diesen Regelungen zwar nur der Anpassung von Altgesellschaften an die neue Kapitalbindung Rechnung tragen, da derartige Stiftungen und Vereine zu dieser Zeit bereits existierten;[644] hierauf beschränkt hat er diese Regelung nach ihrem Wortlaut jedoch nicht. Sie gilt daher gleichwohl auch für jede neugegründete Gesellschaft.[645] Insofern lassen sich hinsichtlich Art. 3 I GG keine Gründe für diese Ungleichbehandlung erkennen.

4. Beteiligungsmöglichkeiten von Rechtsanwaltsgesellschaften an Sozietäten

a.) Problemstellung

Eine Beteiligung von Berufsausübungsgesellschaften an Partnerschaftsgesellschaften ist allgemein nicht möglich, da nach § 1 I S. 3 PartGG nur natürliche Personen Partner sein können.[646] Die Beteiligung von Berufsausübungskapitalgesellschaften an Sozietäten in der Rechtsform der GbR hängt indes vom jeweiligen Berufsrecht ab.[647] Bei interprofessionellen Beteiligungen bestehen allerdings noch einige rechtliche Unklarheiten.[648]

Fest steht jedoch, dass es Rechtsanwaltsgesellschaften bereits gem. § 59c II BRAO verboten ist, sich an Sozietäten zu beteiligen, während Wirtschaftsprüfungsgesellschaften zumindest die Möglichkeiten der Sozietät mit Wirtschaftsprüfern eröffnet ist.[649] Auch diesbezüglich bestehen in Teilen der Literatur Zweifel an der Rechtfertigung für eine derartige Ungleichbehandlung.[650]

---

[643] S. oben Kap. 3 § 1 IV 2.
[644] Vgl. nur BT-Drucks. 10/4268, S. 137; Haibt, Kapitalbeteiligung Berufsfremder, S. 145.
[645] A. A. Meurers in Kuhls/Meurers/Maxl, StBerG, § 50a, Rn. 13.
[646] Vgl. schon oben Kap. 3 § 1 IV 2 dd ccc.
[647] Vgl. auch Zuck, Anwalts-GmbH, § 59c, Rn. 34.
[648] S. oben Kap. 3 § 1 IV 2 dd bbb.
[649] S. oben Kap. 3 § 1 IV 2 dd bbb.
[650] Zuck, Anwalts-GmbH, § 59c, Rn. 36.

b.) Stellungnahme

Auch die vorliegende Ungleichbehandlung erklärt sich aus der Besonderheit, dass Rechtsanwälte sich in einem Rechtsstreit gegenüber stehen können, während dies bei Wirtschaftsprüfern nicht der Fall ist. Hier kann es zu Interessenkonflikten kommen, wenn die an der Sozietät beteiligte Rechtsanwaltsgesellschaft die eine Partei und die Sozietät selbst die andere Partei vertritt.

5. Das Gebot aktiver Berufsausübung

a.) Problemstellung

Eine reine Kapitalbeteiligung an einer Rechtsanwaltsgesellschaft ist auch Angehörigen sozietätsfähiger Berufe untersagt. Vielmehr müssen alle Gesellschafter einer Rechtsanwaltsgesellschaft in der Gesellschaft auch beruflich tätig sein (§ 59e I S. 2 BRAO).

Ein wesentlicher Nachteil dieser Regelung liegt darin, dass etwa frühere Kanzleigründer nach ihrem Ausscheiden nicht mehr als Gesellschafter der Rechtsanwaltsgesellschaft angehören dürfen. Dies kann den Effekt haben, dass die persönliche Beziehung des ausscheidenden Gesellschafters zu seinen langjährigen Geschäftspartnern nicht mehr nutzbar gemacht werden kann. Hierunter kann die Unternehmenskontinuität nachhaltig leiden.[651]

Problematisch ist auch hier wiederum, dass das Gebot aktiver Berufsausübung bei Wirtschaftsprüfungs- und Steuerberatungsgesellschaften jeweils nur eingeschränkt gilt (vgl. § 28 IV Nr. 1 WPO; § 50a I Nr. 1 StBerG). Fraglich ist daher auch hier insbesondere, inwiefern sich diese Ungleichbehandlungen rechtfertigen lassen.[652]
Seitens der Literatur wird zudem vereinzelt kritisiert, dass die Regelung ihren Zweck verfehle. Eine „mehr als gelegentliche Tätigkeit" schließe es nicht aus, dass der Rechtsanwalt im großen Umfang als Einzelanwalt

---

[651] Nerlich, Internationale Kooperation, S. 138 f.; ders., AnwBl 1994, 529/534; vgl. auch Bakker, AnwBl 1993, 245/248.
[652] S. schon oben Kap. 3 § 1 IV 2 a ff.

tätig sei, sich also im Wesentlichen auf eine Kapitalbeteiligung an der Rechtsanwaltsgesellschaft beschränke.[653]

b.) Stellungnahme

M.E. ist hier schon die Zwecksetzung der Regelung in Frage zu stellen. Denn die Ausrichtung der Rechtsanwaltsgesellschaft als Berufsausübungsgesellschaft allein verfolgt an sich noch keinen legitimen Gesetzeszweck. Wie bereits festgestellt, kann allein der Schutz der Mandanten oder der Rechtspflege im Rahmen berufsrechtlicher Regelungen als Rechtfertigung herangezogen werden.[654]

Insofern besteht aber kein weitergehendes Erfordernis, dass alle Gesellschafter eine entsprechende berufliche Zulassung als Rechtsanwalt besitzen bzw. nach seinem Ausscheiden aufrechterhalten müssen.[655]

Die jeweils unterschiedliche Behandlung von Rechtsanwaltsgesellschaften, Wirtschaftsprüfungsgesellschaften und Steuerberatungsgesellschaften ist zudem einer nachvollziehbaren Begründung nicht zugänglich und damit willkürlich i. S. d. Art. 3 I GG.

6. Das Verbot der Sternsozietät

a.) Problemstellung

Anders als bei Wirtschaftsprüfungs- und Steuerberatungsgesellschaften ist es den Gesellschaftern einer Rechtsanwaltsgesellschaft untersagt, ihren in der Rechtsanwaltsgesellschaft ausgeübten Beruf in einem anderen beruflichen Zusammenschluss auszuüben (Verbot der Sternsozietät). Das Verbot der Sternsozietät hat – wie bereits erörtert – von vielen Aspekten her Kritik erfahren. Bei grenzüberschreitenden Sachverhalten ist es nach der hier vertretenen Auffassung allerdings europarechtskonform.[656] Für rein innerdeutsche Sachverhalte stellt sich indes vor allem die Frage der Vereinbarkeit mit dem Gleichheitsgrundsatz, da es an einer entsprechenden Regelung für Wirtschaftsprüfungs- und Steuerberatungsgesellschaften fehlt.[657]

---

[653] Zuck, Anwalts-GmbH, § 59e, Rn. 18.

[654] Kap. 3 § 1 II 4.

[655] Ähnl. schon Bakker, AnwBl 1993, 245/248.

[656] S. oben Kap. 3 § 2.

[657] Vgl. nur Edelmann, DStRE 1999, 776; Henssler, NZG 1999, 1095; ders., ZIP 1998, 2121/2124 f.; Jawansky, DB 2002, 2699/2702; Kilian, NZG 2001, 150/154; ders. WuB VIII B. § 59a BRAO 1.99, 1425/1428; Römermann, AnwBl 1999, 554; wohl auch Gerlt, MDR 1998, 259/261; offengelassen durch BGH, NJW 1999, 2970; vgl. auch Busse, NJW 1999,

b.) Stellungnahme

Dass das Verbot der Sternsozietät nur für den Rechtsanwaltsberuf gilt, erklärt sich jedoch aus einer berufsspezifischen Besonderheit: Rechtsanwälte sind Partei- und Interessenvertreter und stehen sich als solche oftmals auf verschiedenen Seiten einander gegenüber. Dadurch ist die Gefahr der Vertretung widerstreitender Interessen bei Rechtsanwälten einfach größer als bei Steuerberatern und Wirtschaftsprüfern. Denn die Beratung und Interessenvertretung etwa des Steuerberaters ist in der Regel auf das Verhältnis zum Fiskus ausgerichtet. Auch der Wirtschaftsprüfer wird eher selten als Beistand in rechtlichen Auseinandersetzungen auftreten.[658]

Hier mag man einwenden, dass Rechtsanwälte aber auch dann vor Interessenkollisionen nicht gefeit sind, wenn ihre nichtanwaltlichen Mitgesellschafter ihrerseits zulässigerweise[659] sternförmige Verbindungen eingegangen sind. Probleme entstehen hier jedoch nur, wenn diese sternförmigen Verbindungen jeweils mit Rechtsanwälten eingegangen werden. Der wesentlich häufigere Fall ist es indes, dass Steuerberater und Wirtschaftsprüfer neben ihrer Zusammenarbeit mit Rechtsanwälten noch in einer Steuerberatungs- oder Wirtschaftsprüfungsgesellschaft beruflich aktiv sind, jedoch nicht in einer weiteren Rechtsanwaltsgesellschaft.

Selbst wenn dies aber nicht der Fall wäre, wäre dies jedoch kein Argument daher ganz auf das Verbot der Sternsozietät zu verzichten.

Auch darüber hinaus ist das Verbot der Sternsozietät derzeit nicht als unverhältnismäßig anzusehen. Der Verweis auf das ohnehin bestehende Verbot der Vertretung widerstreitender Interessen (§ 43 IV BRAO) besticht hier nicht. Das Problem stellt sich nämlich m. E. noch in der praktischen Realisierbarkeit. Die Beachtung des Verbot der Vertretung widerstreitender Interessen würde nämlich einen „conflict check" bei allen Gesellschaften voraussetzen, an denen ein Sternsozius sonst noch be-

3017/3022, der diese Ungleichbehandlung allerdings primär für berufspolitisch verfehlt hält.

[658] So auch Deichfuß, AnwBl 2001, 645/647.

[659] Vgl. BGH, NJW 1999, 2970 im Hinblick auf die Sozietät; Gleiches wird man aus Gründen der Gleichbehandlung trotz des entgegenstehenden Wortlautes von § 59e II BRAO allerdings auch für Rechtsanwaltsgesellschaften annehmen müssen; vgl. auch BT-Drucks. 13/9820, S. 14, wo § 59a I S. 1 BRAO als Parallelvorschrift bezeichnet wird.

teiligt ist – möglichst zügig, möglichst international und möglichst ohne Nennung des Mandantennamens, denn der unterfällt der anwaltlichen Verschwiegenheit.[660]

Abgesehen davon könnte der Mandant erheblich in seiner Anwaltswahl beschränkt sein, wenn alle Kanzleien des erforderlichen Fachgebiets durch Sternsozii miteinander vernetzt und damit „infiziert" sind.

§ 2 Geschäftsführung

I. Die Rechte der Geschäftsführer nach dem GmbHG

Die GmbH muss einen oder mehrere Geschäftsführer haben (§ 6 I GmbHG), denen, wie der Name schon sagt, die Geschäftsführung auferlegt ist. Sie vertreten die Gesellschaft gerichtlich und außergerichtlich (§ 35 I GmbHG). Grundsätzlich gilt hier Gesamtvertretung (§ 35 II S. 2 GmbHG), es sei denn, dies wurde satzungsmäßig anders festgelegt.
Die Geschäftsführung ist grundsätzlich allumfassend; hierzu gehören Planung, Entscheidung, Abschluss von Rechtsgeschäften, interne Organisation, Überwachung, Personalpolitik, also alles, was notwendig und zweckmäßig ist, um das Ziel des Unternehmens zu erreichen.[661] Da das GmbHG den Gesellschaftern maßgebenden Einfluss auf die Geschäftsführung gewährt (§§ 37 I, 46 GmbHG), unterliegen die Geschäftsführer – anders als der Vorstand der AG – den Weisungen der Gesellschafterversammlung.[662] Sie sind auch nicht befugt, eine langjährige Geschäftspolitik zu ändern, ohne die Gesellschafterversammlung oder den Aufsichtsrat zu befragen.[663]

II. Die berufsrechtlichen Regelungen

Das Weisungsrecht der Gesellschafterversammlung ist, wie andere Einflussnahmen auch, insoweit berufsrechtlich unzulässig, wie es die Unabhängigkeit der Rechtsanwalts-Geschäftsführer bei der Ausübung ihres

---

[660] Näheres s. oben unter Kap. 3 § 2.
[661] Hoffmann/Liebs, Der GmbH-Geschäftsführer, S. 144; Baumbach/Hueck-Zöllner, GmbHG, § 37, Rn. 2; Hachenburg-Mertens, § 37, Rn. 3.
[662] Hoffmann/Liebs, Der GmbH-Geschäftsführer, S. 144 f.; OLG Frankfurt a. M., NJW-RR 1997, 736.
[663] BGH, WM 1991, 635/636.

Rechtsanwaltsberufes beeinträchtigt (§ 59f IV BRAO). Insofern besteht ein deutlicher Unterschied gegenüber der gesellschaftsrechtlichen Regelung des GmbHG.
Jedoch dürfen nicht nur Rechtsanwälte Geschäftsführer einer Anwalts-GmbH sein. Die Bestellung als Geschäftsführer ist auch für Angehörige anderer sozietätsfähiger Berufe möglich (§ 59f II S. 1 BRAO). In diesen Fällen ist es jedoch vorgeschrieben, dass die Geschäftsführer mehrheitlich Rechtsanwälte sein müssen (§ 59f I S. 2).

III. Einzelfragen

1. Zusammensetzung

a.) Problemstellung

Von *Römermann* ist die Auffassung vertreten worden, es könne darauf verzichtet werden, für die Geschäftsführer einer Rechtsberatungs-GmbH eine berufliche Qualifikation vorzuschreiben. Ausgangspunkt für diese Überlegung sei, dass die Geschäftsführung im Sinne der §§ 6, 35 GmbHG nicht die Ausübung der Berufstätigkeit sei, sondern das Kanzleimanagement. Rechtsanwälte seien kraft ihrer Ausbildung zwar zur Rechtsberatung, aber nicht zum Kanzleimanagement prädestiniert. Daher sollte es möglich sein, dass beispielsweise Diplom-Betriebswirte mit Managementerfahrung neben alleinvertretungsberechtigten Rechtsanwälten ebenfalls zum Geschäftsführer bestellt werden können.[664]

b.) Stellungnahme

Römermann ist zuzugeben, dass der von ihm gewählte Ansatz in der Praxis viele Vorteile mit sich bringen könnte. Der Bestellung nichtanwaltlicher Geschäftsführer steht zunächst jedoch entgegen, dass diese ihrerseits anwaltlichen oder vergleichbaren Berufspflichten nicht unterliegen und nicht mit anwaltlichen Befugnissen ausgestattet sind.
Die berufsrechtliche Gleichstellung der Rechtsanwalts-GmbH mit dem Rechtsanwalt als natürliche Person (vgl. nur § 59l S.2 BRAO) erfordert indes die verantwortliche Führung der Gesellschaft durch Rechtsanwälte (§ 59f I S. 1 BRAO). Zwar können daneben auch Berufsfremde wie Steuerberater und Wirtschaftsprüfer als Geschäftsführer bestellt werden. Dies rechtfertigt sich jedoch daraus, dass diese vergleichbaren Berufspflichten unterliegen.

---

[664] Römermann, Entwicklungen und Tendenzen, S. 38 ff., 152f., 167 f.

2. Mehrheitserfordernisse

a.) Problemstellung

Die Anzahl der Geschäftsführer kann sich bei der Anwalts-GmbH nach geltendem Recht jedoch nicht beliebig zwischen Rechtsanwälten und anderen Berufen verteilen. Im Vergleich zu Steuerberatungs- und Wirtschaftsprüfungsgesellschaften gelten hier allerdings jeweils verschiedene Mehrheitserfordernisse.[665]

In der Literstur wird kritisiert, dass für die Anwalts-GmbH geltende Mehrheitserfordernis behindere in Verbindung mit der Regelung über die Zusammensetzung der Kapitaleigner eine interprofessionelle Zusammenarbeit von Rechtsanwälten und Wirtschaftsprüfern in der Kapitalgesellschaft.[666] Sachgründe hierfür seien – so insbesondere *Henssler* – nicht ersichtlich, zumal vergleichbare Vorgaben für die GbR und die Partnerschaft nicht bestünden.[667] *Römermann* verweist zudem darauf hin, dass Maßnahmen der Geschäftsführung ohnehin nur in wenig praktischen Ausnahmen durch Mehrheiten entschieden würden. Gesetzlich gelte hier Gesamtvertretungsbefugnis (§ 35 II S. 2 GmbHG), es sei denn, es werde satzungsmäßig Einzelvertretungsbefugnis vereinbart.[668]

b.) Stellungnahme

Wie die Wirtschaftsprüfungsgesellschaft (§ 1 III S. 2 WPO) und die Steuerberatungsgesellschaft (§ 32 III S. 2 StBerG) muss auch die Rechtsanwaltsgesellschaft – wie erwähnt - von Berufsangehörigen geführt werden (§ 59f I S. 1 BRAO). Dennoch bestehen hier verschiedene Interpretationen, was im Hinblick auf eine Quotierung der Geschäftsführerposten zwischen den sozietätsfähigen Berufen unter verantwortlicher Führung zu verstehen ist: Die Steuerberatungsgesellschaft verlangt Parität, die Wirtschaftsprüfungsgesellschaft verlangt bei zwei Geschäftsführern Parität, sonst eine Mehrheit. Die Rechtsanwaltsgesellschaft verlangt immer die Mehrheit. Diese unterschiedliche Behandlung ist m. E. inhaltlich teilweise nicht nachvollziehbar.

---

[665] S. oben Kap. 3 § 1 IV 2 b bb.

[666] Vgl. Henssler, NJW 1999, 241/245; vgl. auch ders. in: Max Hachenburg, 2. Gedächtnisvorlesung, S. 44; Zuck, MDR 1998, 1317/1319.

[667] Henssler, NJW 1999, 241/245.

[668] Römermann, Entwicklungen und Tendenzen, S. 153.

Die Grundüberlegung hinter dem Grundsatz der verantwortlichen Führung ist – wie erwähnt - der Umstand, dass die jeweilige Berufsausübungsgesellschaft in ihren rechtlichen Befugnissen dem Berufsausübenden als natürliche Person gleichgestellt ist. Es ist daher zunächst einsichtig, dass die rechtliche Kompetenz in gewissem Umfang auch in der Person derjenigen, die eine solche Gesellschaft führen, vorhanden sein muss. Damit wird der Gefahr begegnet, dass eine Gesellschaft als Wirtschaftsprüfungsgesellschaft anerkannt werden müsste, in der sich beispielsweise neben 20 Rechtsanwälten nur ein Wirtschaftsprüfer in der Geschäftsführung befindet[669] oder umgekehrt eine Rechtsanwaltsgesellschaft zugelassen werden müsste, in der 20 Wirtschaftsprüfer einem Rechtsanwalt gegenüberstehen. Dies aber widerspräche auch den Erwartungen der Mandanten gegenüber einer solchen Gesellschaft. Insofern ist eine gewisse Quotierung unerlässlich. Die Entscheidung zwischen Parität und Mehrheit erscheint jedoch diesbezüglich willkürlich, da – wie *Römermann* zurecht betont hat – Geschäftsführungsentscheidungen nur in seltenen Ausnahmen durch die Mehrheit getroffen werden.

Insbesondere bei nur zwei Geschäftsführern muss es genügen, wenn einer von beiden Rechtsanwalt ist, da ansonsten eine interprofessionelle Zusammenarbeit von einem Nur-Wirtschaftsprüfer und einem Rechtsanwalt in einer Rechtsanwaltsgesellschaft sogar gänzlich ausgeschlossen ist.[670] Wirtschaftsprüfern ist nämlich die Berufsausübung im Anstellungsverhältnis einer Rechtsanwaltsgesellschaft grundsätzlich untersagt (§ 43a III Nr. 2 WPO), es sei denn, sie sind dort als Vorstandsmitglied oder Geschäftsführer tätig (§ 43a II S. 1 WPO). Das Mehrheitserfordernis wäre in einem solchen Fall höchst unverhältnismäßig, zumal auch das Recht der Wirtschaftsprüfer diesbezüglich eine Ausnahme kennt.

Auch im Übrigen erscheint es inhaltlich nicht zwingend, eine Mehrheit anwaltlicher Geschäftsführer vorzuschreiben. Zu beachten ist jedoch, dass bei Wirtschaftsprüfungsgesellschaften die parallel hierzu geltende Regelung aus europarechtlichen Vorgaben resultiert.[671] Der deutsche Gesetzgeber darf folglich hinsichtlich der Wirtschaftsprüfungsgesellschaften nicht auf das Mehrheitserfordernis verzichten.

---

[669] Vgl. Haibt, Kapitalbeteiligung Berufsfremder, S. 194.

[670] Die gleichzeitige Zulassung als Wirtschaftsprüfungsgesellschaft bleibt indes wegen der konkurrierenden Vorschriften § 59e III S. 1 BRAO und § 28 IV Nr. 3 WPO nicht möglich.

[671] .Art. 2 b iii der Richtlinie 84/253/EWG.

Eine Zusammenarbeit von mehr als zwei Wirtschaftsprüfern und Rechtsanwälten bei gleichzeitiger Zulassung als Wirtschaftsprüfungs- und Rechtsanwaltsgesellschaft ist daher auch dann nicht möglich, wenn für die Rechtsanwaltsgesellschaft lediglich Parität vorgeschrieben wäre. Zudem fordert der Grundsatz der Gleichbehandlung hier aber auch eine einheitliche gesetzliche Regelung.

§ 3 (Fakultativer) Aufsichtsrat/Beirat

I. Die Rechte des Aufsichtsrats nach dem GmbHG

Anders als bei der AG ist nach dem Recht der GmbH die Bildung eines Aufsichtsrats nicht vorgeschrieben, sondern dem Gesellschaftsvertrag überlassen (§ 52 I GmbHG).
Struktur und Kompetenzen folgen im Gegensatz zum Modell der AG keinem gesetzlichen Zwang.[672] Soweit der Gesellschaftsvertrag nichts Anderes bestimmt, greifen über § 52 I GmbHG eine Vielzahl der für den Aufsichtsrat der AG geltenden Regelungen. Wesentliches Begriffsmerkmal eines Aufsichtsrats ist die Überwachung der Geschäftsführung (vgl. § 111 I AktG, auf den § 52 I GmbHG verweist). Ein Gremium, das diese Aufgaben nicht wahrnimmt, ist kein Aufsichtsrat; umgekehrt ist aber jedes Gremium, das diese Aufgaben wahrnimmt, ohne Rücksicht auf seine Bezeichnung Aufsichtsrat i. S. d. § 52 GmbHG.[673]
Neben dem fakultativen Aufsichtsrat hat sich in der Praxis der gewerblichen Unternehmen die Schaffung noch weiterer Organe etabliert. Unter der – bisweilen unzureffenden – Bezeichnung Gesellschafterausschuss, Beirat oder Verwaltungsrat u.a. werden dort Sonderorgane gebildet, denen in unterschiedlichem Umfang Kompetenzen der Gesellschafterversammlung übertragen werden.[674]

Bei jeder Kompetenzverlagerung ist allerdings zu beachten, dass die Grundlagen der GmbH-Verfassung, insbesondere die Aufgabenteilung zwischen dem Leitungsorgan, dem Aufsichtsorgan und dem Willenbildungsorgan, gewahrt bleibt.[675] Die Dispositionsbefugnis der Gesellschaf-

[672] K. Schmidt, Gesellschaftsrecht, § 36 IV 1 a.
[673] Hachenburg-Raiser, GmbHG, § 52, Rn. 17 ff.; Lutter/Hommelhoff, GmbHG, § 52, Rn. 10; OLG Düsseldorf, WM 1985, 872.
[674] Vgl. Baumbach/Hueck-Zöllner, GmbHG, § 45, Rn. 12 ff.
[675] K. Schmidt, Gesellschaftsrecht, § 36 IV 1 a.

terversammlung (§ 45 I GmbHG) endet insbesondere dort, wo die Rechte den Gesellschaftern aufgrund zwingender Regelungen nicht entzogen werden dürfen.[676] Hierzu zählt die Kompetenz zur Satzungsänderung.[677] Nicht zu dem unabdingbaren Aufgabenkern der Gesellschafter gehört indes beispielsweise die Weisungsbefugnis gegenüber den Geschäftsführern; sie kann folglich durch Gesellschaftsvertrag auch auf den Aufsichtsrat (Beirat) übertragen werden.[678] Auch können dem Aufsichtsrat Einzelmaßnahmen der Geschäftsführung übertragen werden.[679] Daneben können bestimmte Geschäfte an die Zustimmung des Aufsichtsrats gebunden werden (§ 111 IV S. 2 AktG i.V.m. § 52 GmbHG).[680] Auch die Bestellung und Abberufung der Geschäftsführer kann dem Aufsichtsrat oder Beirat übertragen werden.[681] Umstritten ist allerdings, inwieweit die Kompetenzverlagerung gehen kann, wenn der Aufsichtsrat oder Beirat überwiegend oder sogar ganz mit Nichtgesellschaftern besetzt ist. Überwiegend wird hier vertreten, dass der Gesellschafterversammlung das Recht bleiben muss, die gesellschaftsfremden Mitglieder unter zumutbaren Bedingungen abzuberufen oder Aufsichts- bzw. Beiratsentscheidungen abzuändern oder aufzuheben.[682]

II. Die Regelungen nach dem BetrVG 1952

Bei Gesellschaften mit beschränkter Haftung mit regelmäßig mehr als 500 Arbeitnehmern ist die Errichtung eines Aufsichtsrats sogar obligatorisch (§ 77 I S. 1 BetrVG 1952). Ein solcher obligatorischer Aufsichtsrat muss zu einem Drittel aus Vertretern der Arbeitnehmer bestehen (§§ 76 I , 77 I S. 2 BetrVG 1952). Es gilt ein Großteil[683] der für den Aufsichtsrat der AG geltenden Vorschriften entsprechend (§ 77 I S. 2 BetrVG

[676] Vgl. Baumbach/Hueck-Zöllner, GmbHG, § 45, Rn. 5; Großfeld/Brondics, AG 1987, 291/294.
[677] Großfeld/Brondics, AG 1987, 291/295.
[678] BGH, WM 1997, 1015.
[679] Lutter/Hommelhoff, GmbHG, § 52, Rn. 10.
[680] Baumbach/Hueck-Zöllner, GmbHG, § 52, Rn. 64; Hachenburg-Raiser, GmbHG, § 52, Rn. 109; Lutter/Hommelhoff, GmbHG, § 52, Rn. 10; Scholz-Schneider, GmbHG, § 52, Rn. 94; Großfeld/Brondics, AG 1987, 291/294; Thümmel, DB 1995, 2461/2463.
[681] Baumbach/Hueck-Zöllner, GmbHG, § 52, Rn. 63.
[682] Vgl. nur Hachenburg-Raiser, GmbHG, § 52, Rn. 318; Lutter/Hommelhoff, GmbHG, § 46, Rn. 1; Müller in: Beck´sches Handbuch der GmbH, § 6, Rn. 22.
[683] Wie auch beim fakultativen Aufsichtsrat, soweit der Gesellschaftsvertrag nichts Anderes vorsieht (§ 52 I GmbHG).

1952).[684] Die Kompetenzen des obligatorischen Aufsichtsrats können grundsätzlich wie beim fakultativen Aufsichtsrat satzungsmäßig erweitert werden.[685]

III. Das Fehlen berufsrechtlicher Regelungen

Nach alledem ist zunächst festzustellen, dass auf das bei der GmbH in der Regel fakultative Organ in nicht unwesentlichem Umfang Kompetenzen der Gesellschafter, so insbesondere das Weisungsrecht gegenüber den Geschäftsführern, übertragen werden können. Beim fakultativen Aufsichtsrat können dem Aufsichtsrat zudem Kontroll- und Informationsrechte eingeräumt werden. Bei einem – bei der derzeitigen Entwicklung durchaus vorstellbaren[686] – obligatorischen Aufsichtsrat müssen diese Rechte dem Aufsichtsrat sogar übertragen werden.

Umso mehr mag es verwundern, dass weder für Rechtsanwaltsgesellschaften, noch für Wirtschaftsprüfungs- oder Steuerberatungsgesellschaften[687] eine berufsrechtliche Regelung im Hinblick auf die Zusammensetzung oder eventuelle Mehrheitserfordernisse besteht.[688] Lediglich die anwaltliche Verschwiegenheitspflicht wurde bei der Rechtsanwaltsgesellschaft gesetzlich auf die – auch gänzlich berufsfremden – Aufsichtsratsmitglieder erweitert (§ 59 m III BRAO,[689] siehe auch § 203 I Nr. 3 StGB).

Auch in den neu vorgelegten Gesetzgebungsvorschlägen zur Anwalts-AG/KGaA des DAV[690] wie auch der BRAK[691] wurde gänzlich und bewusst auf derartige Regelungen verzichtet.

---

[684] Vgl. im Detail Fitting/Kaiser/Heither/Engels, BetrVG 1952, § 77, Rn. 18 f.

[685] Baumbach/Hueck-Zöllner, GmbHG, § 52, Rn. 157a; Lutter/Hommelhoff, GmbHG, § 52, Rn. 29.

[686] Sozietäten mit mehr als 500 Arbeitnehmern sind bereits Realität, vgl. Vorschlag des Berufsrechtsausschusses und des Sozietätsrechtsausschusses des DAV, AnwBl 2001, 158.

[687] Krit. Meurers In: Kuhls/Meurers/Maxl, StBerG, § 50a, Rn. 16.

[688] Gerlt, MDR 1998, 259/262.

[689] Die Nichtbeachtung ist zwar nicht berufsrechtlich sanktionierbar, wohl aber straf- (s.o.) und haftungsrechtlich gem. § 823 II BGB; vgl. auch Gehre, StBerG; § 72, Rn. 10.

[690] Abgedruckt AnwBl 2001, 158 f.

[691] Prot. 89 der Hauptversammlung in Berlin am 18.5.2001, BRAK-Nr. 184/2001 vom 11.6.2001, bislang unveröffentlicht.

IV. Einzelfragen

1. Zusammensetzung und Mehrheitserfordernisse

a.) Problemstellung

Fraglich erscheint es demnach, ob in der Konsequenz der berufsrechtlichen Anforderungen an die anderen Organe der GmbH auf eine berufsrechtliche Regelung über die Zusammensetzung des Aufsichtsrats und eventuelle Mehrheitserfordernisse in der Anwalts-GmbH – wie bislang - verzichtet werden kann.[692]

Der Vorschlag des DAV[693] zur gesetzlichen Regelung der Anwalts-AG weist diesbezüglich nur auf die Probleme der anwaltlichen Verschwiegenheitspflicht hin: Die Überwachung der Geschäftstätigkeit durch den Aufsichtsrat sollte sich nicht auf Materien erstrecken, die der anwaltlichen Verschwiegenheit unterlägen. Im Hinblick auf die Regelungen in der WPO und im StBerG seien weitergehende Vorgaben indes entbehrlich.[694]

b.) Stellungnahme

Das Problem der Kollision von *anwaltlicher Verschwiegenheitspflicht* und den Einsichts- und Kontrollrechten[695] des Aufsichtsrats ist m. E. auch für die Anwalts-GmbH mit der in § 59m III BRAO[696] getroffenen Regelung nicht als gelöst anzusehen. Es ist vielmehr notwendig, wie es auch der DAV für die Anwalts-AG vorschlägt, die Einsichtsrechte der Aufsichtsratsmitglieder nicht auf Materien zu erstrecken, die der anwaltlichen Verschwiegenheit unterliegen.[697] Ein solches Einsichtsrecht etwa in die Mandantenakten ist für eine ordentliche Aufsichtsratstätigkeit wohl nur selten erforderlich, birgt aber auf der anderen Seite in jedem Fall erhebliche Gefahren, dass vertrauliche Informationen „nach außen dringen".

---

[692] Vgl. auch für die Anwalts-AG Hommelhoff/M. Schwab, WiB 1995, 115/117; Kempter/Kopp, NJW 2001, 777/780; Kilian, NZG 2001, 150/152; Schumacher, AnwBl 2000, 409/411; Stabreit, NZG 1998, 452/453; vgl. hingegen Henssler in: Max Hachenburg, 2. Gedächtnisvorlesung, S. 22; Römermann, ZAP Nr. 6 vom 22.3.2000, Fach 23, S. 471.

[693] AnwBl 2001, 158 f.; s. auch im Anhang.

[694] Eine diesbezügliche Regelung ist im Entwurf hingegen nicht vorgesehen.

[695] Vgl. nur Henssler in: Max Hachenburg, 2. Gedächtnisvorlesung, S. 22.

[696] Vgl. auch § 72 II StBerG; § 56 II WPO

[697] Vgl. den Vorschlag des DAV zur Anwalts-AG, AnwBl 2001, 158 f.; s. auch im Anhang.

Schwerer noch wiegen die mit der *anwaltlichen Unabhängigkeit* verbundenen Probleme, die sich aus dem Zusammenspiel von Gesellschaftsrecht und Anwaltsrecht (und gegebenenfalls dem Arbeitsrecht) ergeben. Wie bereits dargestellt darf nämlich der Gesellschaftsvertrag vorsehen, dass dem Aufsichtrat Gesellschafterrechte, wie etwa ein Weisungsrecht gegenüber den Geschäftsführern oder die Kompetenz zur Bestellung und Abberufung der Geschäftsführer übertragen werden kann. Die rechtlichen Einwirkungsmöglichkeiten des Aufsichtsrats können also in nicht unerheblichen Teilen sogar denen der Gesellschafterversammlung entsprechen ohne, dass hierfür eine entsprechende berufsrechtliche Vorkehrung getroffen wurde. Denkbar wäre nämlich, dass der Aufsichtsrat mit einem oder mehreren wichtigen Mandanten besetzt ist und der Mandant dadurch in eigenen Rechtssachen neben dem Weisungsrecht aus dem Anwaltsvertrag[698] gegenüber der Gesellschaft ein gesellschaftsrechtliches Weisungsrecht gegenüber dem ausführenden Geschäftsführer hat oder gar im eigenen Interesse in fremden Rechtssachen interveniert. Selbst wenn der Rechtsanwalts-Geschäftsführer sich von dieser Weisung durch Mehrheitsentscheidung der Gesellschafterversammlung entbinden lassen kann, stellt dieses Weisungsrecht dennoch eine erhebliche Durchbrechung des Grundsatzes der verantwortlichen Führung durch Rechtsanwälte dar, insbesondere deshalb, weil das Weisungsrecht hier nicht einmal den Beschränkungen des § 59f IV BRAO unterworfen ist. Auch die Möglichkeit der Abberufung birgt ein erhebliches Druckpotential gegenüber dem Rechtsanwalts-Geschäftsführer.

Zwar muss - nach im gesellschaftsrechtlichen Schrifttum überwiegend vertretener Ansicht - der Gesellschafterversammlung das Recht bleiben, die gesellschaftsfremden Mitglieder unter zumutbaren Bedingungen abzuberufen oder Aufsichts- bzw. Beiratsentscheidungen abzuändern oder aufzuheben.[699] Dies allein würde m. E. jedoch nicht den hinreichenden Schutz gegen externe Einflussmöglichkeiten in der Anwalts-GmbH bieten, da in der Anwalts-GmbH ein weitergehenderes, öffentliches Schutzbedürfnis gegen gesellschaftsfremde Einflussnahmen besteht.

Um aber dennoch nicht auf die Möglichkeit zu verzichten, durch Fremdbesetzung in die Anwalts-GmbH externen Sachverstand (etwa in be-

---

[698] Dazu näher oben Kap. 2 § 5 I 2 c.

[699] Vgl. nur Hachenburg-Raiser, GmbHG, § 52, Rn. 318; Lutter/Hommelhoff, GmbHG, § 46, Rn. 1; Müller in: Beck´sches Handbuch der GmbH, § 6, Rn. 22.

triebswirtschaftlichen Fragen) für Kontrolle und Beratung in die Gesellschaft mit einzubeziehen[700], sollte daher m. E. eine Übertragung von Gesellschafter- und Geschäftsführerrechten an den Aufsichtsrat/Beirat berufsrechtlich ausgeschlossen werden.

Ein weitergehendes berufsrechtliches Erfordernis an die Zusammensetzung ergibt sich auch nicht daraus, dass dem Aufsichtsrat satzungsmäßig die Möglichkeit eingeräumt werden kann, bestimmte Geschäfte von seiner Zustimmung abhängig zu machen (§ 52 I GmbHG i.V.m. § 111 IV S. 2 AktG). Der Zustimmungsvorbehalt i. S. d. § 111 IV S. 2 AktG gibt dem Aufsichtsrat keine Möglichkeit, selbst geschäftsführend tätig zu werden, sondern nur von der Geschäftsführung beabsichtigte Geschäfte zu verhindern.[701] Durch den Grundsatz der verantwortlichen Führung durch die Rechtsanwalts-Geschäftsführer (§ 59f I S.1 BRAO) ist die Stellung dieser zudem weitgehend an die Stellung des Vorstandes in der AG angeglichen (vgl. die ähnlichlautende Formulierung in § 76 I AktG). Hieraus kann m. E. aber nur folgen, dass Zustimmungsvorbehalte in der Anwalts-GmbH ähnlichen Grenzen unterworfen sind wie in der AG. Dort werden Zustimmungsvorbehalte mit der verantwortlichen Leitung der Gesellschaft durch den Vorstand dann jedenfalls für unvereinbar angesehen, wenn sie sich auf Geschäfte erstrecken, welche für die Rentabilität oder Liquidität der Gesellschaft nicht von erheblicher Bedeutung sind.[702] Der Aufsichtsrat einer Anwalts-GmbH kann also beispielsweise mitentscheiden, ob ein großes Mandat übernommen wird;[703] er hat aber keinen Einfluss auf die Mandatsausführung als Teil des Tagesgeschäfts. Von daher sind Gefährdungen für die anwaltliche Unabhängigkeit von dieser Seite nicht zu befürchten.

Für die Anwalts-GmbH kann daher – wie auch bei der Steuerberatungs- und der Wirtschaftsprüfungs-GmbH – auf eine berufsrechtliche Regelung der Zusammensetzung weiterer Organe (Aufsichtsrat, Beirat) auch in Zukunft verzichtet werden.

---

[700] Zum Sinn des Beirats/Aufsichtsrats bei der GmbH vgl. Müller in: Beck´sches Handbuch der GmbH, § 6, Rn. 6.

[701] Vgl. nur Höhn, GmbHR 1994, 604.

[702] Vgl. Götz, ZGR 1990, 633/641; vgl. auch § 90 I Nr. 4 AktG

[703] Vgl. auch Kilian, NZG 2000, 150/152 zur Anwalts-AG; aber auch bei Verweigerung der Zustimmung kann der Aufsichtsrat durch die Gesellschafterversammlung überstimmt werden (§ 111 IV S. 2-5 AktG); beim fakultativen Aufsichtsrat genügt nach überwiegender Meinung hierfür sogar eine einfache Mehrheit, vgl. Baumbach/Hueck-Zöllner, GmbHG, § 52, Rn. 65; Lutter/Hommelhoff, GmbHG, § 52, Rn. 29.

2. Das Sonderproblem der unternehmerischen Mitbestimmung

Weitgehend unproblematisch ist auch die Besetzung des obligatorischen Aufsichtsrats gem. § 77 I BetrVG 1952 (oder auch § 1 MitbestG) mit Arbeitnehmervertretern ohne entsprechende Berufszugehörigkeit, da nach hier vertretener Auffassung grundsätzlich keine berufsrechtlichen Erfordernisse an die Zusammensetzung zu stellen sind. Zudem ist mit einer Übertragung von Gesellschafterrechten an das mitbestimmte Organ auch nicht zu rechnen.

§ 4 Firma

I.) Die allgemeinen firmenrechtlichen Grundsätze

Die Rechtsanwalts-GmbH ist aufgrund der rechtlichen Fiktion des § 1 GmbHG gem. § 6 I HGB Formkaufmann. Firmenrechtlich sind daher zunächst einige allgemeine Grundsätze zu beachten, nämlich die Grundsätze der Firmenwahrheit (§ 4 GmbHG), der Firmeneinheit (§ 17 HGB), der Firmenunterscheidbarkeit (§ 30 GmbHG), der Firmenbeständigkeit (§ 21 ff. HGB) und der Firmenöffentlichkeit (§§ 29-31 HGB).

II.) Die berufsrechtlichen Regelungen

1. Das berufsrechtliche Firmenrecht

Daneben bestehen berufsrechtliche (und bei der Partnerschaft gem. § 2 PartGG auch gesellschaftsrechtliche) Regelungen, welche die freie Wahl der Firma bei der gemeinschaftlichen Berufsausübung beschränken. Hier bestehen im Vergleich zu den anderen Rechtsformen und zu den anderen freien Berufen jedoch derzeit erhebliche Unstimmigkeiten.[704]

Für die Anwalts-GmbH gilt gem. § 59k I S. 1 BRAO grundsätzlich die Vorgabe, dass die Firma der Gesellschaft wenigstens den Namen eines Gesellschafters, der Rechtsanwalt ist, und die Bezeichnung „Rechtsanwaltsgesellschaft" enthalten muss. Die Anwalts-AG kann nach der grundlegenden Entscheidung des BayObLG hingegen auch unter einer Fantasiefirma auftreten.[705] Zu beachten sind nach Auffassung des BayObLG hier allein firmenrechtliche Grundsätze[706] (einschließlich § 4

---

[704] S. im Einzelnen oben Kap. 3 § 1 IV 2 d.

[705] BayObLG, NJW 2000, 1647 ff.

[706] Zur Anwendbarkeit des § 9 BORA s. allerdings Römermann, MDR 2000, 734/735.

AktG), sowie die Kennzeichnung als „Rechtsanwalts“[707]-AG. Das OLG Nürnberg hat dem zwar zwischenzeitlich wettbewerbsrechtlich einen Riegel vorgeschoben.[708] Ob sich diese Entscheidung im Hinblick auf die bestehende Ungleichbehandlung zu Steuerberatungs- und Wirtschaftsprüfungsgesellschaften halten können wird, bleibt fraglich.[709]

2. Das berufsrechtliche Werberecht

Das anwaltliche Firmenrecht ist letztlich nur eine spezielle Ausprägung des anwaltlichen Werberechts, welches seinerseits ein Resultat der Einstufung als freier Beruf ist.[710] Dementsprechend normiert § 9 BORA unter dem Abschnitt „Besondere Berufspflichten im Zusammenhang mit der Werbung“ das Recht, bei beruflicher Zusammenarbeit auch eine Kurzbezeichnung zu führen. Das BayObLG hat in seiner Entscheidung zur Anwalts-AG diese Vorschrift für nicht anwendbar erklärt.[711] Dies ist in Teilen der Literatur mit dem Argument kritisiert worden, dass eine Anwendung über § 33 BORA zu bejahen gewesen sei.[712]

Kempter und *Kopp* wenden zudem ein, eine Fantasiefirma verstoße zugleich gegen das Gebot sachlicher Werbung gem. § 43b BRAO, denn sie stelle keine berufsbezogene Werbung dar, die als sachlich anzusehen sei, sondern solle ausschließlich effekthascherisch wirken.[713]

III.) Problemstellung

Vornehmlich vor dem Hintergrund der Entscheidung des BayObLG zur Zulässigkeit einer Fantasiefirma bei der Anwalts-AG[714] tritt mittlerweile ein wesentlicher Teil der berufsrechtlichen Literatur für eine einheitliche Zulässigkeit auch von Sach- und Fantasiefirmen bei Rechtsanwaltsge-

---

[707] BayObLG, NJW 2000, 1647/1648.

[708] OLG Nürnberg, NJW 2003, 2245 (nicht rechtskräftig); krit. A. Hoffmann, EWiR § 9 BORA 1/2003, S. 813.

[709] A. Hoffmann, EWiR § 9 BORA 1/2003, S. 813.

[710] Feurich/Braun, BORA, § 6, Rn. 3; vgl. auch für den Steuerberater: Gehre, StBerG, § 32, Rn. 10; für den Arzt: Narr, Ärztliches Berufsrecht, Bd.2; B 13; Ring, Werberecht, S. 40; s. auch Groepper, GewArch 2000, 366/370; Tettinger, MedR 2001, 287/292; ders., JZ 1988, 228/231; BVerfGE 76, 196/205 m. w. N.

[711] BayObLG, NJW 2000, 1647/1648.

[712] Römermann, MDR 2000, 734/735; a.A. Heublein, AnwBl 1999, 304/306.

[713] Kempter/Kopp, NJW 2000, 3449/3451.

[714] BayObLG, NJW 2000, 1647.

sellschaften ein.[715] Dabei gewinnen auch hier verfassungsrechtliche Argumente zunehmend an Bedeutung. Es stellt sich daher vorliegend, insbesondere im Hinblick auf Art. 12 I GG i.V.m. Art. 3 I GG die Frage, ob sich die Ungleichbehandlung der vergleichbaren Berufsausübungsgesellschaften[716] von Steuerberatern, Wirtschaftsprüfern (und der Rechtsanwalts-AG) auf der einen und der Rechtsanwalts-GmbH auf der anderen Seite überhaupt rechtfertigen lässt.[717]

IV.) Stellungnahme

Das Verbot der Fantasiefirma bei der Rechtsanwalts-GmbH ist von seinem Ursprung her zwar eine Folge der Zuordnung zu den freien Berufen. Wie bereits mehrfach erörtert, rechtfertigen sich derartige Sonderbehandlungen gegenüber den Gewerbetreibenden aus heutiger Sicht jedoch nur noch aus zweierlei Gründen: dem Schutz der Rechtssuchenden und dem Schutz der Rechtspflege.[718] Die Frage kann daher aber vorliegend nur lauten, ob die Wahl einer Fantasiebezeichnung für den Rechtssuchenden grundsätzlich zur Folge hat, dass dieser in irgendeiner Weise in die Irre geführt wird oder sein Vertrauen in die Beratungsleistung verliert. Dies ist aber bereits im Hinblick auf das Fehlen einer vergleichbaren Regelung bei Wirtschaftsprüfungs- und Steuerberatungsgesellschaften zu verneinen. Denn bereits dieser Vergleich zeigt, dass das Verbot einer Sach- oder Fantasiefirma zum Schutz der Rechtssuchenden nicht erforderlich ist.[719] Vor diesem Hintergrund lässt sich auch ein grundsätzlicher Verstoß von Fantasiebezeichnungen gegen das Gebot sachlicher Werbung gem. § 43b BRAO entkräften. Vielmehr können auch Sachfirmen unsachlich, Fantasiefirmen aber sachlich sein.

Sowohl Wirtschaftsprüfer (§ 52 WPO) wie auch Steuerberater (§ 57a StBerG) unterliegen inhaltsgleichen Werbebeschränkungen. Dennoch wird bei den zugehörigen Berufsausübungskapitalgesellschaften die grundsätzliche Zulässigkeit einer Sach- oder Fantasiefirma nicht in Fra-

[715] Vgl. nur Henssler, JZ 2001, 337/341; ders., NZG 2000, 875/876; Römermann, MDR 2000, 734/735; Schumacher, AnwBl 2000, 409/410 m. w. N.; a. A. Kempter/Kopp, NJW 2001, 777/778; dies., NJW 2000, 3449/3450.

[716] S. oben Kap. 3 § 1 IV 2 d.

[717] Henssler, NZG 2000, 875/874; Römermann, MDR 2000, 734/735.

[718] Jaeger, StBg 1997, 211 f.; vgl. auch Zuck in: FS für K. Geiß, S. 333 f.

[719] A.A. Kempter/Kopp, NJW 2001, 777/778; dies, NJW 2000, 3449/3450.

ge gestellt. Gründe dafür, dies für Rechtsanwaltsgesellschaften anders zu regeln, sind nicht ersichtlich.[720]

Grundsätzlich verkannt werden sollte zudem nicht, dass im Bereich der Dienstleistungen, und hierzu zählt auch die Tätigkeit des Rechtsanwalts, das Vertrauen der Klienten im Vorfeld ohnehin nur gering durch die Außendarstellung des Unternehmens geprägt wird. Denn die Mund-zu-Mund-Kommunikation wird von einer Vielzahl der Abnehmer von Dienstleistungen glaubwürdiger eingeschätzt als die direkt von Unternehmen vorgenommenen Werbeaussagen.[721]

Daneben stellt sich auch die Frage, welches Informationsinteresse der potentiellen Mandanten denn befriedigt wird, wenn etwa einer von hundert in einer Gesellschaft tätigen Anwälten oder nur ein ausgeschiedener oder verstorbener Anwalt in der Firma bzw. im Namen eines anwaltlichen Zusammenschlusses erwähnt ist. Für den Rechtsverkehr jedenfalls ist es vor allem von Interesse, dass die Gesellschaft als anwaltliche gekennzeichnet ist.

Daher kann es auch bei der Rechtsanwalts-GmbH im Sinne des Schutzes der Rechtssuchenden als ausreichend angesehen werden, wenn bei der Firmierung allgemeine firmenrechtliche Grundsätze sowie das Sachlichkeitsgebot des § 43b BRAO beachtet werden. Erforderlich ist es außerdem insbesondere, dass die Firma den berufsbezogenen Zusatz „Rechtsanwalts-" enthält.[722]

§ 5 Ergebnis

Die Überprüfung der einzelnen gesetzlichen Regelungen hat aufgezeigt, dass trotz der Vergleichbarkeit der verwandten steuer- und rechtsberatende Berufe der Beruf des Rechtsanwalts einige Besonderheiten aufweist, die im Bezug auf die Rechtsanwalts-GmbH einige vom Recht der Steuerberater und Wirtschaftsprüfer abweichende Regelungen rechtfertigen. Dies basiert meist auf der schlichten Überlegung, dass Rechtsanwälte Interessenvertreter sind und als solche oftmals auf verschiedenen Seiten einander gegenüber stehen. Mischen sich diese zwei Sphären personen- oder kapitalmäßig, ist eine einwandfreie, an den Interessen des Mandanten ausgerichtete Tätigkeit nicht mehr möglich. Daher ist

[720] A. Hoffmann, EWiR § 9 BORA 1/2003, S. 813.

[721] Vgl. Meffert in: Tietz, Marketing, S. 464.

[722] So auch BayObLG, NJW 2000, 1647/1648; dies kann natürlich auch gesondert berufsrechtlich vorgeschrieben werden.

sowohl das Verbot der Sternsozietät (§ 59e II BRAO)[722] als auch das Verbot zur Bildung mehrstöckiger Gesellschaften (§§ 59c II, 59e I S. 1 BRAO) [723] als gerechtfertigt anzusehen.

In anderen Punkten, insbesondere auch dem Firmenrecht, gibt es indes einen deutlichen Harmonisierungsbedarf. Das bestehende Verbot einer Sach- oder Fantasiefirma (§ 59k I BRAO) ist angesichts des Umstandes, dass Wirtschaftprüfungs- und Steuerberatungsgesellschaften eine entsprechende Regelung nicht kennen, verfassungswidrig.[724] Es sind hier schlicht keine Gründe erkennbar, die diese Ungleichbehandlung rechtfertigen. Gerade das Beispiel der Wirtschaftsprüfungs- und Steuerberatungsgesellschaften zeigt, dass eine entsprechende Regelung aus Gründen des Mandantenschutzes nicht erforderlich ist. Es ist eine Illusion, zu glauben, ein Mandant ließe sich durch die Fantasiefirma einer Rechtsanwalts-GmbH in die Irre leiten. Die Beachtung der Grundsätze des Firmenrechts und des anwaltlichen Werberechts sowie der Vorgabe, als anwaltlicher Zusammenschluss gekennzeichnet zu sein, ist insgesamt völlig ausreichend, um diesem Schutzzweck zu genügen. Eine "McLaw" Rechtsanwalts-GmbH wird es auch dann nicht geben können.
Ebenfalls nicht gerechtfertigt ist es, anders als bei der Wirtschaftsprüfungs-GmbH, in jedem Fall eine Mehrheit von Rechtsanwälten als Geschäftsführer einer Anwalts-GmbH vorzuschreiben. Dies verhindert eine interprofessionelle Zusammenarbeit von einem Nur-Wirtschaftsprüfer und einem Rechtsanwalt in einer Rechtsanwaltsgesellschaft ohne, dass hierfür Gründe ersichtlich sind.[725] Vorteilhafter wäre es in diesem Fall zwar gewesen, auch die gleichzeitige Zulassung als Rechtsanwalts- und Wirtschaftsprüfungsgesellschaft zu ermöglichen. Dies scheitert jedoch seitens der Wirtschaftsprüfungsgesellschaften an bestehenden europarechtlichen

[722] A. A. Edelmann, DStRE 1999, 776; Henssler, NZG 1999, 1095; ders., ZIP 1998, 2121/2124 f.; Kilian, NZG 2001, 150/154; ders. WuB VIII B. § 59a BRAO 1.99, 1425/1428; Römermann, AnwBl 1999, 554; wohl auch Gerlt, MDR 1998, 259/261.
[723] A.A. Zuck, Anwalts-GmbH, Einl., Rn. 40 und § 59c, Rn. 36.
[724] So auch Henssler, JZ 2001, 337/341; ders., NZG 2000, 875/876; Römermann, MDR 2000, 734/735; Schumacher, AnwBl 2000, 409/410 m. w. N.; a. A. Kempter/Kopp, NJW 2001, 777/778; dies., NJW 2000, 3449/3450.
[725] Ebenso Henssler, NJW 1999, 241/245; vgl. auch ders. in: Max Hachenburg, 2. Gedächtnisvorlesung, S. 44; Zuck, MDR 1998, 1317/1319.

Vorgaben, die in jedem Fall eine Kapitalmehrheit in Händen von Wirtschaftsprüfern oder Wirtschaftsprüfungsgesellschaften fordern.

Eine weitere ungerechtfertigte Ungleichbehandlung stellt die bei Wirtschaftsprüfungs- und Steuerberatungsgesellschaften bestehende Möglichkeit dar, wonach auch bestimmte Stiftungen und Vereine Gesellschafter sein können. Der Gesetzgeber wollte hier angeblich nur eine Übergangsregelung schaffen, hat dies aber nicht getan.

Weitaus interessanter ist indes die für Wirtschaftsprüfungs- und Steuerberatungsgesellschaften ausdrücklich bestehende Möglichkeit, Geschäftsanteile in einer GbR zu bündeln, um so die Übertragung nicht von der Form des § 15 III GmbHG abhängig zu machen. Hier ergibt sich unter Beachtung des Art. 3 I GG nach verfassungsgemäßer Auslegung[726] bereits eine entsprechende Möglichkeit für die Rechtsanwalts-GmbH.[727] Dies hat auch der BGH jüngst in Bezug auf die vergleichbare Patentanwalts-GmbH so entschieden.[728]
Hier wäre eine klarstellende Regelung jedoch wünschenswert.[729]

Willkürlich erscheint auch die lediglich für die Rechtsanwalts-GmbH bestehende Regelung, wonach alle Gesellschafter in der Gesellschaft beruflich aktiv sein müssen (§ 59e I S. 2 BRAO).

Einheitlich liberal ist dagegen bei allen drei Berufsausübungsgesellschaften die Handhabung fakultativer oder eventuell arbeitsrechtlich gebotener Aufsichtsräte bei der GmbH. Erforderlich wäre es hier zum Einen klarzustellen, dass eine Übertragung von Geschäftsführungsbefugnissen in Umgehung der hierfür geltenden Regelungen nicht zulässig ist. Im Übrigen sollte sich hier – wie dies interessanterweise nur für die AG

---

726 S. bereits oben Kap. 3 § 1 III 2 a bb.
727 Im Ergebnis ebenso: Henssler, NJW 1999, 241/246; Kilian, NZG 2001, 150/153f.; ders., NZG 2001, 986 f.; Kraus/Senft, Sozietätsrecht, S. 392; Römermann, GmbHR 1999, 526/528; ferner DAV (Sozietätsrechtsausschuß), AnwBl 1999, 332; a. A.: Feurich/Braun, BRAO, § 59c, Rn. 8; Funke, AnwBl 1998, 6/7; Kazele, INF 2001, 335/338; Kempter/Kopp, BRAK-Mitt. 1998, 254/256.
728 BGH, DB 2001, 1876 im Anschluss an OLG München, NZG 2001, 26.
729 S. den Formulierungsvorschlag bei Henssler, NJW 1999, 241/246.

vorgeschlagen wurde[730] - die Überwachung der Geschäftstätigkeit durch den Aufsichtsrat nicht auf Materien erstrecken, die der anwaltlichen Verschwiegenheit unterliegen.

[730] Vorschlag des DAV zur Anwalts-AG, AnwBl 2001, 158 f.

5. Kapitel: Zum Regelungsbedarf bei der Anwalts-AG

Die im vorhergehenden Kapitel für die Rechtsanwalts-GmbH entwickelten Regelungserfordernisse müssen als Folge des Gleichbehandlungsgrundsatzes grundsätzlich auch für die Rechtsanwalts-AG gelten. Allein die rechtsformspezifischen Besonderheiten könnten hier einige Besonderheiten rechtfertigen.

§ 1 Hauptversammlung

I. Die Rechte der Aktionäre in der Hauptversammlung nach dem AktG

Das gesellschaftsrechtliche Konzept der AG unterscheidet sich in einigen Teilen wesentlich von dem der GmbH. Während der Gesellschafterversammlung in der GmbH im Gesamtkonzept die maßgebliche Rolle zukommt, verfolgt das Recht der AG einen grundlegend anderen Ansatz: Die AG ist von ihren Ursprüngen her mehr als „Kapitalsammelbecken"[731], denn als personalistischer Zusammenschluss ausgerichtet. Aus diesem Ansatz folgt eine strikte Trennung von Kapital und Geschäftsführung[732] durch eine klare Kompetenzzuweisung zwischen den drei Organen der AG, nämlich der Hauptversammlung, dem Vorstand und dem Aufsichtsrat.

Auch das „Gesetz für kleine Aktiengesellschaften und zur Deregulierung des Aktienrechts vom 2.8.1994[733] hat an diesem Konzept der AG nicht Grundlegendes geändert. Das Gesetz erleichtert zwar die Bildung personalistischerer und kleinerer Zusammenschlüsse[734] (bis zur Einmann-Gründung, § 2 AktG), schafft auf der anderen Seite aber gerade keine neue, eigenständige Rechtsform.[735] Vielmehr folgt auch die „kleine AG"

[731] Hoffmann-Becking in: Münchener Handbuch des Gesellschaftsrechts, Bd. 4, § 2, Rn. 4; vgl. auch Zöllner in: Kölner Kommentar zum AktG, Einl., Rn. 76.
[732] Vgl. Hoffmann-Becking in: Münchener Handbuch des Gesellschaftsrechts, Bd. 4, § 2, Rn. 6; Zöllner in: Kölner Kommentar zum AktG, Einl., Rn. 83.
[733] BGBl. I, S. 1961.
[734] Henssler, NJW 1999, 241/247.
[735] Seibert in: Seibert/Kiem, Handbuch der kleinen AG, S. 4.

den grundlegenden Regelungen des Aktiengesetzes und sieht nur einige formelle Erleichterungen vor.[736]

Im Interesse einer „professionellen“ Führung des Unternehmens obliegt die Geschäftsführung also auch hier nicht den Kapitaleignern. Vielmehr wird jede Aktiengesellschaft vom Vorstand unter eigener Verantwortung geleitet (§ 76 AktG). Die in der Hauptversammlung organisierten Aktionäre können nur mittelbar über die Auswahl der Aufsichtsratsmitglieder auf die Besetzung des Vorstands und dessen Geschäftspolitik Einfluss nehmen.[737]

Neben der Bestellung der Aufsichtsratsmitglieder ist die Hauptversammlung noch für weitere grundlegende Entscheidungen zuständig (§ 119 I AktG). Hierzu zählen etwa Satzungsänderungen, Entlastung der Mitglieder des Vorstandes und des Aufsichtsrats oder Maßnahmen der Kapitalbeschaffung und der Kapitalherabsetzung.
Über Fragen der Geschäftsführung kann die Hauptversammlung nur entscheiden, wenn der Vorstand es verlangt (§ 119 II AktG). Der Vorstand ist hierzu jedoch allenfalls ausnahmsweise auch verpflichtet.[738]

In der AG gilt grundsätzlich das Mehrheitsprinzip. D.h., die Beschlüsse der Hauptversammlung bedürfen der einfachen Mehrheit der abgegebenen Stimmen, soweit nicht Gesetz oder Satzung eine größere Mehrheit oder weitere Erfordernisse bestimmen (§ 133 I AktG). Häufig besteht ein doppeltes Mehrheitserfordernis. Neben der einfachen Mehrheit der Stimmen wird für bestimmte Beschlüsse zusätzlich das Erreichen einer qualifizierten Kapitalmehrheit verlangt. So bedarf beispielsweise eine Satzungsänderung sowohl der einfachen Stimmenmehrheit als auch der Zustimmung von drei Vierteln des vertretenen Grundkapitals (§ 179 II S. 1 AktG).[739] Die Satzung kann hier – mit Ausnahme der Änderung des Unternehmensgegenstandes – niedrigere Mehrheitserfordernisse aufstellen (§ 179 II S. 1 AktG). Zur Abberufung des Aufsichtsrates bedarf es

[736] Vgl. nur Boin, Partnerschaftsgesellschaft, S. 117 ff.; Olbing/Binnewies, GmbH-StB 2001, 59 f.
[737] Hoffmann-Becking in: Münchener Handbuch des Gesellschaftsrechts, Bd. 4, § 2, Rn. 6.
[738] Vgl. BGHZ 83, 122 (Holzmüller).
[739] Die Unterscheidung zwischen Stimmen- und Kapitalmehrheit geht zurück auf die Existenz von Mehrstimmrechtsaktien, die mittlerweile unzulässig sind (§ 12 II AktG, s. aber § 5 EGAktG). Erforderlich sind demnach im Ergebnis drei Viertel der Stimmen.

dagegen ausnahmslos einer qualifizierten Mehrheit von drei Vierteln der Stimmen (§ 103 I S. 2 AktG).
Gegenüber diesen Mehrheitserfordernissen gibt es bei der AG jedoch noch eine Anzahl von Minderheitenrechten, die an eine bestimmte Beteiligungsquote anknüpfen.
Spiegelbildlich zu der regelmäßig erforderlichen Dreiviertelmehrheit bei Satzungsänderungen (§ 179 II AktG) steht insbesondere Anteilseignern, die über mehr als ein Viertel des bei der Beschlussfassung vertretenen Grundkapitals verfügen, die Möglichkeit offen, eine Satzungsänderung zu unterbinden (Sperrminorität).
Weiter können etwa Aktionäre, die zusammen 10 % des Grundkapitals halten, u.a. verlangen, dass über die Entlastung der Vorstandsmitglieder einzeln abgestimmt wird (§ 120 I S. 2 AktG). Sie können ferner bei der Wahl der Aufsichtsratsmitglieder verlangen, dass über den Vorschlag eines Aktionärs zuerst abgestimmt wird (§ 137 AktG). Sie haben das Recht auf gesonderte Versammlung und gesonderte Abstimmung (§ 138 S. 3 AktG).
Aktionäre, die zusammen 5 % des Grundkapitals halten, können gem. § 122 AktG die Hauptversammlung einberufen und verlangen, dass Gegenstände zur Beschlussfassung bekannt gemacht werden.

Des weiteren stehen jedem einzelnen Aktionär unabhängig von seiner Beteiligungsquote noch in einem bestimmten Umfang Rechte zu. Neben dem Teilnahme- und Rederecht bei Hauptversammlungen (vgl. § 118 I AktG) ist insbesondere das Frage- und Auskunftsrecht (§ 131 AktG) und das Recht zur Beseitigung rechtswidriger Hauptversammlungsbeschlüsse durch Erhebung einer Anfechtungsklage zu nennen (§ 245 Nr. 1-3 AktG), welches seine Grenzen nur im Rechtsmissbrauch findet.[740]

Die Einflussmöglichkeiten der Gesellschafter einer AG fallen also insgesamt geringer aus als bei der GmbH. Dennoch ist ein Einfluss auch auf die Geschäftsführung nicht gänzlich ausgeschlossen. Ein Mehrheitsaktionär hat es in der Praxis regelmäßig in der Hand, den Aufsichtsrat und so auch den Vorstand mit seinen Vertrauensleuten zu besetzen. Auch Minderheitenrechte, wie etwa die Sperrminorität bei Satzungsänderung, ist zumindest geeignet, Mehrheitsentscheidungen zu blockieren.

[740] Vgl. BGH, AG 1992, 448.

II. Das Erfordernis einer berufsrechtlichen Regelung hinsichtlich der Zusammensetzung und der Mehrheiten in der Anwalts-AG

1. Problemstellung

Trotz der vergleichsweise geringeren rechtlichen Einwirkungsmöglichkeiten seitens der Gesellschafter der AG gegenüber denen der GmbH wird in der Literatur überwiegend die Auffassung vertreten, dass auch für die Anwalts-AG das Verbot auswärtiger Kapitalbeteiligung uneingeschränkt gelten müsse.[741] Die Gesellschafterstellung wäre damit auch hier allein Rechtsanwälten und Angehörigen anderer sozietätsfähiger Berufe vorbehalten. Die Mehrheit der Anteile sollte dabei auch hier – wie dies bei der Anwalts-GmbH bereits vorgeschrieben ist – von Rechtsanwälten gehalten werden.

Auch der DAV[742] wie auch die BRAK[743] gehen in ihren Gesetzgebungsvorschlägen zur Anwalts-AG von einem vergleichbaren Regelungserfordernis aus.

Dieser Ansatz entspricht im Übrigen auch den Regelungen für Wirtschaftsprüfungs- und Steuerberatungsgesellschaften, in denen ebenfalls rechtsformunabhängig ein Verbot auswärtiger Kapitalbeteiligung einheitlich vorgeschrieben ist.[744]
Das Gesetz sieht hier zudem jeweils vor, dass die Anteile auf den Namen lauten müssen und zu vinkulieren sind (sog. vinkulierte Namensaktien; vgl. § 50 IV StBerG, § 28 V WPO).

Die Gegenansicht in der Literatur ist indes der Auffassung, auf berufsrechtliche Vorgaben hinsichtlich der Zusammensetzung und der Mehrheitserfordernisse könnte angesichts der geringen Einflussmöglichkeiten der Aktionäre und der damit verbundenen geringen Gefährdung der anwaltlichen Unabhängigkeit gänzlich verzichtet werden.[745] Erforderlich sei

---

[741] Vgl. nur Henssler, NZG 2000, 875; ders. in: Max Hachenburg, 2. Gedächtnisvorlesung, S. 21; Hommelhoff/M. Schwab, WiB 1995, 115/117; Schumacher, AnwBl 2000, 409/411; einschränkend noch ders., AnwBl 1998, 364/369; Stabreit, NZG 1998, 452/454.
[742] Abgedruckt in AnwBl 2001, 158 f.; s. auch im Anhang.
[743] Prot. 89 der Hauptversammlung in Berlin am 18.5.2001, BRAK-Nr. 184/2001 vom 11.6.2001, bislang unveröffentlicht; s. auch im Anhang.
[744] Eine Ausnahme bilden hier Altgesellschaften, näher dazu oben Kap. 2 § 5 I 2 f.
[745] Römermann, Anwalt 1/2000, S. 10.

es allerdings, für Satzungsänderungen Einstimmigkeit vorzuschreiben,[746] sowie „Weisungen der Hauptversammlung entsprechend § 59f IV BRAO auszuschließen".[747]

Weiter wird auch vertreten, Rechtsanwälte sollten zumindest eine Sperrminorität für Satzungsänderungen von wenigstens 25 % plus einer Aktie oder besser aber noch eine Majorität von 50 % plus einer Aktie an der Gesellschaft halten.[748]

2. Stellungnahme

Das Verbot auswärtiger Kapitalbeteiligung stellt sich bei der Anwalts-AG als tiefgreifende Maßnahme dar. Schließlich entzieht man dieser Rechtsform dadurch seine ursprüngliche Funktion, als „Kapitalsammelbecken" zu agieren, einschließlich auch der Möglichkeit des Zugangs zum Kapitalmarkt.

Andererseits aber ist dies auch gerade der Punkt, an dem die Anwalts-AG den wohl größten inneren Widerspruch aufweist. Das Konzept der Freiberuflichkeit und das der Aktiengesellschaft scheinen hier geradezu unvereinbar aufeinander zu treffen: Auf der einen Seite steht der Freiberufler, dessen besondere Vertrauensstellung mit darauf aufbaut, dass er sachfremden externen Einflussnahmen nicht ausgesetzt ist und sein Handeln nicht primär vom Gewinnstreben leiten lässt.
Auf der anderen Seite steht die Aktiengesellschaft, die geradezu darauf ausgerichtet ist, die Interessen und Gewinnerwartungen einer Vielzahl oft anonymer Personen und Unternehmen zu berücksichtigen und zu befriedigen.

Fest steht jedenfalls, dass es freilich auch in der Aktiengesellschaft verschiedene Möglichkeiten der Einflussnahme seitens der Kapitalgeber, bis hin zur Abhängigkeit im konzernrechtlichen Sinne (§ 17 AktG) gibt, wenn auch die GmbH wegen ihrer unmittelbaren Einflussstruktur hierfür eher prädestiniert ist.

---

[746] Römermann, Entwicklungen und Tendenzen, S. 187 f.; ders., ZAP, Nr. 6 vom 22.3.2000, Fach 23, S. 466; Heublein, AnwBl 1999, 304/307.
[747] Römermann, ZAP, Nr. 6 vom 22.3.2000, Fach 23, S. 466
[748] Gotzens, Interprofessionelle Zusammenarbeit, S. 99 f.

Gleichzeitig aber ist es Aufgabe und verfassungsrechtlich zulässiges Interesse des Berufsrechts, derartige Einflussmöglichkeiten zu unterbinden, soweit dies erforderlich ist, um im Interesse des Mandanten oder der Rechtspflege die Möglichkeit sachfremder Einflussnahme auszuschalten.
Die hier zu stellende Frage kann daher nur sein, welches Maß an Möglichkeiten der Einflussnahme auch berufsrechtliche Restriktionen nach sich ziehen muss.

In dieser Hinsicht wurde hier am Beispiel des Syndikusanwalts[749], des angestellten[750] und auch des selbstständigen[751] Rechtsanwalts bereits erläutert, dass rein wirtschaftliche Einflussmöglichkeiten grundsätzlich keine berufsrechtlichen Rechtsfolgen nach sich ziehen.

Das Aktienrecht bietet zunächst aber vor allem auch die Möglichkeit rechtlicher Einflussnahme.
Das Aktiengesetz kennt in diesem Zusammenhang sogar den Begriff der Abhängigkeit, wenn auch – wie erwähnt - zunächst nur im konzernrechtlichen Sinne:[752] Gem. § 17 II AktG wird gesetzlich vermutet, dass ein Unternehmen abhängig ist, wenn ein anderes Unternehmen die Mehrheit an ihm hält.
Anknüpfungspunkt dieser Vermutung ist, dass das herrschende Unternehmen mit seiner Stimmenmehrheit (§ 133 I AktG) in der Hauptversammlung der Aktiengesellschaft in die Lage versetzt wird, die personelle Zusammensetzung des Aufsichtsrats (§ 101 AktG) und dadurch mittelbar auch den Vorstand (§ 84 AktG) allein nach seinen Vorstellungen zu bestimmen. Insbesondere ist es dem Mehrheitsaktionär nicht verwehrt, den Aufsichtsrat mit seinen Vertrauensleuten zu besetzen. Diese Personalentscheidungsgewalt sichert im Regelfall deshalb einen beherrschenden Einfluss, weil eine hohe Wahrscheinlichkeit dafür spricht, dass Aufsichtsrat und Vorstand sich den Wünschen des Mehrheitsaktionärs nicht verschließen werden (Wahrscheinlichkeit einflusskonformen Ver-

[749] Kap. 2 § 5 I 2 h.
[750] Kap. 2 § 5 I 2 g.
[751] Kap. 2 § 5 I 2 d.
[752] Die Konzerntatbestände entfalten allerdings Rechtswirkungen längst auch in anderen Rechtsgebieten, so etwa im Arbeits-, Sozial- oder Kartellrecht, vgl. Krieger in: Münchener Handbuch des Gesellschaftsrechts, Bd. 4, § 68, Rn. 4.

haltens), da sie andernfalls riskieren, künftig nicht mehr in ihren Positionen beschäftigt oder sogar vorzeitig abberufen zu werden.[753]
Daneben kennt das Gesetz allerdings auch die Möglichkeit, dass eine Minderheit beherrschenden Einfluss auf eine Aktiengesellschaft ausüben kann (§ 17 I AktG). Dieser Einfluss ist dann als beherrschend zu qualifizieren, wenn er seiner Art nach dem Einflusspotential einer Mehrheitsbeteiligung entspricht.[754] Hierbei kommen allerdings nach überwiegender Auffassung nur gesellschaftsrechtlich fundierte, nicht aber weitere rein wirtschaftliche Abhängigkeitsfaktoren in Betracht.[755] Das Halten einer Sperrminorität von mehr als 25 % der Anteile genügt hierfür regelmäßig nicht.[756] Die Rechtsprechung hat hingegen eine Abhängigkeit etwa dann angenommen, wenn aufgrund der Zusammensetzung des Aktionärskreises und regelmäßig niedriger Hauptversammlungspräsenz bereits eine Stimmrechtsquote von unter 50 % mit hoher Wahrscheinlichkeit die Mehrheit in der Hauptversammlung sichert.[757]
Insofern könnte man sich also auf den Standpunkt stellen, dass es lediglich erforderlich sei, wenn Rechtsanwälte eine Mehrheit an der Anwalts-AG halten, da angesichts einer regelmäßig geringen Streuung dieser Aktien unter den Anwälten eine mehrheitliche Präsenz in der Hauptversammlung wohl zu erwarten ist.

Dieser Ansatz allein würde indes den Unterschied zwischen dem konzernrechtlichen und dem berufsrechtlichen Ansatz der Unabhängigkeit bzw. Abhängigkeit verkennen. Das Konzernrecht knüpft seine Rechtsfolgen an die positive Abhängigkeit im Sinne eines konstanten beherrschenden Einflusses. Demgegenüber fordert das Berufsrecht, dass der Rechtsanwalt keine Bindungen eingehen darf, die seine berufliche Unabhängigkeit auch nur gefährden (§ 43a I BRAO) und knüpft hieran in bestimmten Fällen sogar die Zulassung als Rechtsanwalt (vgl. § 7 Nr. 8 BRAO).

---

753 Bayer in: MüKo zum AktG, § 17, Rn. 26; Hüffer, AktG, § 17, Rn. 5; OLG Düsseldorf, AG 1994, 36/37; Kuhlmann/Ahnis, Konzernrecht, S. 34.

754 Bayer in: Kölner Kommentar zum AktG, § 17, Rn. 25; Hüffer, AktG, § 17, Rn. 5.

755 BGHZ 90, 381; Kuhlmann/Ahnis, Konzernrecht, S. 34; Bayer in: MüKo zum AktG, § 17, Rn. 29; Hüffer, AktG, § 17, Rn. 8; Koppensteiner in: Kölner Kommentar zum AktG, § 17, Rn. 50.

756 Bayer in: MüKo zum AktG, § 17, Rn. 42 ff.; Hüffer, AktG, § 17, Rn. 10; Koppensteiner in: Kölner Kommentar zum AktG, § 17, Rn. 38.

757 Nachweise bei Bayer in: MüKo zum AktG, § 17, Rn. 35 (Fn. 52).

Auch bei der Aktiengesellschaft sind dabei verschiedene Gefährdungslagen denkbar, und zwar auch bei nur geringer externer Beteiligung. Beteiligt sich beispielsweise ein Mandant zu 10 % an der Gesellschaft, so ist von einer konzernrechtlichen Abhängigkeit nicht auszugehen. Gleichwohl besteht hierdurch eine mögliche Gefahr für die Unabhängigkeit im berufsrechtlichen Sinne. Die Gesellschaft wird in einem solchen Fall ein unzulässiges Ansinnen des Mandanten nicht leicht zurückweisen oder sich von dem Mandanten durch Kündigung nach § 627 I BGB trennen können. Für den Anwalt als „Risikogeneralisten" sind diese Möglichkeiten aber auch schon in eigenem Interesse von essentieller Bedeutung.[758]
Weitergehende Probleme entstehen, wenn sich der Gegner eines Mandanten an der Gesellschaft beteiligt. Hier steht nicht nur das Auskunftsrecht nach § 131 AktG den elementaren Interessen des Mandanten an der Einhaltung des Anwaltsgeheimnisses entgegen. Die in der Gesellschaft tätigen Rechtsanwalte stehen zugleich in einem Interessenkonflikt zwischen den Interessen des Anteilseigners und ihres Mandanten.
Auch die Beteiligung von Rechtsschutzversicherern oder Banken birgt bestimmte Gefahren von Interessenkonflikten.[759]

Schließlich sei auch noch einmal darauf verwiesen, dass derartige Probleme auch ausschlaggebend dafür waren, bei Wirtschaftsprüfungs- und Steuerberatungsgesellschaften ein Verbot externer Kapitalbeteiligung vorzuschreiben.[760]

Obwohl es also bei der Aktiengesellschaft anders als bei der GmbH an vergleichbaren rechtlichen Einflussmöglichkeiten fehlt, machen es dennoch die verschiedenen möglichen Interessenkonfliktlagen erforderlich, die Beteiligung nicht sozietätsfähiger Personen in der Anwalts-AG gänzlich auszuschließen.

Im Hinblick darauf, dass der wesentliche Einfluss in der AG – wie bei der GmbH - zudem in der Hand Berufsangehöriger liegen muss, ist auch hier entsprechend vorzusehen, dass die Mehrheit der Stimmrechte Rechtsanwälten zusteht.

---

[758] S. hierzu Wessing, NJW 2003, 2265/2268 f. u. 2271.
[759] S. dazu bereits oben Kap. 4 § 1 III 1 b.
[760] S. dazu oben Kap. 2 § 5 I 2 f.

Um eine Kontrolle des Gesellschafterkreises der Anwalts-AG durch die Rechtsanwaltsgesellschafter zu ermöglichen, sind, wie bei der Steuerberatungs- und der Wirtschaftsprüfungs-AG, Namensaktien auszugeben, die zu vinkulieren sind (§ 68 II AktG). Die Aktien sind auf diese Weise nicht frei übertragbar. Durch die Vinkulierung wird die Übertragung vielmehr an die Zustimmung der Gesellschaft gebunden (§ 68 II S. 1 AktG). Die Zustimmung erteilt dabei entweder der Vorstand (§ 68 II S. 2 AktG) oder der Aufsichtsrat oder die Hauptversammlung (§ 68 II S. 3 AktG). Die Satzung kann dabei vorsehen, dass die Übertragung an eine entsprechende berufliche Zulassung geknüpft wird (vgl. § 68 II S. 4 AktG).[761]

Andere Möglichkeiten, die Kapitalbeteiligung an eine entsprechende Berufszugehörigkeit zu knüpfen, bestehen nicht. Aus den §§ 23 V S. 2, 55 AktG folgt nämlich, dass es aktienrechtlich untersagt ist, anders als durch Namensaktien (§ 23 II Nr. 5 AktG) die Zugehörigkeit zur Rechtsanwaltschaft zur Nebenpflicht der Aktionäre zu machen.[762]

III. Exkurs: Die Hauptversammlung in der Anwalts-KGaA

Es ist naheliegend, neben der Anwalts-AG auch die Anwalts-KGaA als Rechtsform für die anwaltliche Berufsausübung zuzulassen.[763] Gleichwohl hat diese Fragestellung in der Diskussion nur geringe Resonanz erfahren. Dies wird wohl vor allem daran liegen, dass bis heute die praktische Verbreitung der KGaA auch bei gewerblichen Unternehmen äußerst gering ist (um die 30 Gesellschaften).[764]

Dennoch soll auch hier kurz die Frage aufgeworfen werden, welche entsprechenden berufsrechtlichen Vorgaben auch für die Anwalts-KGaA übernommen werden sollen.

1. Problemstellung

Für die Gesellschafter der KGaA ergibt sich gegenüber der Aktiengesellschaft die Besonderheit, dass es zwei verschiedene Arten von Gesell-

---

[761] Vgl. auch Stabreit, NZG 1998, 452/454.

[762] Vgl. auch Stabreit, NZG 1998, 452/454.

[763] Vgl. auch die Gesetzesentwurf des DAV (abgedruckt in AnwBl 2001, 158 f.) und der BRAK (Prot. 89 der Hauptversammlung in Berlin am 18.5.2001, BRAK-Nr. 184/2001 vom 11.6.2001, bislang unveröffentlicht) sowie § 27 I WPO und § 49 I StBerG.

[764] Vgl. Kraft/Kreutz, Gesellschaftsrecht, S. 356.

schaftern gibt, nämlich Kommanditaktionäre und Komplementäre. Kommanditaktionäre üben ihre Rechte in der Hauptversammlung aus. Komplementäre haben dort nur ein Stimmrecht, wenn sie (was möglich ist) zugleich Kommanditaktionäre sind (§ 285 I S. 1 AktG). In diesem Fall haben diese aber insbesondere für die Wahl und Abberufung des Aufsichtsrats kein Stimmrecht (§ 285 I S. 1 Nr. 1 AktG). Die Beschlüsse der Hauptversammlung bedürfen zudem der Zustimmung der Komplementäre, soweit sie Angelegenheiten betreffen, für die bei der Kommanditgesellschaft das Einverständnis der Komplementäre und der Kommanditisten erforderlich ist (§ 285 II AktG).[765]

Die Hauptversammlung in der KGaA hat auch aufgrund fehlender Personalkompetenz bei der Bestellung des Aufsichtsrats geringere Einflussmöglichkeiten auf die Geschäftsführung als die Hauptversammlung in der Aktiengesellschaft. Da hier insbesondere die Mitglieder des Leitungsorgans, die Komplementäre, nicht durch den Aufsichtsrat, sondern durch Satzung bestimmt werden (§ 281 AktG), braucht es hierfür regelmäßig einer satzungsändernden Mehrheit.

DAV[766] und BRAK[767] gehen in ihren Entwürfen davon aus, dass die für die AG und die GmbH geltenden Bestimmungen hinsichtlich der Zusammensetzung und der Mehrheiten auch für die KGaA gelten sollten. Den selben Weg wählen im Übrigen auch die WPO und das StBerG.

2. Stellungnahme

Dem Vorschlag von BRAK und DAV ist auch hier zu folgen. Der Hauptversammlung ist ein Einfluss auf die Geschäftsführung durch die Möglichkeit der Satzungsänderung nicht entzogen. Vor allem aber bestehen auch hier keine Unterschiede gegenüber der AG und der GmbH hinsichtlich der Gefahr von Interessenkonflikten durch externe nicht sozietätsfähige Gesellschafter.
Das Mehrheitserfordernis begründet sich auch hier daraus, dass Rechtsanwälten unter den Gesellschaftern der maßgebliche Einfluss zustehen muss.

---

[765] Näher Hüffer, AktG, § 285, Rn. 2.
[766] Abgedruckt in AnwBl 2001, 158 f.
[767] Prot. 89 der Hauptversammlung in Berlin am 18.5.2001, BRAK-Nr. 184/2001 vom 11.6.2001, bislang unveröffentlicht.

§ 2 Vorstand

I. Die Rechte des Vorstands nach dem AktG

In der Organisationsverfassung der AG ist, wie bereits ausgeführt, der Vorstand das zentrale Organ. Er hat gem. § 76 I AktG die Gesellschaft unter eigener Verantwortung zu leiten. Damit bringt das Gesetz nicht nur zum Ausdruck, dass der Vorstand die Geschäfte der AG führt, sondern auch, dass er dies weisungsfrei zu treffen hat.[768] Hierdurch unterscheidet sich der Vorstand einer AG wesentlich von der Geschäftsführung einer GmbH.

Diese Kompetenzzuordnung ist (auch bei der sogenannten „kleinen" AG) gesetzlich verbindlich, und damit weder durch Satzung noch durch Regelungen im Anstellungsvertrag oder sonstigen schuldrechtlichen Vereinbarungen oder Beschlüssen der Hauptversammlung abdingbar.[769]

Zu den Kompetenzen und Aufgaben gehören daher zwingend die Bestimmung der Grundlinien der Unternehmenspolitik als auch die Maßnahmen zu ihrer Umsetzung sowie sämtliche Entscheidungen der laufenden Geschäftsführung.[770]

Im Verhältnis der Vorstandsmitglieder zur Gesellschaft sind diese allerdings verpflichtet, die Beschränkungen einzuhalten, die im Rahmen der Vorschriften über die AG die Satzung, der Aufsichtsrat, die Hauptversammlung und die Geschäftsordnungen des Vorstands und des Aufsichtsrats für die Geschäftsführungsbefugnis getroffen haben (§ 82 II AktG).

Der Vorstand kann einzelne Entscheidungen freilich auch delegieren; jedoch muss dann die Möglichkeit verbleiben, die Entscheidungsbefugnis wieder an sich zu ziehen. Besteht der Vorstand aus mehreren Personen, so sind sämtliche Vorstandsmitglieder nur gemeinschaftlich zur Geschäftsführung befugt, es sei denn, die Satzung bestimmt eine andere Regelung (§ 77 I AktG). Es kann jedoch nicht bestimmt werden, dass ein oder mehrer Vorstandsmitglieder Meinungsverschiedenheiten im Vorstand gegen die Mehrheit seiner Mitglieder entscheiden (§ 77 I S. 2 2.HS AktG).

---

[768] Hüffer, AktG, § 76, Rn. 10; Mertens in: Kölner Kommentar zum AktG, § 76, Rn. 42..

[769] Bommert in: Seibert/Kiem, Handbuch der kleinen AG, S. 140

[770] Vgl. Wiesner in: Münchener Handbuch des Gesellschaftsrecht, Bd. 4, § 19, Rn. 10.

Die Bestellung und Abberufung der Mitglieder des Vorstands erfolgt durch den Aufsichtsrat.[771] Anders als bei der Abberufung der Geschäftsführer einer GmbH bedarf es hierzu gem. § 84 II S.1 AktG eines wichtigen Grundes.

II. Das Erfordernis einer berufsrechtlichen Regelung hinsichtlich der Zusammensetzung und der Mehrheiten in der Anwalts-AG

1. Problemstellung

Hinsichtlich der Zusammensetzung des Vorstands in der Anwalts-AG wird in der Literatur heute wohl einvernehmlich die Auffassung vertreten, dass nur Rechtsanwälte und andere Angehörige sozietätsfähiger Berufe hierzu in Betracht kämen.[772]

Diskussion besteht allerdings noch darüber, inwiefern es hier wie auch bei der Zusammensetzung der Geschäftsführer der Anwalts-GmbH erforderlich ist, eine Mehrheit von Rechtsanwälten vorzuschreiben.

Eine verbreitete Auffassung hält eine entsprechende berufsrechtliche Vorgabe auch im verfassungsrechtlichen Sinne für nicht erforderlich.[773] Teilweise wird auch nur gefordert, der Vorstandsvorsitz solle einem Anwalt übertragen werden.[774]

In den entsprechenden Regelungen für Steuerberatungs- und Wirtschaftsprüfungsgesellschaften in der Rechtsform der Aktiengesellschaft gibt es unterschiedliche Vorgaben. Die WPO schreibt grundsätzlich eine Mehrheit von Wirtschaftsprüfern als Vorstandsmitglieder vor; im Fall von nur zwei Vorstandsmitgliedern insgesamt genügt allerdings Parität (§ 28 II S. 3 WPO). Das StBerG fordert dagegen in allen Fällen nur Parität (§ 50 IV StBerG).

---

[771] Dazu näher unter § 3.

[772] Henssler, NZG 2000, 875, Heublein, AnwBl 1999, 304/306; Römermann, Entwicklungen und Tendenzen, S. 183 f.; ders., ZAP Nr. 6 vom 22.3.2000, Fach 23, S. 470, Schumacher, AnwBl 2000, 309/310; Stabreit, NZG 1998, 452/453; anders allerdings noch Römermann/Spönemann, NZG 1998, 15/19; enger noch Hommelhoff/M. Schwab, WiB 1995, 115/117, die nur Rechtsanwälte als Vorstandsmitglieder als zulässig erachten.

[773] Schumacher, AnwBl 2000, 409/410, anders noch ders., AnwBl 1998, 364/365; so wohl auch Henssler, NZG 2000, 875; Heublein, AnwBl 1999, 304/306.

[774] Römermann, Entwicklungen und Tendenzen, S. 184; Stabreit, NZG 1998, 452/453.

2. Stellungnahme

Voraussetzung für eine Zulassung als Berufsausübungsgesellschaft ist – wie vorliegend schon für die Anwalts-GmbH festgestellt[775] - die verantwortliche Führung durch den namensgebenden Beruf (vgl. § 1 III S. 2 WPO, § 32 III S. 2 StBerG, § 59f I S. 1 BRAO). Dies setzt nach verschiedener Interpretation in den Berufsgesetzen voraus, dass das Geschäftsführungsorgan mehrheitlich oder zumindest paritätisch mit den Angehörigen des namensgebenden Berufes besetzt ist.[776] Hintergrund dieser Regelung und damit wesentlicher Unterschied zur Sozietät ist der Umstand, dass die jeweilige Berufsausübungsgesellschaft in ihren rechtlichen Befugnissen dem Berufsausübenden als natürliche Person gleichgestellt ist. So ist Rechtsanwaltsgesellschaften durch ihre Organe genauso die Rechtsberatung gestattet wie einem Rechtsanwalt als natürliche Person (vgl. nur Art. 1 § 3 Nr. 2 RBerG).
Aus diesem Grund ist es erforderlich, dass das jeweilige Organ auch von Rechtsanwälten dominiert wird.
Für die Aktiengesellschaft gilt zwar das gesetzliche Modell einer Gesamtgeschäftsführung mit Einstimmigkeitserfordernis.[777] Gleichwohl kann die Satzung oder Geschäftsordnung auch ein Mehrheitserfordernis regeln.[778] Es kann zugleich nicht bestimmt werden, dass ein oder mehrere Vorstandsmitglieder Meinungsstreitigkeiten im Vorstand gegen die Mehrheit seiner Mitglieder entscheiden (§ 77 I S. 2 2.HS AktG). Um gerade in Streitfragen eine verantwortliche Führung durch Rechtsanwälte in jedem Fall zu sichern, ist eine Mehrheit von Rechtsanwälten im Vorstand unabdingbar.

Wie schon zur Anwalts-GmbH angemerkt,[779] kann das Mehrheitserfordernis jedoch dann zu einer unbilligen Härte führen, wenn sich nur ein Rechtsanwalt und ein Nur-Wirtschaftsprüfer in einer Rechtsanwaltsgesellschaft zusammenschließen. Wie bei Wirtschaftsprüfungsgesellschaften (§ 28 II S. 3 2.HS WPO) muss daher bei nur zwei Vorstandsmitgliedern Parität als ausreichend angesehen werden.

---

[775] S. oben Kap. 4 § 2 III 2 b.
[776] S. oben Kap. 3 § 1 IV 2 b bb.
[777] Hüffer, AktG, § 77, Rn. 10.
[778] Hüffer, AktG, § 77, Rn. 11.
[779] S. oben Kap. 4 § 2 III 2 b.

III. Exkurs: Der Komplementär der Anwalts-KGaA

In der KGaA treten ein oder mehrere Komplementäre als persönlich haftende Gesellschafter an die Stelle des Vorstands bei der AG. Ihre Vertretungsmacht und Geschäftsführungsbefugnis bestimmt sich nach dem Recht der KG-Komplementäre (§ 278 II AktG). Im Übrigen gelten für die KGaA, soweit sich aus den besonderen Vorschriften oder aus dem Fehlen des Vorstands nichts anderes ergibt, die Vorschriften über die AG sinngemäß (§ 278 III AktG). Ein wesentlicher Unterschied zur AG besteht dabei darin, dass die Komplementäre – wie erwähnt - nicht durch den Aufsichtsrat bestellt oder abberufen werden. Sie werden vielmehr nach § 281 I AktG namentlich in der Satzung genannt. Ihre Bestellung und Abberufung erfolgt demnach durch Satzungsänderung.
Gem. § 278 II AktG i.V.m. §§ 161, 114 ff., 125 HGB besteht grundsätzlich Einzelgeschäftsführungs- und vertretungsbefugnis. Die Satzung kann zwar auch hier anderslautende Regelungen vorsehen.
Aufgrund dieser gesellschaftsrechtlichen Besonderheiten ist daher im Folgenden auf die berufsrechtlichen Erfordernisse einzugehen, die an den Komplementär einer Anwalts-KGaA zu stellen sind.

1. Problemstellung

Der Einfluss der Hauptversammlung und damit der anwaltlichen Mehrheitsaktionäre fällt nach dem gesetzlichen Modell der Anwalts-KGaA – wie bereits geschildert - gegenüber der Anwalts-AG in wesentlichen Teilen deutlich geringer aus. Um bestimmenden Einfluss auf die personelle Besetzung der Komplementäre zu entfalten, bedarf es bei der gesetzestypischen KGaA einer satzungsändernden Mehrheit. Hieran ändert sich auch nichts, wenn ein anderes Verfahren gewählt wird, da es auch hierzu einmalig einer Satzungsänderung bedarf.[780] Berufsrechtlich bietet sich hier zum Einen die Option, vom gesetzlichen Modell abweichende Satzungsbestimmungen vorzuschreiben, um so den Einfluss der anwaltlichen Kommanditaktionäre auch in Personalentscheidungsfragen zu sichern.
Näher liegt es, und diesen Weg haben auch das WPO und das StBerG gewählt, von vorne herein berufsrechtliche Vorgaben hinsichtlich der Zusammensetzung der Komplementäre zu treffen.

---

[780] Zur Dispositionsfreiheit des Satzungsgebers vgl. Hüffer, AktG, § 278, Rn. 6, 18.

In diesen beiden Gesetzen divergieren allerdings, wie bei den anderen Gesellschaftsformen auch, die Mehrheitserfordernisse. Während bei der Wirtschaftspüfungs-KGaA die Mehrheit der Komplementäre Berufsangehörige sein müssen (bei zwei Komplementären genügt Parität), genügt bei der Steuerberatungs-KGaA wiederum in allen Fällen eine paritätische Besetzung. Fraglich ist daher, welche Anforderungen an die Zusammensetzung der persönlich haftenden Gesellschafter einer Anwalts-KGaA zu stellen sind.

DAV[781] und BRAK[782] gehen in ihren Entwürfen dabei davon aus, dass der Regelung bei der Rechtsanwalts-GmbH entsprechend die Mehrheit der Komplementäre Rechtsanwälte sein müssen.

2. Stellungnahme

Die Vorgabe, dass sich die persönlich haftenden Gesellschafter einer Anwalts-KGaA mehrheitlich aus Rechtsanwälten zusammensetzen müssen, leuchtet zunächst nicht ein, wenn man bedenkt, dass das gesetzliche Modell hier grundsätzlich Einzelvertretungsbefugnis vorsieht. Insofern könnte es jedenfalls genügen, Parität vorzuschreiben, um den Erwartungen des Rechtsverkehrs zu genügen. Andererseits kann auch hier die Satzung andere Regelungen treffen, so dass auch in diesen Fällen die verantwortliche Führung der Rechtsanwälte durch eine entsprechende Mehrheitsregelung gesichert werden sollte.

Ad absurdum geführt werden kann eine solche Regelung jedoch dann, wenn neben den Komplementären auch Kommanditaktionäre zur Geschäftsführung berufen werden. In der KGaA kann nämlich die Geschäftsführungsbefugnis auch auf die Kommanditaktionäre frei verteilt werden.[783] Überträgt man dies auf die Anwalts-KGaA, so könnte also ein geschäftsführender anwaltlicher Komplementär zehn nichtanwaltlichen Kommanditaktionären mit Geschäftsführungsbefugnis gegenüberstehen. Das Berufsrecht hat demnach Vorsorge zu treffen, dass mindestens jeweils[784] die Mehrheit der persönlichen haftenden Gesellschafter und

[781] Abgedruckt in AnwBl 2001, 158 f.

[782] Prot. 89 der Hauptversammlung in Berlin am 18.5.2001, BRAK-Nr. 184/2001 vom 11.6.2001, bislang unveröffentlicht.

[783] Vgl. Kallmeyer, ZGR 1/1983, 57/58, 60.

[784] Die nach wie vor bestehenden Kompetenzunterschiede, etwa die Vertretungsbefugnis des Komplementär, macht eine getrennte Behandlung dennoch notwendig.

der zur Geschäftsführung berufenen Kommanditaktionäre mit Anwälten zu besetzen sind.
Ausnahmen sollten jedoch auch hier (entsprechend § 28 II S. 3 WPO) gelten, wenn es lediglich zwei Komplementäre gibt.

3. Zulässigkeit einer Rechtsanwaltsgesellschaft mbH & Co. KGaA?
Die Rechtsprechung hat jüngst die GmbH & Co. KGaA für zulässig erkannt (vgl. auch § 279 II AktG).[785] Die Zulässigkeit als Berufsausübungsgesellschaft scheitert nach hier vertretener Auffassung zunächst daran, dass sich an einer Rechtsanwaltsgesellschaft keine andere beteiligen darf.[786] Darüber hinaus ist zu beachten, dass auch bei Wirtschaftsprüfungs- und Steuerberatungskommanditgesellschaften auf Aktien (§ 28 I und II WPO, § 50 I und II StBerG) nur natürlichen Personen die Stellung als persönlich haftender Gesellschafter gestattet ist.[787] Diese Regelung ist auch für Rechtsanwaltsgesellschaften zu übernehmen, da sich die GmbH & Co. KGaA ebenso wie die GmbH & Co. KG[788] für eine weitgehend personalistische Ausrichtung und damit als Berufsausübungsgesellschaften nicht eignen.

§ 3 Aufsichtsrat

I. Die Rechte des Aufsichtsrats nach dem AktG

Neben Vorstand und Hauptversammlung tritt bei der AG als drittes Organ zwingend ein Aufsichtsrat. Hierin liegt bereits ein wesentlicher Unterschied zur GmbH, wo die Einrichtung eines Aufsichtsrats grundsätzlich fakultativer Natur ist.

Neben dem von Gesetzes wegen erforderlichen Aufsichtsrat können zwar auch hier sonstige Gremien wie beispielsweise Beiräte oder Gesellschafterausschüsse treten.[789] Solchen zusätzlichen Gremien dürfen jedoch weder besondere Geschäftsführungsaufgaben noch diejenigen Kompetenzen übertragen werden, die dem Aufsichtsrat zwingend zuge-

785 BGHZ 134, 392.
786 Insoweit auch Muthers, NZG 2001, 930/934.
787 Vgl. Kaminski, WP-Handbuch, Kap. A, Rn. 105, unzutreffend daher Muthers, NZG 2001, 930/934, der die Argumentation auf Art. 3 I GG stützt.
788 A.A. Sproß, AnwBl 1996, 201/204.
789 Mertens in: Kölner Kommentar zum AktG, Vorb. § 76, Rn. 28.

ordnet sind (Grundsatz der Satzungsstrenge, § 23 V AktG). Sie sollen daher vorliegend außer Acht gelassen werden.

Die Bestellung der Aufsichtsratsmitglieder erfolgt (vorbehaltlich arbeitsrechtlicher Regelungen) durch die Hauptversammlung (§ 101 I S.1 AktG). Die Zahl der zu bestellenden Aufsichtsratmitglieder ist dabei gesetzlich bestimmt. Erforderlich ist eine Mindestzahl von drei Aufsichtsratsmitgliedern. Das Maximum richtet sich nach dem Grundkapital. Zu beachten ist aber in jedem Fall, dass die Anzahl der Aufsichtsratsmitglieder durch drei teilbar ist (§ 95 AktG).
Die Kernaufgabe des Aufsichtsrats bildet die Verpflichtung, die Geschäftsführung zu überwachen (§ 111 I AktG). Sie ist das Korrektiv der Befugnis und Verpflichtung des Vorstands, die Gesellschaft in eigener Verantwortung zu leiten.[790] Maßnahmen der Geschäftsführung selbst können dem Aufsichtsrat nicht übertragen werden (§ 111 IV S.1 AktG).

Eine wesentliche Möglichkeit der Einflussnahme auf die unternehmenspolitischen Entscheidungen besteht jedoch aufgrund des Rechts des Aufsichtsrats, nach § 111 IV S. 2 AktG zustimmungsbedürftige Geschäfte festzulegen. Der Aufsichtsrat ist durch solche Zustimmungsvorbehalte aufgerufen, sich ein eigenes unternehmerisches Urteil über diese Maßnahmen zu bilden.[791]
Er hat ferner die Befugnis, gem. § 77 II AktG eine Geschäftsordnung für den Vorstand zu verfassen sowie gem. § 82 II AktG Beschränkungen für die Geschäftsführungsbefugnis der Vorstandsmitglieder zu treffen. Vor allem aber steht ihm das Recht zur Bestellung und Abberufung des Vorstandes zu (§ 84 AktG).
Der Aufsichtsrat seinerseits wird zwar durch die Hauptversammlung gewählt. Es besteht jedoch eine rechtliche Eigenständigkeit gegenüber der Hauptversammlung. Insbesondere sind der Aufsichtsrat und seine Mitglieder keinen Weisungen der Hauptversammlung unterworfen. Weder die Wahl eines Aufsichtsratsmitglieds durch die Hauptversammlung noch die Entsendung eines Aufsichtsratsmitglieds durch einen entsendungsberechtigten Aktionär begründen ein imperatives Mandat.[792] Auf

---

[790] Bommert in: Seibert/Kiem, Handbuch der kleinen AG, S. 173 f.
[791] Mertens in: Kölner Kommentar zum AktG, § 111, Rn. 35.
[792] Hoffmann-Becking in: Münchener Handbuch des Gesellschaftsrechts, Bd. 4, § 29, Rn. 15 und § 33, Rn. 7.

der anderen Seite steht es aber dem Mehrheitsaktionäre frei, den Aufsichtsrat mit seinen Vertrauensleuten zu besetzen und so – wie bereits herausgestellt – mittelbar auch Einfluss auf die Zusammensetzung des Vorstandes zu gewinnen.

II. Die Regelungen nach dem BetrVG 1952

Gem. § 76 I und VI BetrVG 1952 muss bei Aktiengesellschaften (und Kommanditgesellschaften auf Aktien) mit regelmäßig 500 und mehr Arbeitnehmern der Aufsichtsrat zu einem Drittel aus Vertretern der Arbeitnehmer bestehen. Auch für Anwalts-Aktiengesellschaften ist diese Zahl von Arbeitnehmern eine durchaus erreichbare Marke.
Zu untersuchen ist daher ebenfalls, inwiefern eine eventuelle Kollision mit eventuellen berufsrechtlichen Vorgaben vereinbart werden kann.[793]

III. Das Erfordernis einer berufsrechtlichen Regelung hinsichtlich der Zusammensetzung und der Mehrheiten in der Anwalts-AG

1. Problemstellung

Fraglich ist daher zunächst, welche berufsrechtlichen Mindestvoraussetzungen an den Aufsichtsrat einer Anwalts-AG grundsätzlich zu stellen sind.

Nach einer verbreiteten Auffassung sind hier dieselben Anforderungen zu stellen, wie an der Kreis der Gesellschafter auch, um dem Erfordernis des Ausschlusses berufsfremder Einflussnahme Rechnung zu tragen.[794] Erforderlich sei demnach eine Besetzung nur mit Angehörigen sozietätsfähiger Berufe, sowie eine Mehrheit von Anwälten. Probleme mit der anwaltlichen Verschwiegenheitspflicht stellen sich in diesem Fall naturgemäß nicht, da auch die anderen Angehörigen sozietätsfähiger Berufe vergleichbaren Berufspflichten bereits unterliegen.

---

[793] Vgl. auch Kilian, NZG 2001, 150/153 (Fn. 27).
[794] Heublein, AnwBl 1999, 304/306; Hommelhoff/M. Schwab, WiB 1995, 115/117; Kempter/Kopp, NJW 2001, 777/780; Schumacher, AnwBl 2000, 409/411 (allerdings ohne ein Mehrheitserfordernis); ders, AnwBl 1998, 364/370; Stabreit, NZG 1998, 452/453; so wohl auch Kilian, NZG 2001, 150/152 f.; vgl. auch für die Steuerberatungsgesellschaft Meurers In: Kuhls/Maxl/Meurers, StBerG, § 50a, Rn. 16.

Nach Auffassung von *Henssler*[795] und *Römermann*[796] sowie des DAV[797] und der BRAK[798] seien indes Vorgaben an die Zusammensetzung und die Mehrheitsverhältnisse im Aufsichtsrat der Anwalts-AG entbehrlich. Aus ihrer Sicht beschränkt sich das Problem auf die Einhaltung der anwaltlichen Verschwiegenheitspflicht.
Das Problem sei hier, dass der Umfang und die Schutzrichtung von anwaltlichem Berufsgeheimnis und Geschäftsgeheimnis nicht deckungsgleich seien. Diesem Problem lasse sich aber durch eine gesetzliche Einbindung nichtanwaltlicher Mitglieder in die anwaltliche Schweigepflicht (vgl. auch § 72 II StBerG, § 56 II WPO, § 59m III BRAO) oder wie DAV und BRAK dies vorschlagen - durch den Ausschluss von Einsichts- und Informationsrechten Herr werden.

2. Stellungnahme

Die divergierenden Auffassungen resultieren m. E. aus einer unterschiedlichen Einschätzung der Stellung des Aufsichtsrats und seiner Einflussmöglichkeiten und damit der hieraus resultierenden Möglichkeit berufsfremder Aufsichtsratsmitglieder, anwaltliche Entscheidungen zu beeinflussen.
Die einen sehen im Aufsichtsrat einen „zahnlosen Tiger"[799], dessen Rechtsstellung nicht geeignet ist, wesentlichen Einfluss auf die Geschicke der Gesellschaft auszuüben. Andere sehen dagegen wohl im Rahmen der Kontrollfunktion des Aufsichtsrats vor allem die Möglichkeit, weisungsfrei maßgeblichen Einfluss auf die unternehmenspolitischen Entscheidungen auszuüben.[800]

In der Tat könnte gerade die Unabhängigkeit des Aufsichtsrats von Weisungen der Hauptversammlung auf der einen Seite und die Möglichkeit der Einflussnahme durch Zustimmungsvorbehalte und vor allem die Personalentscheidungsgewalt hinsichtlich der Wahl des Vorstandes auf der

---

[795] Henssler in: Max Hachenburg, 2. Gedächtnisvorlesung, S. 22; s. auch ders., NZG 2000, 875.
[796] Römermann, Entwicklungen und Tendenzen, S. 185 ff., ders., ZAP Nr. 6 vom 22.3.2000, Fach 23, S. 471.
[797] Abgedruckt in AnwBl 2001, 158 f.; s. auch im Anhang.
[798] Prot. 89 der Hauptversammlung in Berlin am 18.5.2001, BRAK-Nr. 184/2001 vom 11.6.2001, bislang unveröffentlicht; s. auch im Anhang.
[799] Kilian, NZG 2001, 150/153 (Fn. 26).
[800] Vgl. auch Mertens in: Kölner Kommentar zum AktG, Vorb. § 95, Rn. 1; Kallmeyer, ZGR 1983, 57/59.

anderen Seite dafür sprechen, die Zusammensetzung des Aufsichtsrats auf Anwälte und andere sozietätsfähige Personen zu beschränken. Schließlich könnte man hieraus schließen, dass auf diese Weise Berufsfremden wesentliche Einflussmöglichkeiten auf Geschäftsführungsentscheidungen des Vorstandes zustehen würden, ohne dabei den Weisungen der anwaltlichen Mehrheitsgesellschafter unterworfen zu sein.

Auf der anderen Seite ist hier jedoch nicht zu verkennen, dass zum Einen auch ein Weisungsrecht seitens des Aufsichtsrats gegenüber dem Vorstand nicht besteht. Der Aufsichtsrat als Repräsentativorgan der Aktionäre[801] ist umgekehrt seinerseits - auch ohne ein formelles Weisungsrecht - wesentlichen Einflussmöglichkeiten seitens der Anteilseigner ausgesetzt.[802] So ist vor allem durch die rechtlich jederzeit gegebene Möglichkeit der Abberufung nach § 103 AktG im Regelfall auch faktisch gewährleistet, dass die gewählten oder entsandten Aufsichtsratsmitglieder nicht gegen den erklärten Willen der Hauptversammlung, des Mehrheitsaktionärs oder des entsendungsberechtigten Aktionärs handeln werden.[803] Auch das Interesse an der Wiederbestellung nach Ablauf der Amtsperiode bietet zudem wesentliche faktische Einflussmöglichkeiten des anwaltlichen Mehrheitsaktionärs bzw. der anwaltlichen Mehrheitsaktionäre auf das Verhalten der Aufsichtsratsmitglieder.[804]
Die Sorge, hier könnten berufsfremde Aufsichtsratsmitglieder möglicherweise sachfremden Einfluss auf Entscheidungen des Vorstands nehmen, ohne sich hierfür gegenüber den anwaltlichen Mehrheitsaktionären rechtfertigen zu müssen, erweist sich daher als unbegründet.
Zur Sicherung der anwaltlichen Unabhängigkeit sind somit in der Anwalts-AG, wie auch in der Steuerberatungs- und Wirtschaftsprüfungs-AG, Vorgaben an die personelle Zusammensetzung der Aufsichtsratsmitglieder als entbehrlich anzusehen.

Zu bedenken ist zudem, dass eine berufsrechtliche Beschränkung der Aufsichtsratsmitglieder auf Rechtsanwälte und Angehörige anderer so-

---

[801] Vgl. Hoffmann-Becking in: Münchener Handbuch des Gesellschaftsrechts, Bd. 4, § 29, Rn. 15.
[802] Michalski, Gesellschafts- und Kartellrecht der berufsrechtlich gebundenen freien Berufe, S. 265.
[803] Hoffmann-Becking in: Münchener Handbuch des Gesellschaftsrechts, Bd. 4, § 29, Rn. 15.
[804] S. oben Kap. 5 § 2 III 2.

zietätsfähiger Personen im gesellschaftsrechtlichen Sinne nicht zwangsläufig zum Vorteil ist.

Wie *Kilian* hierzu zu Recht anmerkt, kann gerade auch die Besetzung mit jungen „Associates" in der Anwalts-AG dazu führen, dass der Aufsichtsrat seiner Kontrollfunktion nur in beschränktem Maße nachkommt.[805]

Den Rechtsanwaltsaktiengesellschaften sollte daher m. E. nicht von vorne herein die Möglichkeit genommen werden, eine wirksame Kontrolle des Vorstands durch den Aufsichtsrat durch betriebswirtschaftlich versierte, berufsfremde und nicht in den Gesellschaftsbetrieb unmittelbar eingebundene Personen zu erreichen, solange die anwaltliche Unabhängigkeit hiervon nicht berührt wird.

Auch mögliche Gefahren für die anwaltliche Verschwiegenheit erfordern es nicht, die personelle Besetzung des Aufsichtsrats auf berufs- oder auch gesellschaftsangehörige Personen zu begrenzen.[806] In diesem Fall ist es allerdings unabdingbar, die Einsichtsrechte der Aufsichtsratsmitglieder nicht auf Materien zu erstrecken, die der anwaltlichen Verschwiegenheit unterliegen.[807] Nur auf diese Weise kann erreicht werden, dass vertrauliche Mandanteninformationen nicht entgegen der anwaltlichen Verschwiegenheitspflicht „nach außen dringen".

IV. Das Sonderproblem der unternehmerischen Mitbestimmung

Nach der hier vertretenen Ansicht ist eine berufsrechtliche Vorgabe an die Zusammensetzung des Aufsichtsrats der Anwalts-AG nicht erforderlich. Es kommt somit zu keiner Kollision von Arbeitsrecht und Berufsrecht, wenn gem. § 76 I und VI BetrVG 1952 der Aufsichtsrat der AG zu einem Drittel mit Arbeitnehmervertretern zu besetzen ist.

Problematischer könnte indes der Fall einzuschätzen sein, wenn eine Rechtsanwalts-AG regelmäßig mehr als 2000 Arbeitnehmer beschäftigt und der Aufsichtsrat paritätisch aus je sechs Aufsichtsratsmitgliedern der Anteilseignern und der Arbeitnehmer zu besetzen wäre (§§ 1 I, 7 Nr. 1 MitbestG).

---

[805] Vgl. Kilian, NZG 2001, 150/153 (Fn. 26), der allerdings dies „aus dem Blickwinkel der effektiven Geschäftsführung" gerade für erstrebenswert hält.

[806] A. A. Michalski, Das Gesellschafts- und Kartellrecht der berufsrechtlich gebundenen freien Berufe, S: 308.

[807] Vgl. den Vorschlag des DAV zur Anwalts-AG, AnwBl 2001, 158 f.

In der Praxis ist eine Rechtsanwalts-AG von dieser Größe in absehbarer Zeit in Deutschland zwar noch nicht zu erwarten.[808] Die Vorstellung ist aber auch nicht allzu abwegig, wenn man bedenkt, dass auf jeden angestellten Berufsträger auch ein oder mehrere andere Arbeitnehmer kommen können.

Diese Konstellation könnte jedenfalls dann Probleme aufwerfen, wenn durch die paritätische Besetzung mit Arbeitnehmern wesentliche Einflussmöglichkeiten der anwaltlichen Mehrheitsaktionäre auf den Aufsichtsrat und damit auf den Vorstand entfallen würden. Grundsätzlich besteht aber auch bei dem nach dem MitbestG mitbestimmten Aufsichtsrat wegen § 27 II MitbestG selbst in Pattsituationen regelmäßig ein Letztentscheidungsrecht der Kapitalseite,[809] so dass auch in diesem Fall der Einfluss der anwaltlichen Mehrheitsaktionäre weitgehend gewahrt bleiben würde.

V. Exkurs: Der Aufsichtsrat bei der KGaA

1. Problemstellung

Daneben stellt sich auch die Frage, welchen berufsrechtlichen Anforderungen der Aufsichtsrat bei einer Anwalts-KGaA zu unterwerfen wäre. Nach dem gesetzestypischen Modell stehen dem Aufsichtsrat der KGaA gegenüber dem der AG andere Kompetenzen zu. So ist er nicht zur Wahl des Leitungsorgans (Komplementäre) befugt.[810] Seine Kompetenz beschränkt sich vielmehr weitgehend auf die Überwachung der Geschäftsführung der persönlich haftenden Gesellschafter (§ 111 I i.V.m. § 278 III AktG)[811] und erstreckt sich dabei auch nicht auf die Überwachung sonstiger zur Geschäftsführung berufener Organe.

Der Aufsichtsrat der KGaA hat bei der Überwachung der Geschäftsführung nach überwiegender Ansicht allerdings nicht die Möglichkeit, zustimmungspflichtige Geschäfte festzulegen und über die Zustimmung zu entscheiden.[812] Auch fehlt ihm die Geschäftsordnungskompetenz für die persönlich haftenden Gesellschafter.[813] Dies alles beruht darauf, dass

---

[808] So auch Römermann, Entwicklungen und Tendenzen, S. 187.

[809] Näher Hanau/Adomeit, Arbeitsrecht, S. 147; Lieb, Arbeitsrecht, 309.

[810] Hüffer, AktG, § 278, Rn. 15; Kallmeyer, ZGR 1983, 57/66.

[811] Dazu näher Kallmeyer, ZGR 1983, 57/70 ff.

[812] Hüffer, AktG, § 278, Rn. 15; Kallmeyer, ZGR 1983, 57/62 und 69; Mertens in: Kölner Komm zum AktG, § 278, Rn. 54; Semler/Perlitt in: MüKo zum AktG, vor § 278, Rn. 40.

[813] Hüffer, AktG, § 278, Rn. 15; Semler/Perlitt in: MüKo zum AktG, § 278, Rn. 171 ff.

die gesellschaftsrechtliche Struktur der KGaA in der Geschäftsführung von den Grundzügen des Personengesellschaftsrechts ausgeht.[814]
Gem. § 287 I AktG hat der Aufsichtsrat im Unterschied zur AG aber die Beschlüsse der Gesamtheit der Kommanditaktionäre (Hauptversammlung) auszuführen, soweit die Satzung nichts anderes bestimmt (Ausführungskompetenz). In Rechtsstreitigkeiten mit persönlich haftenden Gesellschaftern vertritt der Aufsichtsrat die Kommanditaktionäre (Vertretungskompetenz, § 287 II AktG). Daher können persönlich haftende Gesellschafter auch nicht Aufsichtsratsmitglieder sein (§ 287 III AktG).
Der Aufsichtsrat hat weitere Aufgaben wahrzunehmen, falls ihm solche im Rahmen der Regelung des Verhältnisses der persönlich haftenden Gesellschafter zur Gesamtheit der Kommanditaktionäre durch die Satzung oder durch Hauptversammlungsbeschluss übertragen werden.[815]
Dagegen kann die Ausführungs- und Vertretungskompetenz (§ 287 AktG), anders als die Überwachungskompetenz, auch im Einzelfall einem besonderen Organ oder einer bestimmten Person (nicht aber den Komplementären) übertragen werden.[816]

2. Stellungnahme

Insgesamt lässt sich feststellen, dass der Umfang der Einwirkungsrechte des Aufsichtsrats in der KGaA sehr viel geringer ist als der in der AG.[817]
Vor allem fehlt es ihm gegenüber der AG an der Kompetenz zur Bestellung des Leitungsorgans, sowie an der Möglichkeit, zustimmungspflichtige Geschäfte festzulegen. Insofern sind berufsrechtliche Anforderungen an die Zusammensetzung des Aufsichtsrats der KGaA als erst recht entbehrlich anzusehen.

3. Das Sonderproblem der unternehmerischen Mitbestimmung

Auch diesbezüglich kommt es nach der hier vertretenen Ansicht demnach zu keiner Kollision mit arbeitsrechtlichen Vorgaben an die Zusammensetzung des Aufsichtsrats, sei es aus § 76 I BetrVG 1952 oder § 1 MitbestG.

---

[814] Semler/Perlitt in: MüKo zum AktG, § 287, Rn. 44.
[815] Semler/Perlitt in: MüKo zum AktG, § 287, Rn. 5.
[816] Semler/Perlitt in: MüKo zum AktG, § 287, Rn. 7, 10 f.
[817] Vgl. Semler/Perlitt in: MüKo zum AktG, § 287, Rn. 46.

§ 4 Firma

Fantasie- und Sachfirmen sind auch bei der Anwalts-AG/KGaA allein aus verfassungsrechtlichen Gründen (weiterhin) als zulässig zu erachten, soweit sie den allgemeinen und rechtsformspezifischen firmenrechtlichen Anforderungen sowie dem berufsrechtlichen Sachlichkeitsgebot genügen. Denn nach der hier vertretenen Auffassung hält ein Verbot der Sach- und Fantasiefirma auch bei der Rechtsanwalts-GmbH einer verfassungsrechtlichen Überprüfung nicht stand.[818] Es sind hier insbesondere keine Gründe ersichtlich, die eine unterschiedliche Behandlung zum Recht der Wirtschaftsprüfungs- und Steuerberatungsgesellschaften rechtfertigen würden. Gerade deren Beispiel aber zeigt, dass das Interesse der potentiellen Mandanten das Verbot der Sach- oder Fantasiefirma nicht erfordert, soweit das allgemeine Firmenrecht, das Gebot sachlicher Werbung eingehalten und der Zusammenschluss zudem als anwaltlicher gekennzeichnet ist.

Auch durch das neuerdings seitens der *BRAK* genannte Argument des „Konkurrenzschutzes“[819] lassen sich vor dem Hintergrund der neueren Rechtsprechung des BVerfG solche Eingriffe freilich nicht mehr rechtfertigen.

Daher muss auch für Anwalts-AG/KGaA die Wahl einer Sach- oder Fantasiefirmen grundsätzlich als zulässig erachtet werden .[820]

§ 5 Ergebnis

Die Anwalts-AG und auch die Anwalts-KGaA erweisen sich unter Beachtung einiger berufsrechtlicher Vorgaben als taugliches Instrument anwaltlicher und auch interprofessioneller Berufsausübung. Dabei sind weitgehend ähnliche Anforderungen zu stellen, wie an die Anwalts-GmbH.

Besonderheiten ergeben sich dabei auch nicht daraus, dass der Hauptversammlung in der AG im Gegensatz zur Gesellschafterversammlung in der GmbH nur geringere Einflussmöglichkeiten zukommt. Die Bindung des Kapitals mehrheitlich an Rechtsanwälte und im Übrigen an sozietätsfähige Personen bleibt auch hier erforderlich, um externe

---

[818] S. oben Kap. 4 § 4 IV.

[819] Schreiben des Vorsitzenden der Satzungsversammlung vom 18.02.2003 an die Bundesministerin der Justiz, BRAK-Mitt. 2003, 67/68.

[820] Zur firmenrechtlichen Gleichbehandlung von Anwalts-AG und -GmbH vgl. auch Grunewald, NJW 2002, 188/189.

tätsfähige Personen bleibt auch hier erforderlich, um externe sachfremde Einflüsse weitgehend auszuschließen.[821]

Als Vorstand einer Anwalts-AG kommen nur Rechtsanwälte und andere Angehörige sozietätsfähiger Berufe in Betracht.[822] Erforderlich ist es ferner, dass die Mitglieder des Vorstandes mehrheitlich Rechtsanwälte sind;[823] bei insgesamt nur zwei Vorstandsmitglieder genügt allerdings Parität.

Wie auch bei Wirtschaftsprüfungs- und Steuerberatungsgesellschaften ist es nicht erforderlich, berufsrechtliche Vorgaben hinsichtlich der Zusammensetzung des Aufsichtsrats zu treffen.[824] Eventuelle mitbestimmungsrechtliche Vorgaben bereiten dementsprechend kein Problem.

Die Wahl einer Sach- oder Fantasiefirma ist zulässig.[825]

Für die Anwalts-KGaA gelten grundsätzlich die gleichen berufsrechtlichen Anforderungen.[826] Allerdings ist hier, da die Gestaltungsfreiheit in der KGaA dies anders als in der Ag zulässt, gesondert vorzuschreiben,

---

821 So auch Henssler, NZG 2000, 875; ders. in: Max Hachenburg, 2. Gedächtnisvorlesung, S. 21; Hommelhoff/M. Schwab, WiB 1995, 115/117; Schumacher, AnwBl 2000, 409/411.; s. auch die Vorschläge der BRAK und des DAV im Anhang; a. A. Römermann, Anwalt 1/2000, S. 10; ders., Entwicklungen und Tendenzen, S. 187 f.; ders., ZAP, Nr. 6 vom 22.3.2000, Fach 23, S. 466; Heublein, AnwBl 1999, 304/307.

822 So auch Henssler, NZG 2000, 875, Heublein, AnwBl 1999, 304/306; Römermann, Entwicklungen und Tendenzen, S. 183 f.; ders., ZAP Nr. 6 vom 22.3.2000, Fach 23, S. 470, Schumacher, AnwBl 2000, 309/310; Stabreit, NZG 1998, 452/453; s. auch die Vorschläge der BRAK und des DAV im Anhang.

823 Ebenso die Vorschläge des DAV und der BRAK ; a. A. Henssler, NZG 2000, 875; Heublein, AnwBl 1999, 304/306; Römermann, Entwicklungen und Tendenzen, S. 184; Schumacher, AnwBl 2000, 409/410; Stabreit, NZG 1998, 452/453.

824 Ebenso die Vorschläge des DAV und der BRAK, s. Anhang; a. A. Heublein, AnwBl 1999, 304/306; Hommelhoff/M. Schwab, WiB 1995, 115/117; Kempter/Kopp, NJW 2001, 777/780; Schumacher, AnwBl 2000, 409/411; ders, AnwBl 1998, 364/370; Stabreit, NZG 1998, 452/453; so wohl auch Kilian, NZG 2001, 150/152 f.; vgl. auch für die Steuerberatungsgesellschaft Meurers In: Kuhls/Maxl/Meurers, StBerG, § 50a, Rn. 16.

825 Ebenso Henssler, JZ 2001, 337/341; ders., NZG 2000, 875/876; Römermann, MDR 2000, 734/735; Schumacher, AnwBl 2000, 409/410 m. w. N.; a. A. Kempter/Kopp, NJW 2001, 777/778; dies., NJW 2000, 3449/3450; für ein Verbot sind auch die Vorschläge von BRAK und DAV (s. Anhang).

826 Ebenso die Vorschläge von BRAK und DAV (s. Anhang).

dass auch geschäftsführende Kommanditaktionäre mehrheitlich Rechtsanwälte sein müssen.

6. Kapitel: Die Vor- und Nachteile der anwaltlichen Kapitalgesellschaft

Die bisherige Untersuchung hat ergeben, dass es bei der Wahl einer Kapitalgesellschaft für die anwaltliche Berufsausübung einige berufsrechtliche Vorgaben zu beachten gilt, die eine solche Entscheidung eher unattraktiv erscheinen lassen. Bei der Wahl der Rechtsform wird dies allein aber wohl nicht ausschlaggebend sein.
Die anwaltliche Kapitalgesellschaft bietet vielmehr eine Reihe von Vorteilen gegenüber anderen Rechtsformen anwaltlicher Berufsausübung, die bei der Wahl regelmäßig zu berücksichtigen sind. Diese Aspekte gilt es im Folgenden anhand aktueller Entwicklungen gegeneinander abzuwägen.

§ 1 Die Haftungsverfassung

Eines der vordringlichen Argumente, die für die Wahl einer Kapitalgesellschaft sprechen, ist der Ausschluss der Haftung mit dem Privatvermögen durch die Beschränkung der Haftung auf das Gesellschaftsvermögen.
Dieser Aspekt könnte derzeit weiter an Bedeutung gewinnen, denn es zeigen sich derzeit möglicherweise Tendenzen einer Haftungsverschärfung bei der „klassischen" Sozietät, ausgelöst durch die bereits erwähnte Entscheidung des II. Senats des BGH[827] zur Rechtsfähigkeit der GbR. Dies könnte im Ergebnis sogar dazu führen, dass die anwaltliche Kapitalgesellschaft deutlich an Zuspruch gewinnt.

I. Die „klassische" Sozietät (GbR)

1. Die Haftung der Sozien der GbR nach alter Rechtslage

Vor dieser Entscheidung, in der das Gericht der Außen-GbR Rechtsfähigkeit zugesprochen hat, folgte das Gericht der sogenannten Doppelverpflichtungstheorie.[828] Nach dieser Theorie besagte ein Vertragsschluss der Gesellschaft zugleich, dass der Vertrag auch im Namen der Gesellschafter geschlossen wird. Eine entsprechende Vertretungsmacht des geschäftsführenden Gesellschafters auch für die Gesellschafter persönlich wurde im Wege der Auslegung der Vollmacht zum Handeln

[827] BGH, NJW 2001, 1056 = DB 2001, 424 = DStR 2001, 310 = ZIP 2001, 330.
[828] St. Rspr. seit BGHZ 74, 240/242; vgl. hierzu Ulmer, ZIP 2001, 585/589.

für die Gesellschaft entnommen.[829] Dies hatte dann zwar grundsätzlich zur Folge, dass in der Sozietät als GbR alle Mitglieder als Gesamtschuldner in voller Höhe der Verbindlichkeit persönlich haften, auch wenn sie keinen Einfluss auf die Tätigkeit der anderen Sozien nehmen konnten.
Im Einzelfall konnte die Auslegung jedoch ergeben, dass nur ein Teil der Gesellschafter durch den Vertrag gesamtschuldnerisch in die Verpflichtung genommen wurde.
Dies hatte zumindest auch Auswirkungen bezogen auf die interprofessionelle Sozietät.[830] Dort können sich die Gesellschafter entsprechend dem Wortlaut des § 59a I BRAO nur verpflichten, im „Rahmen der beruflichen Befugnisse" für den Mandanten tätig zu werden. Aus dem beschränkten Erfüllungsanspruch konnte dann gefolgert werden, dass auch nur die erfüllungsbefugten Sozietätsmitglieder dem Mandanten gegenüber haften.[831]
Ein Rechtsanwalt war unter dieser Prämisse beispielsweise nicht in die Haftung mit einbezogen, wenn es um Pflichtverletzung eines Wirtschaftsprüfungsmandates der Sozietät geht. Umgekehrt musste ein Wirtschaftsprüfer nicht für die Pflichtverletzung eines mit ihm in Sozietät verbundenen Rechtanwaltes eintreten, da sich eine solche Einbindung als Verstoß gegen Art. 1 § 1 RBerG dargestellt hätte und daher dem Parteiwillen nicht zu entnehmen war.[832] Andererseits hat der BGH jedoch im Falle eines Steuermandates, dass einer Sozietät von Rechtsanwälten und Steuerberatern erteilt wurde, entschieden, dass der Anwalt berufsrechtlich ebenfalls nicht gehindert gewesen sein, die steuerrechtliche Beratung zu übernehmen und daher auch für das Fehlverhalten des Steuerberaters haften müsse.[833]

Auch hinsichtlich der reinen Anwaltssozietät ist der BGH bislang von einer vertraglichen Haftung der Sozien ausgegangen, wonach „ein Sozietätsanwalt in der Regel ein ihm angetragenes Mandat auch im Namen der übrigen Sozietätsmitglieder annimmt".[834] Hierbei handele es sich

[829] Vgl. Nachweise bei Ulmer, ZIP 1999, 509/511.
[830] Vgl. Grunewald, ZAP Nr. 10 v. 22.5.2001, Fach 23, S. 551/553.
[831] Henssler, AnwBl, Sonderheft Februar 2000, S. 77 m. w. N.; ders., NJW 1993, 2137/2138.
[832] BGH, NJW 2000, 1333.
[833] BGH, NJW 1982, 1866; zum umgekehrten Fall vgl. Grunewald in: FS Peltzer, S. 133.
[834] BGH, NJW 1999, 3040/3041 m. w. N.

allerdings nur um eine Auslegungsregelung bezüglich des Vertragsschlusses, die Ausnahmen zulasse, wenn etwa im Einzelfall besondere Umstände auf ein Einzelmandat an nur ein bestimmtes Mitglied der Sozietät hindeuteten.[835]

Dass im genannten Regelfall zugleich auch die Sozietät selber Vertragspartner war, kam dabei in den Entscheidungen des IX. Senats nicht immer klar zum Ausdruck, da es meist um die Inanspruchnahme einzelner Sozietätsmitglieder ging.[836] Der BGH hat wohl aus diesem Grund auch regelmäßig darauf verzichtet, den im Jahr 1994 eingefügten § 51a II S. 1 BRAO zur Anwendung zu bringen, wonach die Mitglieder einer Sozietät aus dem zwischen ihr und dem Auftraggeber bestehenden Vertragsverhältnis als Gesamtschuldner haften, obgleich man hierin sogar ein Votum des Gesetzgebers für die Akzessorietätstheorie erblicken konnte.[837]

2. Die Haftung der Sozien der GbR nach heutiger Rechtslage

Erste Ansätze für die Aufgabe der genannten Doppelverpflichtungstheorie zeichneten sich nach Ansicht einiger Autoren[838] schließlich erst in einer Entscheidung des II. Zivilsenats des BGH vom 27.9.1999[839] ab. In dieser Entscheidung ging es um die Haftung der Gesellschafter einer GbR, die den Zusatz „mit beschränkter Haftung" führte. Nach Ansicht des BGH bleibe dieser Zusatz ohne Wirkung. Eine Haftungsbeschränkung könne vielmehr nur durch individualvertragliche Vereinbarung erreicht werden. Die Gesellschafter haften vielmehr für die im Namen der GbR begründeten Verpflichtungen kraft Gesetzes auch persönlich.

In dieser Entscheidung wurde seitens der Literatur teils ein klares Abrücken des BGH von der Doppelverpflichtungstheorie gesehen,[840] oder zumindest ein unzweideutiges Abrücken von ihren Konsequenzen.[841] Andere Autoren äußerten indes die Auffassung, die dogmatische Frage der Rechtsfähigkeit sei insoweit noch offen geblieben, da sich die Entscheidungsbegründung alternativ auf die gesamtschuldnerische Haftung

---

[835] BGH, NJW 1999, 3040/3041; NJW 1991, 2294.

[836] Grunewald in: FS Peltzer, S. 130 f.

[837] Vgl. Dauner-Lieb, GmbHR 1995, 259/262.

[838] So z.B. K. Schmidt, NJW 2001, 993/994; Grunewald in: FS Peltzer, S. 130; vgl. auch Goette, DStR 2001, 315.

[839] BGH, NJW 1999, 3483.

[840] Dauner-Lieb, DStR 1999, 1992; s. auch Goette, DStR 2001, 315.

[841] Grunewald in: FS Peltzer, S. 130.

der Gesellschafter nach § 427 BGB wie auf eine akzessorische Gesellschafterhaftung gem. § 128 HGB analog gestützt habe.[842]
Angesichts der also nach wie vor bestehenden Unsicherheiten wurde es jedenfalls weitgehend als „Ausdruck von Verantwortung"[843] aufgenommen, dass der BGH schließlich mit genanntem Urteil vom 29.1.2001[844] eindeutig Stellung bezogen hat.
Der II. Senat des BGH hat sich in dieser Entscheidung nicht nur für die volle Rechtsfähigkeit der (Außen-) GbR ausgesprochen, sondern sich gleichzeitig unter Aufgabe der bisherigen Rechtsprechung der Akzessorietätstheorie angeschlossen. Im dritten Leitsatz des Urteils heißt es daher:

„Soweit der Gesellschafter für die Verbindlichkeiten der GbR persönlich haftet, entspricht das Verhältnis zwischen der Verbindlichkeit der Gesellschaft und der Haftung des Gesellschafters derjenigen bei der OHG (Akzessorietät)."

Für die Haftung der Sozien einer interprofessionellen Sozietät[845], aber auch für die reine Anwaltssozietät,[846] hat diese Entscheidung nun möglicherweise zur Folge, dass von nun an alle Gesellschafter einer Sozietät kraft Gesetzes als Gesamtschuldner persönlich haften und zwar unabhängig davon, ob sie die geschuldete Leistung selbst erbracht haben oder erbringen durften.
Ausnahmen könnte man allenfalls daraus herleiten, dass man den Vertrag mit der Sozietät von vorne herein dahingehend auslegt, dass nach dem Willen der Parteien nur einzelne Mitglieder der Sozietät in die Haftung einbezogen sind. Legt man etwa den Vertrag von vorne herein als Einzelmandat aus, bereiten insofern auch die strengen Formvorschriften des § 51a II S. 2 und 3 BRAO keine Schwierigkeiten.
Zugehör, bis vor kurzen Mitglied des IX. Senats hat in einem Symposiumsbeitrag insofern auch angedeutet, der IX. Senat werde die Entscheidung des II. Senats zwar einbinden müssen; dem Senat böten die Ver-

---

[842] Ulmer, ZIP 2001, 585/587, ders., ZGR 2000, 339/343.
[843] Dauner-Lieb, DStR 2001, 356/357.
[844] BGH, NJW 2001, 1056.
[845] Grunewald in: FS Peltzer, S. 137; Hartung, MDR 2001, 735/740, zur Geltung des Urteils auch für Freiberufler-Sozietäten vgl. auch K. Schmidt, NJW 2001, 993/1001; Ulmer, ZIP 2001, 585/594.
[846] Grunewald in: FS Peltzer, S. 134; Hartung, MDR 2001, 735/740.

tragsauslegung und eine eigenständige – entsprechende – Anwendung der §§ 420 ff. BGB aber die Möglichkeit, die Eigenart der Rechtsberaterhaftung zum Ausdruck zu bringen.[847]

Unabhängig hiervon zeichnet sich in der Rechtsprechung derzeit noch eine andere Tendenz zur Haftungsverschärfung ab. Das OLG Hamm hat nämlich in Reaktion auf das genannte Urteil des II. Senats des BGH[848] jüngst entschieden, dass nunmehr auch ein in eine Sozietät neu eingetretener Rechtsanwalt für Altschulden der Gesellschaft haften müsse.[849] Im Zuge der Rechtsfähigkeit der GbR sei diese nun haftungsrechtlich der OHG gleichgestellt, womit auch § 130 HGB zur Anwendung käme. Dies sei auch nicht unbillig und entspreche dem Grundmodell in gesetzlichen Vorschriften jüngeren Datums über Haftung in Personengesellschaften. Denjenigen, die unabhängig von einer Zustimmung des jeweiligen Vertragspartners einen Ausschluss der persönlichen Haftung erreichen möchte, stehe letztlich eine Vielzahl von gesetzlich vorgesehenen Möglichkeiten der Haftungsbeschränkung durch die entsprechende Wahl der Rechtsform zur Verfügung, so etwa die GmbH.[850]
Das OLG Düsseldorf[851] hatte nur einen Monat später wiederum einen ähnlichen Fall zu entscheiden. Allerdings ging es hier um Altverbindlichkeiten *vor* Sozietätsgründung, wo allenfalls § 28 HGB, nicht aber § 130 HGB entsprechend Anwendung findet. Das Gericht hat es sich dennoch nicht nehmen lassen, sich mit dieser Frage ausführlich zu befassen und schließlich beides zu verneinen. Zwar bestehe unter Berücksichtigung der Entscheidung des II. Senats beim BGH eine akzessorische Verknüpfung zwischen Gesellschafts- und Gesellschafterhaftung. Die Begründung dieser (sodann akzessorischen) Haftung bestimme sich jedoch nicht nach den Sondervorschriften für Handelsgesellschaften, sondern nach § 714 BGB. Sie setze somit eine auf den Gesellschaftsvertrag rückführbare Geschäftsführungsbefugnis voraus und gelte deshalb nicht für bereits vor dem Beitritt begründete Verbindlichkeiten.[852]

---

[847] Vgl. Grams, BRAK-Mitt 2002, 60/61.
[848] BGH, NJW 2001, 1056.
[849] OLG Hamm, NJW-RR 2002, 495, zustimmend Bruns, ZIP 2002, 1602; a. A. Heil/Menninger, RNotZ 2002, 187; differenzierend Grams, BRAK-Mitt. 2002, 60.
[850] OLG Hamm, NJW-RR 2002, 495/496.
[851] OLG Düsseldorf, RNotZ 2002, 185.
[852] OLG Düsseldorf, RNotZ 2002, 185/187.

Der II. Senat beim BGH hat am 07.04.2003 nun mittlerweile das Urteil des OLG Hamm in der Revision weitgehend bestätigt und damit eine akzessorische Haftung neu eintretender Gesellschafter analog zu § 130 HGB bejaht.[853] Aus Gründen des Vertrauensschutzes sollte diese Rechtsfolge jedoch erst für zukünftige Anwendungsfälle gelten.[854]

Für alle weiteren Fälle ist damit eine verschärfte Haftung in der Sozietät damit aber beschlossene Sache.

3. Möglichkeiten der Haftungsbeschränkung

In diesem Zusammenhang stellt sich auch die Frage, welche Möglichkeiten der Haftungsbeschränkungen dem Anwalt in der Sozietät zur Verfügung stehen. Denn die Frage der Haftung ist nicht allein eine Frage der Versicherung. Zwar kann das Haftungsrisiko des Rechtsanwalts in der Regel durch die (nunmehr gem. § 51 BRAO obligatorische) Haftpflichtversicherung abgefedert werden. Der Rahmen, in dem das Haftungsrisiko versichert werden kann, ist jedoch nicht unbegrenzt. Ab einer bestimmten Höhe sind Versicherungsprämien wirtschaftlich kaum noch tragbar.[855]

Der Gesetzgeber hat sich daher in der BRAO-Novelle von 1994[856] veranlasst gesehen, die vertragliche Begrenzung von Haftungsansprüchen zu normieren (§ 51a BRAO).[857] Hiernach kann der Anspruch des Auftraggebers aus dem zwischen ihm und dem Rechtsanwalt bestehenden Vertragsverhältnis auf Ersatz eines fahrlässig verursachten Schadens summenmäßig auf zwei Arten beschränkt werden: Einerseits durch schriftliche Vereinbarung im Einzelfall bis zur Höhe der Mindestversicherungssumme von einer Viertelmillion Euro, andererseits durch vorformulierte Vertragsbedingungen für Fälle einfacher Fahrlässigkeit auf den vierfachen Betrag der Mindestversicherungssumme, wenn insoweit Versicherungsschutz besteht. Als dritte Möglichkeit sieht das Gesetz ferner vor, dass die Haftung auch durch vorformulierte Vertragsbedingungen

853 BGH, BB 2003, 1081.
854 BGH, BB 2003, 1081/1083 f.
855 BT-Drucks. 12/4993, S. 32.
856 BGBl. I, S. 2278.
857 Für Ansprüche aus Schadensersatz aus dem Anwaltsvertrag gilt daneben eine eigene, für den Anwalt günstigere Verjährungsregelung (§ 51b BRAO), die auch durch das Schuldrechtsmodernisierungsgesetz nicht berührt wird, vgl. Mansel, NJW 2002, 418.

auf einzelne Mitglieder einer Sozietät beschränkt werden kann.[858] Erforderlich ist hier allerdings eine isolierte Zustimmungserklärung.

Die wesentliche Schwäche der genannten Möglichkeiten der Haftungsbegrenzung liegt nach alledem darin, dass sie den Konsens des Mandanten voraussetzt. Um dieses Einverständnis zu erlangen, muss der Anwalt im Einzelfall initiativ werden. Er riskiert dabei Nachfragen und erhebliche Irritationen, die schlimmstenfalls sogar zum Verlust des Mandats führen können.[859]

Dem zwischenzeitlichen Versuch, die Haftung durch einen einseitigen Haftungsausschluss abzuwehren („GbR mbH"), wurde Anwaltskanzleien – noch bevor der BGH im September 1999 dann dieser Konstruktion auch gesellschafts-rechtlich eine klare Absage erteilt hat[860] - wettbewerbsrechtlich[861] und auch firmenrechtlich[862] zudem ein Riegel vorgeschoben.

Das weitgehend einzige Mittel zum einseitigen Ausschluss der persönlichen Haftung aller Gesellschafter bleibt damit zunächst alleine die Zwischenschaltung einer juristischen Person.[863]

II. Die Partnerschaftsgesellschaft

1. Zur Entstehungsgeschichte der Partnerschaftsgesellschaft

Zur Bereinigung vor allem der genannten haftungsrechtlichen Defizite der GbR wurde nach langjähriger Diskussion[864] 1994 die Partnerschaftsgesellschaft[865] eingeführt. Trotz langjähriger Erfahrung mit Wirtschaftsprüfer- und Steuerberatungsgesellschaften war der Gesetzgeber zu diesem Zeitpunkt immer noch im „Zweifel", ob die Form der Kapitalgesellschaft nicht nur mit der anwaltlichen Tätigkeit[866], sondern auch

---

858 Vgl. auch Dauner-Lieb, GmbHR 1995, 259/262 zur parallelen Regelung der sog. Haftungskonzentration nach § 8 II PartGG a. F.
859 Dauner-Lieb, GmbHR 1995, 259/263.
860 BGH, NJW 1999, 3483.
861 BGH NJW 1992, 3037; zuvor OLG Düsseldorf, NJW 1990, 2133, s. hierzu Henssler, JZ 1992, 697/703; ders., JZ 1993, 155.
862 BayObLG, NJW 1999, 297.
863 Dauner-Lieb, GmbHR 1995, 259/263.
864 Vgl. Michalski/Römermann, PartGG, Einführung, Rn. 1 ff.
865 BGBl. I, S. 1744.
866 BT-Drucks. 12/4993, S. 23.

generell mit der freiberuflichen Tätigkeit[867] zu vereinbaren sei. Selbst der Umstand, dass noch während des Gesetzgebungsverfahrens der BGH die Zahnbehandlungs-GmbH für zulässig erklärt hat,[868] fand in den Gesetzgebungsgremien keine Beachtung.

Nach den Plänen des Gesetzgebers sollte vielmehr die Partnerschaftsgesellschaft „die Lücke zwischen der Gesellschaft bürgerlichen Rechts und den Kapitalgesellschaften schließen",[869] obgleich auch Kapitalgesellschaften den Freiberuflern grundsätzlich zur Verfügung stehen sollten.[870] Sie ist ihrem Wesen nach der OHG nachgebildet und wird daher nach einer Formulierung von *K. Schmidt* als „Schwesterfigur" zur OHG bezeichnet.[871] Zwar haften daher grundsätzlich für Verbindlichkeiten der Partnerschaft neben dem Vermögen der Partnerschaft alle Partner als Gesamtschuldner (§ 8 I S. 1 PartGG).

Im Unterschied zur OHG konnten die Partner jedoch gem. § 8 II PartGG a. F. auch unter Verwendung vorformulierter Vertragsbedingungen ihre vertragliche Haftung für Ansprüche aus Schäden wegen fehlerhafter Berufsausübung auf einen von ihnen beschränken.[872] Die Partnerschaftsgesellschaft war insofern der Kapitalgesellschaft haftungsrechtlich nach wie vor weit unterlegen. Die alte Fassung des § 8 II PartGG bot nur geringfügige Vorteile gegenüber § 51a II BRAO und den damit verbundenen Problemen.[873]

K. Schmidt hat zudem kritisiert, dass sich die Partnerschaft auch dogmatisch nicht in das System der bestehenden Gesellschaftsformen einfügt.[874] Auch war man mancherorts der Auffassung, die Schaffung der Partnerschaftsgesellschaft stelle nichts anderes als ein „Ablenkungsmanöver" dar, um einer Diskussion um die Rechtsanwalts-GmbH zu entgehen.[875]

---

[867] BT-Drucks. 12/6152, S. 1.

[868] BGHZ 124, 224 (s. auch III 1)

[869] BT-Drucks. 12/6152, S. 1, s. auch Leutheusser-Schnarrenberger, AnwBl 1994, 334.

[870] BT-Drucks. 12/6152, S. 7.

[871] K. Schmidt, ZIP 1993, 633/635; s. auch Henssler, PartGG, § 1, Rn. 3; Michalski/Römermann, PartGG, Einführung, Rn. 49 ff.

[872] Zum Vergleich von OHG und Partnerschaft s. auch Reiff, ZIP 1999, 517/522.

[873] Henssler, ZAP, Nr. 17 vom 10.91997, Fach 23, S. 292; vgl. auch Römermann, Entwicklungen und Tendenzen bei Anwaltsgesellschaften, S. 138.

[874] K. Schmidt, ZIP 1993, 633/635 f.

[875] v. Falkenhausen, AnwBl 1993, 479/480; s. auch Hartung/Holl-Römermann, BORA, vor § 30, Rn. 70; Michalski/Römermann, PartGG, Einführung, Rn. 39 m. w. N.; Römermann, INF 2001, 181.

Dass diese Behauptung nicht ganz unbegründet war, zeigt sich schließlich auch in der weiteren Entwicklung: Noch im Regierungsentwurf zur Einführung der Anwalts-GmbH hieß es, dass die kapitalgesellschaftliche Organisationsform „nicht für alle freiberuflichen Zusammenschlüsse als wünschenswert“ erscheine.[876]

2. Die haftungsrechtliche Situation in der Partnerschaftsgesellschaft nach neuer Rechtslage

Um als Alternative zur Kapitalgesellschaft bestehen zu können, wurde im Zuge der Normierung der Anwalts-GmbH die Regelung der vertraglichen Haftungskonzentration des § 8 II PartGG in eine gesetzliche Handelndenhaftung umgewandelt.[877] Das bedeutet nunmehr, dass nach § 8 II PartGG n. F. auch ohne eine schriftliche Vereinbarung kraft Gesetzes neben der Partnerschaft nur einzelne Partner haften, soweit sie mit der des Bearbeitung eines Auftrags befasst waren.

Damit hat die Partnerschaft gegenüber der parallelen Rechtsform für Gewerbetreibende, also der OHG, mit der gesetzlichen Haftungskonzentration einen deutlichen haftungsrechtlichen Vorteil. Ein Grund für diese bevorzugte Behandlung der Freiberufler liegt wohl darin, dass das mit den sehr hohen Anforderungen der Rechtsprechung an die Sorgfaltspflichten der Freiberufler ständig gewachsene Haftungsrisiko nicht mehr durch die entsprechenden Honorare kompensiert wird.[878]
Gegenüber der GmbH hat die Partnerschaft durch die gesetzliche Beschränkung der Haftung auf den Handelnden eine Aufwertung erfahren,[879] dennoch bleibt diese Rechtsform gegenüber der GmbH, bei der die persönliche Haftung gänzlich ausgeschlossen ist, unterlegen.[880] Dies wäre indes nicht der Fall gewesen, wenn wie ursprünglich geplant – entgegen der gesellschaftsrechtlichen Systematik - für die Anwalts-GmbH eine Handelndenhaftung eingeführt worden wäre.

---

[876] BT-Drucks. 13/9820, S. 21.
[877] Henssler, NJW 1999, 241/248.
[878] Michalski/Römermann, PartGG, § 8, Rn. 20.
[879] Römermann, GmbHR 1998, 966/967.
[880] Bayer/Irmberger, DZWir 1995, 181/183; Henssler, ZAP, Nr. 17 vom 10.9.1997, Fach 23, S. 293; ders., DB 1995, 1549/1554 f.

§ 2 Die Organisationsverfassung

I. Die „klassische" Sozietät (GbR)

Das Recht der GbR ist in den §§ 705 ff. BGB nur marginal geregelt worden und zudem weitgehend dispositiv. Es bietet sich daher auf der einen Seite ein großer Gestaltungsspielraum. Der Vorteil der vielseitigen Einsetzbarkeit der §§ 705 ff. BGB erweist sich bei der Beurteilung der Anwaltssozietät jedoch zugleich als entscheidender Nachteil. Der grob gestrickte gesetzliche Regelungsrahmen erlaubt aufgrund seines hohen Abstraktionsniveaus und seines dispositiven Charakters kaum präzise Aussagen für die Lösung von Einzelfragen.[881] Für Anwaltssozietäten mit über 200 Gesellschaftern, wie sie heute schon anzutreffen sind, bietet die GbR jedenfalls eine viel zu schwerfällige Kooperationsform: Ein Mitgliederwechsel ist nur unter erschwerten Bedingungen möglich und die juristische Person als Kapitalsammelstelle wird schmerzlich vermisst.[882]
Die fehlende Rechtspersönlichkeit der GbR ist auch in anderer Hinsicht bislang von (wenn auch geringem)[883] organisationsrechtlichem Nachteil gewesen.[884] So war auch die Außen-GbR z.B. weder grundbuch- noch parteifähig.[885]
Diese Nachteile sind mit der Entscheidung des BGH zur Rechtsfähigkeit der Außen-GbR wohl weitgehend entfallen. So genügt es nunmehr wohl, die Gesellschaft als Partei zu benennen.[886] Die Grundbuchfähigkeit wirft indes noch ungeklärte rechtliche Folgeprobleme auf.[887]

II. Die Partnerschaftsgesellschaft

Gesetzlich eindeutiger geregelt ist die organisationsrechtliche Situation bei der Partnerschaftsgesellschaft. Sie kann gem. §§ 7 II PartGG, 124 I HGB unter ihrem Namen Rechte erwerben und Verbindlichkeiten eingehen, Eigentum und andere dingliche Rechte an Grundstücken erwerben, vor Gericht klagen und verklagt werden. Sie ist auch durch sonstige

---

[881] Henssler, NJW 1993, 2137/2138.
[882] Henssler, ZIP 1994 844/850.
[883] Ulmer, ZIP 2001, 565/594 f.
[884] Vgl. Hartung, MDR 2001, 735/740; Römermann, DB 2001, 428/430.
[885] Zur heutigen Rechtslage vgl. indes H.P. Westermann, NZG 2001, 289 ff.
[886] Vgl. K. Schmidt, NJW 2001, 993/998.
[887] Vgl. Ulmer/Steffek, NJW 2002, 330 ff.; Ulmer, ZIP 2001, 585/594 f.; ablehnend BayObLG, NJW 2003, 70 ff.

Verweisungen ins Recht der OHG (etwa in Vertretungsfragen) klarer geregelt als die GbR.[888]
Ein Rückerwerb von Kapitalanteilen durch die Gesellschaft ist hier jedoch nicht möglich, so dass auch hier der Ein- und Austritt von Gesellschaftern nicht einfacher verläuft als bei der GbR.[889]

III. Die Kapitalgesellschaften

Die größten Vorteile organisationsrechtlicher Art kommen indes der Kapitalgesellschaft zu. Durch die Form der juristischen Person mit den besseren Möglichkeiten der Trennung zwischen Beteiligung und Geschäftsführung/Vorstand lässt sich ein klarer organisatorischer und struktureller Aufbau erreichen.[890] Im Rahmen von einfachen und qualifizierten auf die Kapitalbeteiligung bezogenen Mehrheitsbeschlüssen ist die Handhabung einfacher, als wenn zwischen Sozietätspartnern eine Übereinstimmung für die Willensbildung notwendig ist.[891] Mehrheitsbeschlüsse in Sozietätsverträgen zu vereinbaren ist zudem im Hinblick auf die persönliche Haftung der Sozietätspartner oft problematisch.
Vor allem aber kann ein Ein- und Austritt einfacher und flexibler gehandhabt werden, ohne dass dabei der rechtliche Bestand der Gesellschaft gefährdet wird. Gleiches gilt, wenn ein Gesellschafter verstirbt.[892] Die Gesellschafter einer GbR können für den Fall des Ausscheidens zwar auch bestimmen, dass die Gesellschaft fortbesteht (§ 736 I BGB). Bei der Kapitalgesellschaft ist dies jedoch bereits gesetzlich gewährleistet.

Der organisationsrechtlich klaren Struktur der Kapitalgesellschaft stehen insbesondere bei der AG aber auch einige Nachteile gegenüber. So gewährt das Aktienrecht nur ein geringes Maß an Gestaltungsfreiheit bei der Formulierung der Satzung.[893] Vom Gesetz abweichende Regelungen sind hier nur erlaubt, wenn es das Gesetz ausdrücklich vorsieht; Ergänzungen nur, wenn das Gesetz keine abschließende Regelung enthält (§ 23 V AktG). Es gelten ferner strenge gesetzliche Formalien einzuhalten. Der Gesetzgeber hat indes, um die Rechtsform der AG auch für kleinere Zusammenschlüsse interessanter zu machen, im Jahr 1994 durch das

---

[888] Vgl. K. Schmidt, NJW 1995, 1/5; s. dazu auch BT-Drucks. 12/6152, S. f.
[889] Vgl. Henssler, ZIP 1994, 844/850.
[890] Vgl. Stehle/Longin, Rechtsformen, S. 33; Stehle, DStR 1983, 100/102.
[891] Vgl. Henssler, JZ 1992, 697/698.
[892] Näher Stehle/Longin, Rechtsformen, S. 33.
[893] Olbing/Binnewies, GmbH-StB 2001, 59/61.

Gesetz für kleine Aktiengesellschaften und zur Deregulierung des Aktienrechts[894] diesbezüglich einige technische Erleichterungen geschaffen. Die hier bereits erwähnte, auf diese Weise neu eingeführte „kleine AG" bietet einen interessanten Rahmen für personalistisch ausgerichtete Zusammenschlüsse,[895] also auch Zusammenschlüsse von Freiberuflern. Hinter der Bezeichnung „kleine AG" verbirgt sich dabei – wie bereits erwähnt - keine eigenständige Rechtsform. Die Bezeichnung „kleine AG" steht vielmehr als Synonym für Erleichterungen insbesondere für nichtbörsennotierte Aktiengesellschaften und solche, die wegen ihres überschaubaren Aktionärskreises personalistisch strukturiert sind.[896] Bei Vorliegen besonderer Voraussetzungen gelten hier Vereinfachungen, die insbesondere Erleichterungen bei der Einberufung und Durchführung der Hauptversammlung sowie die Erweiterung der Spielraums bei der Satzungsgestaltung betreffen.[897] Diese Vereinfachungen machen die AG daher insbesondere auch für mittelgroße bis große Anwaltskanzleien interessant.[898]

§ 3 Steuerrechtlicher Vergleich

Von großem Interesse bei der Rechtsformwahl ist regelmäßig auch der steuerrechtliche Aspekt.[899] Ein wesentlicher Nachteil der Freiberufler-Kapitalgesellschaft liegt bislang darin, dass sie so behandelt wird, als ginge sie einem Gewerbe nach.[900] Sie ist – im Gegensatz zur Freiberufler-Personengesellschaft - gewerbe- und körperschaftssteuerpflichtig.[901] Nur im Falle der Thesaurierung der Gewinne wird sie zum „Steuersparmodell".[902]

Andererseits bietet sich hier die Möglichkeit, steuerwirksam Pensionsrückstellungen zu bilden. Dies führt allerdings nur zu einer Steuerver-

---

[894] BGBl. I, S. 1961.
[895] Vgl. BT-Dr. 12/6721, S. 5; Einzelheiten der Reform auch bei Stehle/Longin, Rechtsformen, S. 38 ff.
[896] Boin, Die Partnerschaftsgesellschaft für RAe, S. 116 f. m. w. N.
[897] Vgl. Boin, Die Partnerschaftsgesellschaft für RAe, S. 117 ff.
[898] Henssler, NJW 1999, 241/247.
[899] S. hierzu ausführlich Streck in: Henssler/Streck, Sozietätsrecht, Kap. E, Rn 220 ff. und Kap. F, Rn. 31 sowie Schmid, DB 1999, 1576 ff.
[900] Vgl. Bayer/Irmberger, DZWir 1993, 309/318.
[901] Allerdings ist auch der in einer GbR tätige Anwalt nicht in jedem Fall vor der Gewerbesteuer gefeit, vgl. BFH, NJW 2002, 990.
[902] Dazu ausführlich Streck in: Henssler/Streck, Handbuch des Sozietätsrechts, Kap. E, Rn. 220 ff. und Kap. F, Rn. 31; s. auch Schmid, DB 1999, 1576 ff.

schiebung: Der Pensionsberechtigte versteuert die Bezüge in dem Zeitpunkt, zu dem sie ihm zufließen.

Derzeit ist allerdings ein Gesetzesentwurf angekündigt, wonach auch Freiberufler zukünftig zur Gewerbesteuer herangezogen werden sollen. Eine Auswirkung könnte sein, dass gerade kleinere Anwaltssozietäten sich aufteilen könnten, um von dem geplanten Freibetrag einzeln profitieren zu können, da dieser ansonsten nur der gesamten Sozietät zustehen würde.
Gerade in größeren Gesellschaften wird aber auch erwogen, nun einen Rechtsformwechsel in die GmbH zu vollziehen. Die Überlegung dahinter ist, dass man, wenn die Gesellschaft schon zur Gewerbesteuerpflicht herangezogen wird, dann auch von den übrigen Vorteilen dieser Rechtsform profitieren möchte.[903]

§ 4 Kostenaufwand

Negativ ins Gewicht fällt bei der anwaltlichen Kapitalgesellschaft der anfallende Kostenaufwand. Zu nennen sind hier:[904]

- Notarkosten für die Gründung (§ 2 I S. 1 GmbHG; § 23 I S. 1 AktG) und die Satzungsänderung (§ 53 II GmbHG)
- Die Gebühr für die Eintragung ins Handelsregister
- Die Gebühr für die Zulassung bei der RAK oder der Landesjustizverwaltung i. H. v. 500 € (§ 192 I S.2 BRAO)
- Der erhöhte Kammerbeitrag bei der RAK
- Die erhöhte Versicherungsprämie (ca. 2500 € für die gem. § 59j BRAO obligatorische Berufshaftpflichtversicherung der GmbH)
- Der Beitrag für die IHK
- Die Einlagepflicht (GmbH: 25 TSD €, § 5 I GmbHG; AG: 50 TSD €, § 7 AktG)
- Eventuell Notarkosten für die Übertragung von Gesellschaftsanteilen (nur GmbH, § 15 III, IV GmbHG)

---

903 „Recht und Steuern: Das Ende eines Steuerprivilegs", Financial Times Deutschland (Online-Ausgabe) v. 13.07.2003.
904 S. Henssler, AnwBl 2000, 213/220.

§ 5 Fazit

Zusammenfassend lässt sich feststellen, dass die steuerrechtlichen und kostenmäßigen Nachteile der GmbH abzuwägen sind gegen den Vorteil der gesellschaftsrechtlichen Haftungsbeschränkung sowie die organisationsrechtlichen Vorteile.[905]
Die Gesamtabwägung bleibt eine Einzelfallentscheidung. Kleine bis mittelgroße Kanzleien werden ihre Entscheidung vornehmlich zwischen Sozietät, Partnerschaft und GmbH treffen. Die Anwalts-AG erscheint hingegen attraktiver für größere und nur manche mittelgroße Zusammenschlüsse.[906]

Die Partnerschaftsgesellschaft hat mit Anerkennung der anwaltlichen Kapitalgesellschaft in haftungsrechtlicher Hinsicht an Attraktivität verloren. Dennoch ist in der Praxis zu beobachten, dass die GmbH zwar einen starken Zuwachs verzeichnet, aber dennoch zahlenmäßig noch weit hinter der Partnerschaftsgesellschaft zurückbleibt.[907] Die Anzahl der bislang zugelassenen Anwalts-Aktiengesellschaften wird bis zu einer gesetzlichen Regelung statistisch noch nicht erfasst, liegt aber zur Jahresmitte 2002 noch unter 10 Gesellschaften.[908]

Vorerst bleibt wohl die „klassische" Sozietät als GbR trotz der persönlichen Haftung aller (auch neu eingetretener) Gesellschafter weiterhin die vorherrschende Rechtsform für den Zusammenschluss von Rechtsanwälten. *Henssler* vermutet hierfür „eine Neigung innerhalb der Anwaltschaft, an Althergebrachtem festzuhalten".[909] Die Gründe hierfür werden jedoch wohl von Fall zu Fall verschieden sein.

Derzeit ist jedoch auch ein Umdenken festzustellen. Die Kapitalgesellschaft gewinnt mit der Einführung der Gewerbesteuerpflicht für alle Freiberufler in den Augen vieler Anwälte deutlich an Attraktivität.

---

[905] Vgl. auch Sommer, GmbHR 1995, 249/258.
[906] S. auch Boin, Die Partnerschaftsgesellschaft für RAe, S. 116.
[907] Nach der Mitgliederstatistik der BRAK vom 1.1.2002 stieg die Anzahl der Rechtsanwalts-GmbH .gegenüber dem Vorjahr um 62,67 % auf 122; die Zahl der Partnerschaftsgesellschaften um 12,86 % auf 746.
[908] Freundliche Auskunft von Anton Braun, Hauptgeschäftsführer der BRAK, vom 19.07.2002.
[909] Henssler, DB 1995, 1549/1556.

Bevor jedoch die Anwalts-AG nicht einer gesetzlichen Regelung zugeführt ist, werden viele Anwälte sich mit der Wahl dieser Rechtsform noch zurückhalten. Der Gesetzgeber sollte daher nicht länger zögern und auch diese Rechtsform den Anwälten alsbald zur Verfügung stellen.

7. Kapitel: Zusammenfassung

Kapitalgesellschaftliche Rechtsformen galten lange Zeit als unvereinbar mit dem Beruf des Rechtsanwalts. Der Grund hierfür war zunächst wohl weniger die dogmatische Erwägung, dass freiberufliche Tätigkeit und gewerbliche Rechtsform nicht miteinander zu vereinbaren seien, denn dies hätte wohl bereits mit dem schlichten Verweis auf die seit Jahrzehnten bestehen Wirtschaftsprüfungs- und Steuerberatungskapitalgesellschaften widerlegt werden können.[910] Im Vordergrund stand vielmehr berufsethische Überlegungen, insbesondere die Befürchtung einer zunehmenden Kommerzialisierung des Rechtsanwaltsberufes.[911]

Die unter vornehmlich anwaltlicher Beteiligung geführte Diskussion um die anwaltliche Kapitalgesellschaft bekam auf diese Weise einen sehr grundsätzlichen Charakter, bei der sich berufsrechtliche und berufsethische Argumente oftmals miteinander vermengten. Sowohl um die Anwalts-GmbH als auch um die Anwalts-AG wurde dabei jeweils gleich auf zwei Ebenen, sowohl *de lege lata* als auch *de lege ferenda*, heftig gestritten. In beiden Fällen entschied zunächst nicht der Gesetzgeber, sondern zunächst das BayObIG.[912]

Der eigentliche dogmatische Hauptstreitpunkt der anwaltlichen Kapitalgesellschaft entscheidet sich zunächst an der Frage, wie und ob sich aus den Wesensmerkmalen des Anwaltsberufes, sprich aus dem gesetzlichen Berufsbild, Vorgaben für eine Modifizierung der kapitalgesellschaftlichen Rechtsformen herleiten lassen. Bereits dieser Grundansatz ist in der Literatur heftig umstritten.

Die Ursachen dieses Streits sind letztlich auf die Entscheidungen des BVerfG zu den anwaltlichen Standesrichtlinien[913] zurückzuführen. Mit dem Ende des Interpretations- und Regelungsmonopols „angesehener und erfahrener Standesgenossen" war das anwaltliche Berufsrecht teilweise nur noch in Grundzügen geregelt. Während die Einen diesen Um-

---

[910] Es sei denn, man hält bereits diese für systemwidrig, vgl. Ganster, Freier Beruf und Kapitalgesellschaft.
[911] Vgl. BayObLG, NJW 1995, 199 mit Hinweis auf Kremer, GmbHR 1983, 259/265.
[912] BayObLG, NJW 1995, 1999 und 2000, 1647.
[913] BVerfGE 76, 171 und 196.

stand geschickt nutzten, um etwa eine Anwalts-GmbH zu gründen, versuchten Andere, die Standesrichtlinien über ihre Interpretation des anwaltlichen Berufsbildes durch die Hintertür wieder einzuführen. Wohl als Reaktion hierauf wurde dann teilweise das anwaltliche Berufsbild gänzlich in Frage gestellt und damit verbundene rechtliche Beschränkungen als „Selbstzweck" bezeichnet.[914]

Aufgabe dieser Arbeit war es daher zunächst, die ursprüngliche Bedeutung des anwaltlichen Berufsbildes historisch noch einmal neu aufzuarbeiten. Dabei sollten die genannten Begrifflichkeiten aufgeschlüsselt und ihren Auswirkungen auf das anwaltliche Gesellschaftsrecht gegenüber gestellt werden.

Hiervon ist zunächst festzuhalten, dass der Begriff des „Organs der Rechtspflege" im Wesentlichen die Einbindung des Rechtsanwalts in das System der Rechtspflege beschreibt, ohne dass sich hieraus – zumindest bei isolierter Betrachtung - konkrete Vorgaben an die anwaltliche Zusammenarbeit herleiten lassen.
Auch der Begriff des „Freien Berufes" bietet nur einen grundsätzlichen Richtstab, wenn er einen Beruf vor allem als besonders gemeinwohlbezogen typisiert.

Bedeutender für die anwaltliche Kapitalgesellschaft ist der Begriff der anwaltlichen Unabhängigkeit.
Trotz dieser Bedeutung auch für das anwaltliche Berufsrecht insgesamt war allerdings zunächst Eines überraschend: An einer umfassenden Klärung des Begriffs der anwaltlichen Unabhängigkeit, welche der tatsächlichen Bedeutung der anwaltlichen Unabhängigkeit gerecht werden würde, fehlte es bislang.[915] Über seine ursprüngliche Bedeutung als Unabhängigkeit vom Staat im Sinne einer „Freiheit der Advokatur" ist dieser Begriff nämlich längst hinausgewachsen.
Eine besondere Bedeutung bekommt die anwaltliche Unabhängigkeit heute vor allem in Bezug auf das Verhältnis des Anwalts zu seinem Mandant. In diesem Kontext soll die anwaltliche Unabhängigkeit eine zu starke Bindung an den Mandanten ebenso ausschließen wie die Gefähr-

[914] Vgl. Bachmann, NJW 2001, 3385 f.
[915] Prütting, AnwBl. 1994, 315/318; Redeker, NJW 1987, 2610/2615.

dung der Mandanteninteressen durch sachfremde Einflüsse oder Interessenkollisionen.
Aufgabe des anwaltlichen Gesellschaftsrechts ist es daher grundsätzlich, diesen Gefahren entgegenzutreten.

Verfassungsrechtlich zu beachten ist dabei, dass als zulässige Gemeinwohlbelange berufsrechtlicher Regelungen ausschließlich der Schutz der Rechtssuchenden und der Schutz der Rechtspflege in Betracht kommen.[916] Ein besonderes Augenmerk ist dabei jeweils auch auf die Frage zu richten, ob die Berufsbildargumente auch im Bereich der Erforderlichkeit fundiert werden können.[917] Dabei gilt es insbesondere, auch faktische Veränderungen der Rahmenbedingungen zu berücksichtigen.[918] Art. 12 I S. 1 GG gebietet insofern auch eine „berufs- und wettbewerbsfreundliche Auslegung" berufsbildbezogener Regelungen.[919]
An dieser Stelle erhält aber auch Art. 3 I GG besondere Relevanz: In Verbindung mit Art. 12 I GG kann hier geprüft werden, inwiefern berufsrechtliche Regelung für die anwaltliche Kapitalgesellschaft erforderlich sind, wenn sie für die Kapitalgesellschaften der vergleichbaren Berufsgruppen der Steuerberater und Wirtschaftsprüfer nicht gelten.
Ein direkter Vergleich der bestehenden Regelungen zur Anwalts-GmbH zu den vergleichbaren Regelungen der Steuerberatungs- und Wirtschaftsprüfungsgesellschaften zeigen hier einige Ungleichbehandlungen auf.

Im Hinblick auf die **Anwalts-GmbH** ergab sich dabei folgendes Bild:

1. Die anwaltliche Unabhängigkeit erfordert auch bei der Rechtsanwalts-GmbH die Bindung des Kapitals mehrheitlich an Berufsträger und im Ganzen an Angehörige sogenannter sozietätsfähiger Berufe. Dieses Mehrheitserfordernis erweist sich auch nicht als unzulässige Ungleichbehandlungen gegenüber Sozietäten in der Rechtsform der GbR. Die Anwalts-GmbH wird zugelassen und steht sodann berufsrechtlich, etwa im Hinblick auf die Postulationsfähigkeit, einem Rechtsanwalt als natürliche Person gleich

[916] Jaeger, StBg 1997, 211 f.; vgl. auch Zuck in: FS für K. Geiß, S. 333 f.
[917] Zuck in: FS für K. Geiß, S. 335.
[918] Vgl. nur BVerfGE 97, 12/27.
[919] BVerfGE 94, 351.

(vgl. auch § 1 I S.2 BRAGO). Sie ist damit ab Zulassung (und erst dann) im berufsrechtlichen Sinne rechtsfähig. Daher muss die Gesellschaft auch durch Rechtsanwälte verantwortlich geführt werden (vgl. § 59f I S. 1 BRAO). Dies setzt aber bereits entsprechende Mehrheiten im Willensbildungsorgan voraus.

2. Zulässig ist es dagegen, dass die Anteile einer Rechtsanwalts-GmbH in einer GbR gehalten werden, soweit die unter 1.) genannten Erfordernisse eingehalten werden. Eine vergleichbare Regelung fehlt im Recht der Anwalts-GmbH; die Zulässigkeit folgt jedoch bereits aus der verfassungsrechtlichen Auslegung der bestehenden Regelungen.

3. Zulässig ist es auch, dass bestimmte Stiftungen und eingetragene Vereine Gesellschafter einer Anwalts-GmbH sind wie dies auch das Recht der Steuerberater- und Wirtschaftsprüfer vorsieht. Hier bedarf es allerdings einer gesetzlichen Regelung.

4. Abweichend zum Recht der Wirtschaftsprüfer und Steuerberater dürfen Rechtsanwaltsgesellschaften indes nicht „mehrstöckig" gebildet werden, d.h. unter Beteiligung anderer Rechtsanwaltsgesellschaften. Dies basiert auf der Überlegung, dass Rechtsanwälte Interessenvertreter sind und als solche oftmals auf verschiedenen Seiten einander gegenüber stehen, während Steuerberater und Wirtschaftsprüfer entweder nur den Mandanten beraten oder diesen allenfalls gegen den Staat vertreten. Mischen sich dagegen die zwei Seiten anwaltlicher Beratung personen- oder kapitalmäßig, ist eine einwandfreie, an den Interessen des Mandanten ausgerichtete Tätigkeit nicht mehr möglich.

5. Aus diesen Gründen ist auch das Verbot der Sternsozietät, sowohl verfassungs- als auch europarechtlich, als zulässig anzusehen.

6. Nicht erforderlich ist indes eine Regelung, wonach alle Gesellschafter in der Gesellschaft auch beruflich aktiv sein müssen. Dies ist weder messbar noch sind hierfür Gründe ersichtlich.

7. Geschäftsführer einer Rechtsanwalts-GmbH dürfen ebenfalls nur Angehörige sogenannter sozietätsfähiger Berufe sein, davon

wiederum die Mehrheit Rechtsanwälte. Dies folgt ebenfalls aus dem aus der berufsrechtlichen Rechtsfähigkeit resultierenden Gebot der verantwortlichen Führung durch Rechtsanwälte. Im Falle von nur zwei Geschäftsführern genügt hier im Sinne der Regelungen für Wirtschaftsprüfungsgesellschaften auch Parität.

8. Entsprechend der Regelungen für Wirtschaftsprüfungs- und Steuerberatungsgesellschaften sind – wie bisher – auch bei der Anwalts-GmbH berufsrechtliche Vorgaben an die Zusammensetzung fakultativer oder obligatorischer Aufsichts- bzw. Beiräte entbehrlich. Erforderlich ist es hier lediglich, die Einsichtnahme in Mandantenakten auszuschließen sowie klarzustellen, dass die Übertragung von Geschäftsführungsbefugnissen in Umgehung der hierfür geltenden Regelungen unzulässig ist.

9. Das geltende Verbot der Sach- oder Fantasiefirma ist verfassungswidrig. Dies gilt vor allem vor dem Hintergrund, dass Steuerberatungs- und Wirtschaftsprüfungsgesellschaften eine solche Regelung nicht kennen. Die bestehenden firmenrechtlichen und werberechtlichen Regelungen reichen auch bei der Anwalts-GmbH aus, um einem hinreichenden Schutz potentieller Mandanten zu genügen.

Im Hinblick auf die noch ausstehende Regelung der **Anwalts-AG** war sodann zu fragen, ob die rechtsformspezifischen Besonderheiten dieser Rechtsform abweichende Regelungen rechtfertigen. Im Ergebnis sind hier – trotz der unterschiedlichen Struktur der AG - vergleichbare Regelungen erforderlich.

1. Gesellschafter dürfen auch hier vor allem nur Angehörige sozietätsfähiger Berufe sein. Die ansonsten bestehende Möglichkeit sachfremder Einflussnahme durch Berufsfremde erfordert eine solche Einschränkung. Die Mehrheit der Anteile und Stimmrechte muss bei Rechtsanwälten liegen, um den entscheidenden Einfluss der Rechtsanwälte zu gewährleisten.

2. Auch hinsichtlich des Vorstandes der AG gilt Vergleichbares wie in der GmbH. Mitglieder des Vorstandes dürfen nur Angehörige sozietätsfähiger Berufe sein. Die Mehrheit muss bei Rechtsanwälten liegen. Bei nur zwei Vorstandsmitgliedern genügt Parität.

3. Hinsichtlich der Zusammensetzung des Aufsichtsrates bedarf es auch in der Anwalts-AG keiner berufsrechtlichen Regelung. Auf diese Weise besteht auch nicht die Gefahr der Kollision mit mitbestimmungsrechtlichen Vorgaben. Erforderlich ist es allerdings auch hier im Hinblick auf die anwaltliche Verschwiegenheitspflicht, den Aufsichtsratsmitgliedern als solchen keinen Einblick in Mandantenakten zu gewähren.

4. Das Verbot der Sach- oder Fantasiefirma ist auch hier verfassungswidrig im Hinblick auf anderslautende Regelungen für Steuerberatungs- und Wirtschaftsprüfungsgesellschaften.

Daneben bietet es sich an, zugleich auch die **Anwalts-KGaA** zu regeln. Auch hier gelten im Übrigen die für die Anwalts-GmbH und die Anwalts-AG entwickelten Grundsätze. Aus der Struktur der Anwalts-KGaA folgen, wovon ebenfalls wohl die Vorschläge der BRAK und des DAV ausgehen[920], keine berufsrechtlichen Besonderheiten.

1. Damit ist auch in der Anwalts-KGaA eine Bindung des Kapitals an Angehörige sozietätsfähiger Berufe erforderlich, und zwar auf sowohl auf Seiten der Komplementäre wie auf Seiten der Kommanditaktionäre.

2. Geschäftsführende Komplementäre müssen ebenso mehrheitlich Rechtsanwälte sein, wie zur Geschäftsführung bestellte Kommanditaktionäre. Bei nur zwei geschäftsführenden Komplementären genügt Parität.

3. Der Aufsichtsrat kann auch hier frei besetzt werden; erforderlich ist allerdings auch hier, im Sinne der anwaltlichen Verschwiegenheitspflicht entsprechende Einsichtsrechte in Mandantenakten auszuschließen.

Ein Vergleich der praktischen Vor- und Nachteile der anwaltlichen Kapitalgesellschaft schließlich hat gezeigt, dass die Wahl einer kapitalgesell-

[920] Gesetzgebungsvorschläge der BRAK und des DAV jeweils abgedruckt im Anhang.

schaftlichen Rechtsform für die anwaltliche Berufsausübung eine Einzelfallentscheidung bleibt. Allerdings könnte hier die anwaltliche Kapitalgesellschaft in Zukunft an Zuspruch gewinnen. Die Sozietät hat zwar durch die jüngste Entscheidung des II. Zivilsenates beim BGH[921] zur Rechtsfähigkeit der Außen-GbR eine organisationsrechtliche Aufwertung erfahren. Die Anwendung der Akzessorietätstheorie hat u. a. aber auch gleichzeitig zu einer Ausweitung der Haftung, etwa auf neu eintretende (Schein-) Gesellschafter für Altverbindlichkeiten, geführt.
Durch die angekündigte Einführung der Gewerbesteuerpflicht für alle Freiberufler wird sich jedenfalls dieser gewichtige steuerliche Nachteil der Freiberufler-Kapitalgesellschaft nivellieren. Die vor allem haftungsrechtlichen Vorteile kapitalgesellschaftlicher Rechtsformen könnten dann für die anwaltliche Zusammenarbeit in vielen Fällen überwiegen.

[921] BGH, NJW 2001, 1056.

Anhang

Gesetzesvorschlag des Berufsrechtsausschusses und des Sozietätsrechtsausschusses des DAV zur Anwalts-AG/KGaA, AnwBl 2001, 158 f.

Die Änderungsvorschläge sind ***kursiv und fett*** markiert

Zweiter Abschnitt – Rechtsanwaltsgesellschaften

**§ 59c Zulassung als Rechtsanwaltsgesellschaft; Beteiligung an beruflichen
Zusammenschlüssen**

(1) Gesellschaften mit beschränkter Haftung***, Aktiengesellschaften und Kommanditgesellschaften auf Aktien***, deren Unternehmensgegenstand die Beratung und Vertretung in Rechtsangelegenheiten ist, können als Rechtsanwaltsgesellschaften zugelassen werden.

(2) Die Beteiligung von Rechtsanwaltsgesellschaften an Zusammenschlüssen zur gemeinschaftlichen Berufsausübung ist unzulässig.

§ 59d Zulassungsvoraussetzungen

Die Zulassung ist zu erteilen, wenn

1. die Gesellschaft den Erfordernissen der §§ 59c, 59e und 59f entspricht;
2. die Gesellschaft sich nicht in Vermögensverfall befindet;
3. der Abschluss der Berufshaftpflichtversicherung (§ 59j) nachgewiesen ist oder

eine vorläufige Deckungszusage vorliegt.

§ 59e Gesellschafter

(1) Gesellschafter einer Rechtsanwaltsgesellschaft können nur Rechtsanwälte und Angehörige der in § 59a Abs. 1 Satz 1, Abs. 3 genannten Berufe sein. Sie müssen in der Rechtsanwaltsgesellschaft beruflich tätig sein. § 59a Abs. 1 Satz 3 und 4 und § 172a sind entsprechend anzuwenden.

(2) Den Gesellschaftern ist es untersagt, ihren in der Rechtsanwaltsgesellschaft ausgeübten Beruf in einem weiteren beruflichen Zusammenschluss auszuüben.

(3) Die Mehrheit der Geschäftsanteile ***oder Aktien*** und der Stimmrechte muss Rechtsanwälten zustehen. Sofern Gesellschafter zur Ausübung eines in § 59a Abs. 1 Satz 1, Abs. 3
genannten Berufs nicht berechtigt sind, haben sie kein Stimmrecht.
(4) Anteile an der Rechtsanwaltsgesellschaft dürfen nicht für Rechnung Dritter gehalten und Dritte nicht am Gewinn der Rechtsanwaltsgesellschaft beteiligt werden.
(5) Gesellschafter können zur Ausübung von Gesellschafterrechten nur stimmberechtigte Gesellschafter bevollmächtigen, die Angehörige desselben Berufs oder Rechtsanwälte sind.
(6)Bei Aktiengesellschaften und Kommanditgesellschaften auf Aktien müssen die Aktien auf den Namen lauten. Die Übertragung muss an die Zustimmung der Gesellschaft gebunden sein.

§ 59f Geschäftsführung, *Vorstand, persönlich haftender Gesellschafter*

(1) Die Rechtsanwaltsgesellschaft muss von Rechtsanwälten verantwortlich geführt werden. Die Geschäftsführer, ***Vorstandsmitglieder oder persönlich haftenden Gesellschafter*** müssen mehrheitlich Rechtsanwälte sein.
(2) Geschäftsführer, ***Vorstandsmitglied, persönlich haftender Gesellschafter*** kann nur sein, wer zur Ausübung eines in § 59a Abs. 1 Satz 1, Abs. 3 genannten Berufs berechtigt ist. § 59e Abs. 2 ist entsprechend anzuwenden.
(3) Auf Prokuristen und Handlungsbevollmächtigte zum gesamten Geschäftsbetrieb
sind Absatz 1 Satz 2 und Absatz 2 entsprechend anzuwenden.
(4) Die Unabhängigkeit der Rechtsanwälte, die Geschäftsführer, ***Vorstandsmitglieder, persönlich haftende Gesellschafter*** oder gemäß Absatz 3 bevollmächtigt sind, bei der Ausübung ihres Rechtsanwaltsberufs ist zu gewährleisten. Einflussnahmen der Gesellschafter, namentlich durch Weisungen oder vertragliche Bindungen, sind unzulässig.

§ 59g Zulassungsverfahren

(1) Über den Antrag auf Zulassung als Rechtsanwaltsgesellschaft entscheidet die Landesjustizverwaltung, in deren Geschäftsbereich die Gesellschaft ihren Sitz hat. Dem Antrag ist eine Ausfertigung oder eine öffentlich beglaubigte Abschrift des Gesellschaftsvertrags beizufügen.
(2) Vor der Entscheidung holt die Landesjustizverwaltung von dem Vorstand der Rechtsanwaltskammer, in deren Bezirk die Rechtsanwaltsge-

sellschaft ihren Sitz hat, ein Gutachten ein. In dem Gutachten soll zu allen Zulassungsvoraussetzungen des § 59d gleichzeitig Stellung genommen werden. § 8 Abs. 3 und 4 ist entsprechend anzuwenden.

(3) Erstattet der Vorstand der Rechtsanwaltskammer das Gutachten dahin, dass die Antragstellerin die Zulassungsvoraussetzungen nicht erfülle, so setzt die Landesjustizverwaltung die Entscheidung über den Antrag auf Zulassung als Rechtsanwaltsgesellschaft aus und stellt der Antragstellerin eine beglaubigte Abschrift des Gutachtens zu.

(4) Die Entscheidung über den Antrag auf Zulassung als Rechtsanwaltsgesellschaft kann ausgesetzt werden, wenn gegen einen Gesellschafter oder Vertretungsberechtigten im Sinne des § 59f ein auf Rücknahme oder Widerruf seiner Zulassung oder Bestellung gerichtetes Verfahren betrieben wird oder ein vorläufiges Berufs- oder Vertretungsverbot erlassen worden ist. Über den Antrag auf Zulassung als Rechtsanwaltsgesellschaft ist jedoch zu entscheiden, wenn er bereits unbeschadet des Ergebnisses der in Satz 1 genannten Verfahren abzulehnen ist.

(5) Auf das Zulassungsverfahren sind § 9 Abs. 2 bis 4 und die §§ 11 und 12 Abs. 1 entsprechend anzuwenden. Zuständig im Sinne des § 9 Abs. 2 Satz 2, § 11 Abs. 2 Satz 2 ist der Anwaltsgerichtshof bei dem Oberlandesgericht, in dessen Bezirk die Rechtsanwaltsgesellschaft ihren Sitz hat.

§ 59h Erlöschen, Rücknahme und Widerruf der Zulassung

(1) Die Zulassung erlischt durch Auflösung der Gesellschaft.

(2) Die Zulassung ist zurückzunehmen, wenn sich nach der Zulassung ergibt, dass sie hätte versagt werden müssen. § 14 Abs. 3 ist entsprechend anzuwenden.

(3) Die Zulassung ist zu widerrufen, wenn die Rechtsanwaltsgesellschaft nicht mehr die Voraussetzungen der §§ 59c, 59e, 59f, 59i und 59j erfüllt, es sei denn, dass die Rechtsanwaltsgesellschaft innerhalb einer von der Landesjustizverwaltung zu bestimmenden angemessen Frist den dem Gesetz entsprechenden Zustand herbeiführt. Bei Fortfall von in § 59e Abs. 1 und 3 genannten Voraussetzungen infolge eines Erbfalls muss die Frist mindestens ein Jahr betragen. Die Frist beginnt mit dem Eintritt des Erbfalls.

(4) Die Zulassung ist ferner zu widerrufen, wenn

1. die Rechtsanwaltsgesellschaft auf die Rechte aus der Zulassung der Landesjustizverwaltung gegenüber schriftlich verzichtet hat;

2. die Rechtsanwaltsgesellschaft in Vermögensverfall geraten ist, es sei denn, dass dadurch die Interessen der Rechtsuchenden nicht gefährdet sind.

(5) Die Rücknahme oder der Widerruf der Zulassung wird von der Justizverwaltung des Landes verfügt, in dem die Rechtsanwaltsgesellschaft zur Zeit der Einleitung des Verfahrens ihren Sitz hat. § 16 Abs. 2, 4 bis 7 ist entsprechend anzuwenden. Zuständig im Sinne des § 16 Abs. 5 Satz 2 ist der Anwaltsgerichtshof bei dem Oberlandesgericht, in dessen Bezirk die Rechtsanwaltsgesellschaft ihren Sitz hat.

(6) Hat die Gesellschaft die Zulassung verloren, kann für sie ein Abwickler bestellt werden, wenn die zur gesetzlichen Vertretung bestellten Personen keine hinreichende Gewähr zur ordnungsgemäßen Abwicklung der schwebenden Angelegenheiten bieten. § 55 ist entsprechend anzuwenden. Für die festgesetzte Vergütung des Abwicklers haften die Gesellschafter als Gesamtschuldner. § 53 Abs. 10 Satz 7 bleibt unberührt.

§ 59i Kanzlei und Zweigniederlassung

(1) Die Rechtsanwaltsgesellschaft muss an ihrem Sitz eine Kanzlei unterhalten, in der verantwortlich zumindest ein geschäftsführender Rechtsanwalt tätig ist, für den die Kanzlei den Mittelpunkt seiner beruflichen Tätigkeit bildet. § 29a bleibt unberührt.

(2) Auf Zweigniederlassungen ist Absatz 1 entsprechend anzuwenden.

§ 59j Berufshaftpflichtversicherung

(1) Die Rechtsanwaltsgesellschaft ist verpflichtet, eine Berufshaftpflichtversicherung abzuschließen und die Versicherung während der Dauer ihrer Zulassung aufrechtzuerhalten; § 51 Abs. 1 bis 3 und 5 bis 7 ist entsprechend anzuwenden.

(2) Die Mindestversicherungssumme beträgt fünf Millionen Deutsche Mark für jeden Versicherungsfall. Die Leistungen des Versicherers für alle innerhalb eines Versicherungsjahres verursachten Schäden können auf den Betrag der Mindestversicherungssumme, vervielfacht mit der Zahl der Gesellschafter und der Geschäftsführer ***oder Vorstandsmitglieder***, die nicht Gesellschafter sind, begrenzt werden. Die Jahreshöchstleistung für alle in einem Versicherungsjahr verursachten Schäden muss sich jedoch mindestens auf den vierfachen Betrag der Mindestversicherungssumme belaufen.

(3) Das Bundesministerium der Justiz wird ermächtigt, durch Rechtsverordnung mit Zustimmung des Bundesrates nach Anhörung der Bundesrechtsanwaltskammer die Mindestversicherungssumme anders festzu-

setzen, wenn dies erforderlich ist, um bei einer Änderung der wirtschaftlichen Verhältnisse einen hinreichenden Schutz der Geschädigten sicherzustellen.
(4) Wird die Berufshaftpflichtversicherung nicht oder nicht in dem vorgeschriebenen Umfang unterhalten, so haften neben der Gesellschaft die Gesellschafter und die Geschäftsführer ***oder Vorstandsmitglieder*** persönlich in Höhe des fehlenden Versicherungsschutzes.

§ 59k Firma
(1) Die Firma der Gesellschaft muss den Namen wenigstens eines Gesellschafters, der Rechtsanwalt ist, und die Bezeichnung "Rechtsanwaltsgesellschaft" enthalten. Soll die Rechtsanwaltsgesellschaft eine Sozietät fortführen, so darf eine zulässig verwendete Kurzbezeichnung zusätzlich oder anstelle des nach Satz 1 vorgeschriebenen Gesellschafternamens in die Firma aufgenommen werden. Sonstige Firmenbestandteile sind nur zulässig, soweit sie gesetzlich vorgeschrieben sind.
(2) Andere als zugelassene Rechtsanwaltsgesellschaften dürfen die Bezeichnung „Rechtsanwaltsgesellschaft" nicht führen.

§ 59l Vertretung vor Gerichten und Behörden
Die Rechtsanwaltsgesellschaft kann als Prozess- oder Verfahrensbevollmächtigte beauftragt werden. Sie hat dabei die Rechte und Pflichten eines Rechtsanwalts. Sie handelt durch ihre Organe und Vertreter, in deren Person die für die Erbringung rechtsbesorgender Leistungen gesetzlich vorgeschriebenen Voraussetzungen im Einzelfall vorliegen müssen. Verteidiger im Sinne der §§ 137 ff. der Strafprozessordnung ist nur die für die Rechtsanwaltsgesellschaft handelnde Person.

§ 59m Mitteilungspflichten; anwendbare Vorschriften; Verschwiegenheitspflicht
(1) Die Rechtsanwaltsgesellschaft hat jede Änderung des Gesellschaftsvertrags, der Gesellschafter oder in der Person der nach § 59f Vertretungsberechtigten sowie die Errichtung oder Auflösung von Zweigniederlassungen der Landesjustizverwaltung und der Rechtsanwaltskammer unter Beifügung einer öffentlich beglaubigten Abschrift der jeweiligen Urkunde unverzüglich anzuzeigen. Wird die Änderung im Handelsregister eingetragen, ist eine beglaubigte Abschrift der Eintragung nachzureichen.
(2) Für Rechtsanwaltsgesellschaften gelten sinngemäß die Vorschriften des Dritten und Vierten Abschnitts des Zweiten Teils, die §§ 43 bis 43b,

44, 48, 49a bis 50, 51a Abs. 1, die §§ 51b, 52 Abs. 2, § 56 Abs. 1 und die §§ 57 bis 59 und 163.

(3) Die Gesellschafter sowie die Mitglieder der durch Gesetz oder Gesellschaftsvertrag vorgesehenen Aufsichtsorgane der Rechtsanwaltsgesellschaft sind zur Verschwiegenheit verpflichtet.

Gesetzesentwurf der BRAK zur Anwalts-AG/KGaA, Prot. 89. HV in Berlin am 18. Mai 2001, BRAK-Nr. 184/2001 v. 11. Juni 2001

Die Änderungsvorschläge sind ***kursiv und fett*** markiert

Zweiter Abschnitt – Rechtsanwaltsgesellschaften

§ 59c Zulassung als Rechtsanwaltsgesellschaft; Beteiligung an beruflichen Zusammenschlüssen

(1) ***Aktiengesellschaften, Kommanditgesellschaften auf Aktien und*** Gesellschaften mit beschränkter Haftung, deren Unternehmensgegenstand die Beratung und Vertretung in Rechtsangelegenheiten ist, können als Rechtsanwaltsgesellschaften zugelassen werden.

(2) Die Beteiligung von Rechtsanwaltsgesellschaften an Zusammenschlüssen zur gemeinschaftlichen Berufsausübung ist unzulässig.

§ 59d Zulassungsvoraussetzungen

Die Zulassung ist zu erteilen, wenn

1. die Gesellschaft den Erfordernissen der §§ 59c, 59e und 59f entspricht;
2. die Gesellschaft sich nicht in Vermögensverfall befindet;
3. der Abschluss der Berufshaftpflichtversicherung (§ 59j) nachgewiesen ist oder eine vorläufige Deckungszusage vorliegt.

§ 59e Gesellschafter

(1) Gesellschafter einer Rechtsanwaltsgesellschaft können nur Rechtsanwälte und Angehörige der in § 59a Abs. 1 Satz 1, Abs. 3 genannten Berufe sein. Sie müssen in der Rechtsanwaltsgesellschaft beruflich tätig sein. § 59a Abs. 1 Satz 3 und 4 und § 172a sind entsprechend anzuwenden.

(2) Den Gesellschaftern ist es untersagt, ihren in der Rechtsanwaltsgesellschaft ausgeübten Beruf in einem weiteren beruflichen Zusammenschluss auszuüben.

(3) Die Mehrheit der Geschäftsanteile und der Stimmrechte muss Rechtsanwälten zustehen. Sofern Gesellschafter zur Ausübung eines in § 59a Abs. 1 Satz 1, Abs. 3 genannten Berufs nicht berechtigt sind, haben sie kein Stimmrecht.

(4) Anteile an der Rechtsanwaltsgesellschaft dürfen nicht für Rechnung Dritter gehalten und Dritte nicht am Gewinn der Rechtsanwaltsgesellschaft beteiligt werden. ***Stille Beteiligungen und Maßnahmen der Fremdkapitalbeschaffung, insbesondere gemäß §§ 221 ff. Aktiengesetz sind unzulässig.***
(5) Gesellschafter können zur Ausübung von Gesellschafterrechten nur stimmberechtigte Gesellschafter bevollmächtigen, die Angehörige desselben Berufs oder Rechtsanwälte sind.
(6) Aktien müssen auf den Namen lauten. Die Übertragung von Aktien ist an die Zustimmung der Gesellschaft gebunden.

§ 59f Geschäftsführung
(1) Die Rechtsanwaltsgesellschaft muss von Rechtsanwälten verantwortlich geführt werden. Die Geschäftsführer***, Vorstände und persönlich haftenden Gesellschafter sowie Aufsichtsräte*** müssen mehrheitlich Rechtsanwälte sein.
(2) Geschäftsführer kann nur sein, wer zur Ausübung eines in § 59a Abs. 1 Satz 1, Abs. 3 genannten Berufs berechtigt ist. ***Für Geschäftsführung, Vorstand, Aufsichtsrat und persönlich haftende Gesellschafter gilt § 59e Abs. 2 entsprechend.***
(3) Auf Prokuristen und Handlungsbevollmächtigte zum gesamten Geschäftsbetrieb
sind Absatz 1 Satz 2 und Absatz 2 entsprechend anzuwenden.
(4) Die Unabhängigkeit der Rechtsanwälte, die Geschäftsführer***, Vorstände, persönlich haftender Gesellschafter oder Aufsichtsrat*** oder gemäß Absatz 3 bevollmächtigt sind, bei der Ausübung ihres Rechtsanwaltsberufs ist zu gewährleisten. Einflussnahmen der Gesellschafter, namentlich durch Weisungen oder vertragliche Bindungen, sind unzulässig.

§ 59g Zulassungsverfahren
(1) Über den Antrag auf Zulassung als Rechtsanwaltsgesellschaft entscheidet die Landesjustizverwaltung, in deren Geschäftsbereich die Gesellschaft ihren Sitz hat. Dem Antrag ist eine Ausfertigung oder eine öffentlich beglaubigte Abschrift des Gesellschaftsvertrags beizufügen.
(2) Vor der Entscheidung holt die Landesjustizverwaltung von dem Vorstand der Rechtsanwaltskammer, in deren Bezirk die Rechtsanwaltsgesellschaft ihren Sitz hat, ein Gutachten ein. In dem Gutachten soll zu allen Zulassungsvoraussetzungen des § 59d gleichzeitig Stellung genommen werden. § 8 Abs. 3 und 4 ist entsprechend anzuwenden.

(3) Erstattet der Vorstand der Rechtsanwaltskammer das Gutachten dahin, dass die Antragstellerin die Zulassungsvoraussetzungen nicht erfülle, so setzt die Landesjustizverwaltung die Entscheidung über den Antrag auf Zulassung als Rechtsanwaltsgesellschaft aus und stellt der Antragstellerin eine beglaubigte Abschrift des Gutachtens zu.
(4) Die Entscheidung über den Antrag auf Zulassung als Rechtsanwaltsgesellschaft kann ausgesetzt werden, wenn gegen einen Gesellschafter oder Vertretungsberechtigten im Sinne des § 59f ein auf Rücknahme oder Widerruf seiner Zulassung oder Bestellung gerichtetes Verfahren betrieben wird oder ein vorläufiges Berufs- oder Vertretungsverbot erlassen worden ist. Über den Antrag auf Zulassung als Rechtsanwaltsgesellschaft ist jedoch zu entscheiden, wenn er bereits unbeschadet des Ergebnisses der in Satz 1 genannten Verfahren abzulehnen ist.
(5) Auf das Zulassungsverfahren sind § 9 Abs. 2 bis 4 und die §§ 11 und 12 Abs. 1 entsprechend anzuwenden. Zuständig im Sinne des § 9 Abs. 2 Satz 2, § 11 Abs. 2 Satz 2 ist der Anwaltsgerichtshof bei dem Oberlandesgericht, in dessen Bezirk die Rechtsanwaltsgesellschaft ihren Sitz hat.

§ 59h Erlöschen, Rücknahme und Widerruf der Zulassung
(1) Die Zulassung erlischt durch Auflösung der Gesellschaft.
(2) Die Zulassung ist zurückzunehmen, wenn sich nach der Zulassung ergibt, dass sie hätte versagt werden müssen. § 14 Abs. 3 ist entsprechend anzuwenden.
(3) Die Zulassung ist zu widerrufen, wenn die Rechtsanwaltsgesellschaft nicht mehr die Voraussetzungen der §§ 59c, 59e, 59f, 59i und 59j erfüllt, es sei denn, dass die Rechtsanwaltsgesellschaft innerhalb einer von der Landesjustizverwaltung zu bestimmenden angemessen Frist den dem Gesetz entsprechenden Zustand herbeiführt. Bei Fortfall von in § 59e Abs. 1 und 3 genannten Voraussetzungen infolge eines Erbfalls muss die Frist mindestens ein Jahr betragen. Die Frist beginnt mit dem Eintritt des Erbfalls.
(4) Die Zulassung ist ferner zu widerrufen, wenn
1. die Rechtsanwaltsgesellschaft auf die Rechte aus der Zulassung der Landesjustizverwaltung gegenüber schriftlich verzichtet hat;
2. die Rechtsanwaltsgesellschaft in Vermögensverfall geraten ist, es sei denn, dass
dadurch die Interessen der Rechtsuchenden nicht gefährdet sind.
(5) Die Rücknahme oder der Widerruf der Zulassung wird von der Justizverwaltung des Landes verfügt, in dem die Rechtsanwaltsgesellschaft

zur Zeit der Einleitung des Verfahrens ihren Sitz hat. § 16 Abs. 2, 4 bis 7 ist entsprechend anzuwenden. Zuständig im Sinne des § 16 Abs. 5 Satz 2 ist der Anwaltsgerichtshof bei dem Oberlandesgericht, in dessen Bezirk die Rechtsanwaltsgesellschaft ihren Sitz hat.

(6) Hat die Gesellschaft die Zulassung verloren, kann für sie ein Abwickler bestellt werden, wenn die zur gesetzlichen Vertretung bestellten Personen keine hinreichende Gewähr zur ordnungsgemäßen Abwicklung der schwebenden Angelegenheiten bieten. § 55 ist entsprechend anzuwenden. Für die festgesetzte Vergütung des Abwicklers haften die Gesellschafter als Gesamtschuldner. § 53 Abs. 10 Satz 7 bleibt unberührt.

§ 59i Kanzlei und Zweigniederlassung

(1) Die Rechtsanwaltsgesellschaft muss an ihrem Sitz eine Kanzlei unterhalten, in der verantwortlich zumindest ***ein Rechtsanwalt als Geschäftsführer, persönlich haftender Gesellschafter oder Vorstand*** tätig ist, für den die Kanzlei den Mittelpunkt seiner beruflichen Tätigkeit bildet. § 29a bleibt unberührt.

(2) Auf Zweigniederlassungen ist Absatz 1 entsprechend anzuwenden.

§ 59j Berufshaftpflichtversicherung

(1) Die Rechtsanwaltsgesellschaft ist verpflichtet, eine Berufshaftpflichtversicherung abzuschließen und die Versicherung während der Dauer ihrer Zulassung aufrechtzuerhalten; § 51 Abs. 1 bis 3 und 5 bis 7 ist entsprechend anzuwenden.

(2) Die Mindestversicherungssumme beträgt fünf Millionen Deutsche Mark für jeden Versicherungsfall. Die Leistungen des Versicherers für alle innerhalb eines Versicherungsjahres verursachten Schäden können auf den Betrag der Mindestversicherungssumme, vervielfacht mit der Zahl der Gesellschafter und der Geschäftsführer, die nicht Gesellschafter sind, begrenzt werden. Die Jahreshöchstleistung für alle in einem Versicherungsjahr verursachten Schäden muss sich jedoch mindestens auf den vierfachen Betrag der Mindestversicherungssumme belaufen.

(3) Das Bundesministerium der Justiz wird ermächtigt, durch Rechtsverordnung mit Zustimmung des Bundesrates nach Anhörung der Bundesrechtsanwaltskammer die Mindestversicherungssumme anders festzusetzen, wenn dies erforderlich ist, um bei einer Änderung der wirtschaftlichen Verhältnisse einen hinreichenden Schutz der Geschädigten sicherzustellen.

(4) Wird die Berufshaftpflichtversicherung nicht oder nicht in dem vorgeschriebenen Umfang unterhalten, so haften neben der Gesellschaft die

Gesellschafter und die Geschäftsführer persönlich in Höhe des fehlenden Versicherungsschutzes.

§ 59k Firma

(1) Die Firma der Gesellschaft muss den Namen wenigstens eines Gesellschafters, der Rechtsanwalt ist, und die Bezeichnung "Rechtsanwaltsgesellschaft" enthalten. Soll die Rechtsanwaltsgesellschaft eine Sozietät fortführen, so darf eine zulässig verwendete Kurzbezeichnung zusätzlich oder anstelle des nach Satz 1 vorgeschriebenen Gesellschafternamens in die Firma aufgenommen werden. Sonstige Firmenbestandteile sind nur zulässig, soweit sie gesetzlich vorgeschrieben sind.

(2) Andere als zugelassene Rechtsanwaltsgesellschaften dürfen die Bezeichnung "Rechtsanwaltsgesellschaft" nicht führen.

§ 59l Vertretung vor Gerichten und Behörden

Die Rechtsanwaltsgesellschaft kann als Prozess- oder Verfahrensbevollmächtigte beauftragt werden. Sie hat dabei die Rechte und Pflichten eines Rechtsanwalts. Sie handelt durch ihre Organe und Vertreter, in deren Person die für die Erbringung rechtsbesorgender Leistungen gesetzlich vorgeschriebenen Voraussetzungen im Einzelfall vorliegen müssen. Verteidiger im Sinne der §§ 137 ff. der Strafprozessordnung ist nur die für die Rechtsanwaltsgesellschaft handelnde Person.

§ 59m Mitteilungspflichten; anwendbare Vorschriften; Verschwiegenheitspflicht

(1) Die Rechtsanwaltsgesellschaft hat jede Änderung des Gesellschaftsvertrags, der Gesellschafter oder in der Person ***der Organe nach § 59f*** sowie die Errichtung ***und*** Auflösung von Zweigniederlassungen ***der Rechtsanwaltskammer*** unter Beifügung einer öffentlich beglaubigten Abschrift der jeweiligen Urkunde unverzüglich anzuzeigen. Wird die Änderung im Handelsregister eingetragen, ist eine beglaubigte Abschrift der Eintragung nachzureichen.

(2) Für Rechtsanwaltsgesellschaften gelten sinngemäß die Vorschriften des Dritten und Vierten Abschnitts des Zweiten Teils, die §§ 43 bis 43b, 44, 48, 49a bis 50, 51a Abs. 1, die §§ 51b, 52 Abs. 2, ***53, 55,*** § 56 Abs. 1 und die §§ 57 bis 59 und 163.

(3) Die Gesellschafter sowie die Mitglieder der durch Gesetz oder Gesellschaftsvertrag vorgesehenen Aufsichtsorgane der Rechtsanwaltsgesellschaft sind zur Verschwiegenheit verpflichtet.

Alexander Meckies

Die persönliche Haftung von Geschäftsleitern in Kapitalgesellschaften der öffentlichen Hand

Frankfurt am Main, Berlin, Bern, Bruxelles, New York, Oxford, Wien, 2003.
243 S., 1 Abb.
Kommunalwirtschaftliche Forschung und Praxis.
Herausgegeben von Wolf Gottschalk. Bd. 8.
ISBN 3-631-51607-X · br. € 42.50*

Die Arbeit befaßt sich mit der Frage, ob und in welcher Weise Geschäftsleiter öffentlicher Unternehmen in Privatrechtsform einer andersgearteten Haftung unterliegen als solche privater Unternehmen. Die Aktualität des Themas wird zunächst anhand von bestimmten Fallgruppen erläutert, die sich im wesentlichen mit Unregelmäßigkeiten bei der Auftragsvergabe beschäftigen. Ausgehend vom Haftungsregime im privaten Unternehmen, werden alsdann Modifikationen dieser Haftung durch Einflüsse des öffentlichen Rechts, insbesondere der Grundrechte, des europäischen Rechts und des Vergaberechts, entwickelt und dargestellt. Die Arbeit zieht interessante neuartige Verbindungslinien und Schlußfolgerungen, die auch staatshaftungsrechtlich von Interesse sind.

Aus dem Inhalt: Mögliche Modifikationen des privatrechtlichen Haftungsregimes durch Grundrechte · Beschäftigung mit der Frage der Reichweite von Verfassungsrecht im öffentlichen Unternehmen · Einfluß von öffentlichem Recht auf die Auslegung deliktischer Generalklauseln · Anwendbarkeit des Rechtsgedankens von Artikel 34 GG im öffentlichen Unternehmen

FSC
www.fsc.org
MIX
Papier | Fördert
gute Waldnutzung
FSC® C083411

Kolibri 360 GmbH
Ferdinand-Jühlke-Straße 7
99095 Erfurt, Deutschland
produktsicherheit@kolibri360.de

Druck:
CPI Druckdienstleistungen GmbH
im Auftrag der
Kolibri 360 GmbH
Ferdinand-Jühlke-Str. 7
99095 Erfurt